腐った翼

森 功

講談社+α文庫
プラスアルファ

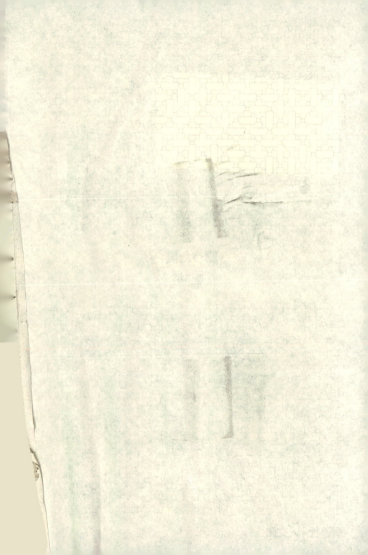

文庫版まえがき

日本航空（ＪＡＬ）は、かつて日の丸を背負ったナショナル・フラッグ・キャリアとして、世界の空を飛ぶ憧れの企業と仰ぎ見られてきた。それが二〇一〇年一月、会社更生法の適用を申請して倒産し、公的支援を受けて企業再生を目指す羽目に陥る。日本を代表する一流企業の零落に世間は一様に驚いたが、その実、経営破綻は必然でもあった。

戦後日本の航空行政は当初、旧運輸省（現国土交通省）の外局として一時設置された航空庁が担い、一九五一年に日本航空が設立された。いわゆる国策会社であり、航空行政に守られたその経営姿勢は、長らく親方日の丸と揶揄され続けてきた。が、それは一向に改善されない。運輸省からの天下りを受け入れ、自民党の族議員たちの接待に明け暮れてきた。政官界工作に血道をあげる一方、社内は多くの派閥が乱立し、互いの権益争いを繰り返してきた。日本企業の古く悪しき体質が集約されているような会社だったといえる。

ＪＡＬには経営破綻するまで、およそ六〇年の歴史があった。草創期は日本銀行の副総裁だった柳田誠二郎が初代社長に就き、航空庁長官だった松尾静磨《しずま》が会社の基盤を築いた。半官半民のＪＡＬの経営は運輸省が握り、二代目社長の松尾のあとには、元運輸事務次官の朝田静夫が経営のバトンを握った。そこから一九八〇年代の中曽根康弘政権の下、国鉄や電電公社などと同時に進められた民営化を目指し、高木養根《やすもと》が初めてプロパーの社長になる。

　ところが、そこで世界航空史上最大の惨劇がＪＡＬを襲った。五二〇人の犠牲者を出した御巣鷹山事故だ。事故処理で孤軍奮闘した労働組合の幹部を主人公に社内の抗争を描いた山崎豊子の秀作『沈まぬ太陽』（新潮社刊）がベストセラーになった。が、ＪＡＬの現実は小説よりさらに泥臭く、もとより英雄史観では語れない。

　過去、世界中の航空会社が労働組合対策に苦しんできたが、ＪＡＬにはそれ以上の過激な労働組合が存在した。最盛期には九つの労働組合が入り乱れ、経営陣は右往左往するばかりだ。ＪＡＬの労働組合問題は、むしろ経営陣の怠慢と言わざるをえない。本来、正面から向き合わなければならない経営幹部が、それを疎かにして避けてきた。そのくせ労務担当重役たちは会社の実権を握り、人事で会社を私物化して問題を複雑化させていった。

　そんなＪＡＬは、過去、何度も経営危機に襲われる。ところが経営者たちはその都度、政界や官界に根回しし、救いの手を借りていった。それが逆に経営を蝕み、立ち直りの機会を失っていく結果になる。

欧米に匹敵するメガキャリアの誕生と持て囃《はや》された日本エアシステム（ＪＡＳ）との世紀の合併も、その一つである。図体ばかり大きくなっても経営が上向くわけがない。二〇〇〇年代に入って、当然のごとく経営危機が露呈していった。

私が本格的にＪＡＬの取材を始めたのはちょうどそのころ、ＪＡＳとの統合前後だった。派閥争いと政官界工作に奔走する経営陣の姿に、従業員たちは意欲を失い、あげくに整備のミスから航空トラブルが頻発した。このままでは御巣鷹山の惨事が再び起こりかねない。取材を進めていくうち、そんな危機感すら覚えた。

経営陣の怠慢によって、ついにＪＡＬは経営破綻したのである。

そこから六年を経た現在、ＪＡＬは再生を果たしている。経営破綻後、ナショナル・フラッグ・キャリアの翼を腐らせた経営陣は総退陣し、経営の神様と呼ばれる京セラ名誉会長の稲盛和夫を招いた。稲盛がＪＡＬ会長として陣頭指揮をとった。この間、いったん廃止になった株式を再上場し、史上最高の利益を上げた。世間ではそれを奇跡のＶ字回復と持て囃す声もあった。が、果たしてそうだろうか。

ＪＡＬの再生は通常の倒産企業と比べ、格段に優遇されている。株主たちの損失は仕方ないとしても、半官半民のファンドとして設立された企業再生支援機構から三五〇〇億円もの公的支援を受け、政府系の日本政策投資銀行をはじめとした金融機関が、五二一五億円もの債権を放棄し、ＪＡＬの借金は事実上消えた。普通の倒産企業なら、事業の切り売りをしなければならないが、ときの民主党政権でＪＡＬは優良路線や国際線を温存でき、それらが収益を押し上げた。破綻後に史上最高の利益を上げるまでに業績が回復した反面、更生会社であるため、巨額の法人税課税を免除されてきた。

自力で立ち直ったと見るべきではないし、その意味からすると、ＪＡＬは完全に親方日の丸から脱したとは言い切れない。更生計画の作成を巡り、ＪＡＬは消滅の危機を迎えていた時期もある。

かつて栄華を誇った日本のナショナル・フラッグ・キャリアの翼が、なぜ、どのようにして腐っていったか。そこには、日本の企業社会における落とし穴が見て取れた。

目次

腐った翼

——ＪＡＬ65年の浮沈

プロローグ

東京は、うだるような暑さという言葉がぴったりの真夏日だった。容赦ない日差しが肌を刺し、アスファルトを焼く。まだ午前一〇時を過ぎたばかりだというのに、霞が関の路面温度は三〇度を超えていた。

「本日は委員のみなさまにおかれましてはご多忙のなか、またお暑いなかお集まりいただきまして、誠にありがとうございます。本来であれば、国土交通大臣が出席してごあいさつ申しあげるところでございますが、衆院選挙公示直後でもあり、大臣の名代として事務次官の私のほうからごあいさつを申しあげたい」

国土交通省（国交省）事務次官、谷口博昭の声がこだました。その初会合があったのは、二〇〇九（平成二十一）年八月二十日のこと。中央合同庁舎三号館一一階にある特別会議室で、「日本航空の経営改善のための有識者会議」が開催された。国交省が設置した民間人の諮問委員会だ。「有識者会議」と略称で呼ばれたそのテーマは、JALの再生。有り体に言えば、「いかにして経営難のJALを救うか」ということが主眼の特別会議である。

「現在、日本航空は大変厳しい経営状態にあります。さる六月に官房長官、財務大臣、国土交通大臣による三大臣会議を経て、関係金融機関のご協力により融資を実行いただきました。しかしながら、先日発表された日本航空の第1四半期決算でも明らかなように、航空需要の落ち込みは継続しており、できる限り早期に、日本航空の経営を確実かつ抜本的に改善するための経営改善計画を策定する必要があります」

有識者会議は、高らかに宣言されてはじまった。会議の責任者である国交事務次官の谷口が、やや頬を紅潮させながら、一気に話す。

「このため、今般、企業再生、経営、経済、労働、法律などの各分野の著名な専門家のみなさまにご協力いただき、それぞれの専門のお立場、また客観的第三者のお立場から日本航空の検討している経営改善計画の内容の是非について精査いただき、忌憚《きたん》のない厳しいご指摘をいただきたいと考えております。日本航空における検討が、聖域なく、かつ踏み込んだものとならなければ、社会から信任がえられるような計画にはならない、と強く感じているところであります」

広い特別会議室には、長テーブルが長方形につなぎ合わされ、関係者席が用意された。国交省のテーブルには、事務次官の谷口とナンバー2の審議官、宿利《しゅくり》正史を中心に、航空局から局長の前田隆平、監理部長の又野己知、総務課長の石指《いしざし》雅啓、それに航空事業課長の篠原康弘といった六人が腰かけている。

その真向いに、民間から選出された有識者会議の委員が対峙《たいじ》した。委員の数は国交省側と同じ六人。座長となった一橋大学の杉山武彦学長以下、東京理科大学専門職大学院総合科学技術経営研究科の伊丹敬之科長、学習院大学経済学部経営学科の今野浩一郎教授、一橋大学大学院商学研究科の山内弘隆教授、奥野善彦、前田博の両弁護士である。そのほか、国交省席から見て右手にＪＡＬ、左手にオブザーバーとして金融機関の席が設けられていた。

次官谷口のあいさつがはじまると、出席者たちは思い思いに目の前の飲み物でのどを潤し、配られた二枚の説明資料に目を落とす。

〈日本航空の経営改善計画策定に対する国土交通省の基本的スタンスについて〉

国交省航空局作成の文書は、そう題されていた。出席者たちは、わずか二枚のＡ４判用紙にプリントされた要約文を手にとり、食い入るように見つめた。みな黙りこくり、静寂が部屋を満たすのみだ。社長の西松遙《はるか》をはじめ五人のＪＡＬ首脳は、まさに固唾《かたず》をのんでその様子を見守るしかない。

こうした有識者による政府の外部委員会は、事実上、監督官庁が方向性を定め、あらかじめ準備されたシナリオに従って議事進行される。なかばお膳立てされた結論について、最終的に学者たちがそれを追認する格好をとる。それが通常よくあるパターンだ。だが、JALに関する有識者会議は、そうはならなかった。

「本会議は、日本航空の抜本的な経営改善計画の策定、ならびにその実施を見届けるという重要な任務を負っています。その点を踏まえ、オブザーバーとして出席していただいている金融機関のかたがたをはじめ、関係者のかたがたのご協力をお願いいたします」

次官の谷口につづいて、委員の座長である杉山が紹介を受け、そうあいさつした。その後、航空事業課長の篠原によって、これまでの経緯や国交省としての考え方などが述べられた。そして、ようやく社長の西松が口を開いた。ナショナル・フラッグ・キャリアのトップというオーラはなく、言葉にも重みがない。

「これから、弊社にとって危急存亡《ききゅうそんぼう》をかけた秋《とき》になります。不退転の決意で経営改善に取り組んでまいりたいと存じます。なにとぞ、弊社の〝再創業〟にお力添えをいただきたく、お願い申しあげます」

JALはこの日の有識者会議にそなえ、収支の改善策などについて国交省と協議を重ねていた。そのうえで、会議に再建策を提出している。西松は「危急存亡」「再創業」という言葉を駆使し、有識者会議の出席者たちへみずからの窮状を必死に訴えた。

しかし、そんな西松の意に反して、出席者たちはほとんど反応を示さない。

「今回はラストチャンスです。ここで改善にいたらなければ、本当に厳しい状況に陥るのは間違いありません」

見かねた航空局長の前田が、ＪＡＬの再建策をフォローした。だが、その効果もない。会議のメンバーたちの評価は最悪だった。そうして有識者会議は国交省やＪＡＬの思惑から外れ、単なるセレモニーではなくなっていく。

会議の委員で口火を切ったのは、弁護士の奥野だ。

「西松社長は『不退転の決意』とおっしゃったが、少なくともお示しいただいた資料では、再建計画と呼べるものが何もありません。これでは何かバリアを張って、あえて（経営の）中身を見せていない説明としか思えません」

奥野はかつて銀行の不良債権処理の受け皿になった「整理回収機構」の代表を務めた経験を持つ。それだけに鋭い。ＪＡＬの巨大な債務超過を見抜いていた。これに、金融機関の厳しい指摘が追い打ちをかけた。

「各委員から『果たしてこれが再建計画といえるのか』とのご意見がありましたけど、われわれもまったく同感です。第一回目の会合とはいえ、あまりに緊迫感がない、と言わざるをえません。西松社長の『再創業』という発言も……。もはや抽象論では意味がありません」

そうダメ出しをしたのは、オブザーバーとして会議に参加していたメインバンクの日本政策投資銀行（政投銀）常務だった。さらに他の銀行も、これに同意する。

「いままでの再建策とどこが違うのか。これでは追加融資になど、とても応じられない」

会社更生法という法的整理を選択して経営破綻したＪＡＬの転落。それは事実上、この有識者会議の初会合で決定づけられた。ここでＪＡＬ救済の道が閉ざされたといえる。会議はもう一度開かれた。が、それはすでに政権交代がなされたあとだ。救済のためにＪＡＬと国交省が奔走してきた第二回の有識者会議は、有名無実に終わる。

かつてのナショナル・フラッグ・キャリアは、なぜ倒産したのか。経営破綻はある意味、必然だったといえるが、その前にまず、経営危機が発覚してから法的整理申請にいたるこの間の舞台裏に触れる。それはＪＡＬの長い歴史のなかでも、とりわけ象徴的な出来事となる。

〇九年夏、ＪＡＬではグループ五万人の巨体を揺るがす大赤字が判明した。端緒はこの年の三月期決算だ。ここでまず六三一億円の当期赤字を計上する。表向き、過去の赤字と比べ、極端に巨額とはいえない。そこでＪＡＬは、いったん来たる翌二〇一〇年三月期の赤字予想を二〇〇九年と同じ規模の六三〇億円と発表する。その赤字を前提として、国交省や銀行団に支援を要請した。だが、内実はこの時点でいつ資金繰りが行き詰ってもおかしくない状況だったといえる。

ＪＡＬの西松は、とりあえず資金ショートの危機を回避しなければならなかった。すでに経営破綻寸前なのも自覚していたに違いないが、それを表に出すわけにもいかない。そして六月、政府系金融機関の日本政策投資銀行をはじめとする銀行団へ、二〇〇〇億円の緊急融資を要請した。

過去、自民党政権下では、運輸族議員がなし崩し的に銀行に圧力をかけ、ＪＡＬへ融資をするよう指導してきた。米九・一一同時多発テロやＳＡＲＳ（重症急性呼吸器症候群）騒動直後の航空不況などで、ＪＡＬが危機に陥るたびに政投銀が救い、融資を膨らませてきたのは、知られるところだ。最近の流行語にたとえるなら政治主導。否、政官一体となったＪＡＬ救済といえた。

なかでもＪＡＬ融資の中心である政投銀は、〇九年三月末時点の融資残高が二二九四億円にのぼっていた。国が一〇〇％株式を保有する政府系金融機関ではあるが、小泉純一郎政権下で民営化が決まっている。他の民間銀行と同様、融資を増やすのは危険である。

だが、かといって放置すればＪＡＬはたちまち資金繰りに行き詰る。そうなると、これまで無理を重ねて救済してきた自民党や国交省としても、責任問題に発展しかねない。関係者たちが銀行団へ根回しをした結果、ＪＡＬから要請された二〇〇〇億円の緊急融資のうち、とりあえず一〇〇〇億円だけの融資を取り付ける。これ以上ＪＡＬに肩入れするリスクと破綻した時のショックを天秤にかけた末、ひねり出したのが、この緊急融資だったのである。

融資は、政投銀が一〇〇〇億円のうち六七〇億円をひねり出し、その他をメガバンク三行で補うという方法がとられた。民間銀行としては株主などの手前、あくまでＪＡＬ支援の中心は政府系の政投銀であり、自分たちはそれに付き合うにすぎない、という立場を貫く必要がある。

一方、民営化を控える政投銀には、六七〇億円の融資額の八割を政府が債務保証するという条件がついた。こうして六月の緊急融資一〇〇〇億円が実行されたのである。

しかし、ＪＡＬにとっては、それも対症療法にすぎない。財務の実態を知る関係者のあいだでは、早晩再び資金繰りに行き詰ることは目に見えていた。そんな会社の窮状がやがて実証される。それが、つづく〇九年四月から六月までの第1四半期の決算である。有識者会議の開かれる直前の八月初めのことだ。ここで、ＪＡＬ史上空前の赤字が判明する。

赤字額、実に九九〇億円。惨憺《さんたん》たる有様だった。わずか三カ月で一〇〇〇億円近い赤字は、苦労して取り付けた緊急融資とほぼ同額であり、融資が、三カ月ももたずに吹っ飛んでしまった計算になる。

となると、とても当初発表した二年連続の当期赤字という事態だけでは、済まされない。ＪＡＬ関係者たちは一様に青ざめた。そうしてここからＪＡＬの経営陣や国交省航空局はうろたえ、大慌てしていく。

政投銀の融資残高は、ＪＡＬに対する全銀行貸付額の六割を超え、三〇〇〇億円前後に膨らんでいる。融資の返済どころか、まさしく砂漠に砂をまいてきたような先行きの見えない融資といえる。その融資の債務保証をしている政府にとっては、ＪＡＬが倒産して融資が焦げ付けば、損失を税金で穴埋めしなければならない。政府保証額五四〇〇億円がパーになるわけだ。

予想をはるかに上回る規模の赤字。そしてその先に待ち構える経営危機を考えれば、損失の穴埋めは、ＪＡＬから要請された二〇〇〇億円の残りの一〇〇〇億円を追加融資しても、到底足りない。JALは、ここから出口の見えない迷路にはまっていったのである。

JALの経営をどう立て直すか。それが国交省最大の懸案事項であり、その方向性を決めようとした。まさに混乱のなか、はじめに動いたのが、自民党政権における最後の国交大臣だった金子一義である。

歌舞伎役者のような端整なマスクの金子は、普段はいたって冷静な政治家だ。だが、このときは完全に取り乱していた。JALの第1四半期赤字決算発表直前の八月初頭のことである。

金子にしてみたらJAL倒産の二文字が、目の前にちらついていたに違いない。唐突に首相官邸を訪れた。慌てふためいて官邸に駆け込んだといったほうがいいかもしれない。同伴者はJAL対策を練ってきた国交省ナンバー2、審議官の宿利正史だ。

「七日に日本航空の決算発表がありますが、赤字は想像以上です」

金子が緊急会談を申し入れた相手は首相ではなく、官房長官室にいる河村建夫だった。

「この危機を乗り切るには、三〇〇〇億円の資金が必要だと思われます。それに見合った政投銀の融資ならびに政府保証をお願いできませんでしょうか」

宿利は官房長官だった河村にそう願い出た。まさかいつもと同じ緊急の融資要請だと甘くとらえていたはずはないが、たかをくっているところもあったのではないか。さらなる融資要請には、ＪＡＬが倒産した場合の政投銀の焦げ付きを回避するという大義名分による安易さもうかがえる。

半面、ＪＡＬを取り巻く状況はこれまでになく変化している。さすがに自民党も、そのくらいは理解している。何の手も打たず、湯水のように融資しても、単に焦げ付きリスクが増すだけなのは、誰が見ても明らかだ。簡単に右から左とばかりに、ＪＡＬへ資金を回すわけにはいかない。

「何か融資できる根拠がなければ、政投銀の融資は無理でしょうな」

官房長官の河村は、やんわりと断った。むろん、そこには含みを残している。換言すれば、融資できる「根拠」があればいいという話でもある。その根拠をどこに求めるか。金子をはじめ国交省は頭をひねった。

政投銀の融資は、ずっと返済されず残ったままだ。前述したように、〇九年六月には政府保証付きの融資まで実行している。繰り返すまでもなく、政投銀としては何の保証もなく資金を投入するわけにはいかない。そのうえ、政府保証があってもなくても、国が全株式を保有する特殊会社の銀行だから、どのみち赤字が出れば税金でその尻ぬぐいをしなければならない。さすがに、銀行を所管する財務省は、JALに対するこれ以上の融資を渋った。

JALを所管してきた国交省、さまざまな恩恵に浴してきた自民党にとっては、けっこう悩ましい問題だ。もちろん、そのまま放置すれば、JALはたちまち経営破綻してしまう。そんななかスタートしたのが、冒頭に記した国交省主導の有識者会議なのだ。

JALが再建策を作成し、それに有識者会議という第三者機関がお墨付きを与える――。国交省は、融資を引き出すための「根拠」をここに求めたのである。

その有識者会議に向け、JALは路線からの撤退や人員削減などのリストラ計画を打ち出した。そして八月二十日、第一回「日本航空の経営改善のための有識者会議」が開かれる。

ところがそこでも、ことは国交省や金子大臣、JALの思惑どおりには運ばなかった。集まった委員たちはむろん、会議のオブザーバーとして参加した銀行団が容易に再建策に納得しない。あてにしていた第一回の会議では、結論が出ず、さらにJALの命綱は細く弱くなっていったのである。

ときは政権交代が確実視された総選挙の直前だ。焦った自民党議員たちは、最後の抵抗を試みた。ある民主党のブレーンが次のような話を打ち明ける。

「総選挙前の八月末、急遽《きゅうきょ》関係各所の幹部たちに呼びかけ、ＪＡＬ支援を取り付けようと会合を設けようとしたのです。金子大臣のほか、運輸（国交）大臣経験者の自民党族議員が、政投銀を所管する財務省や政投銀、みずほフィナンシャルグループの首脳ら三人に声をかけ、五者会談を開こうとしました」

ＪＡＬ支援について、政権交代前の喧騒に紛れて関係者の合意を取り付けようとしたのだろう。だがその実、自民党議員たちは選挙という眼前の蠅《はえ》を追うのに精一杯だ。結果、五者会談は話題にもならずに幻に終わった。

すると、国交省は外資との提携によってこの難関を乗り切ろうとする。この時期にデルタ航空やアメリカン航空といった米国企業とＪＡＬとの提携話が唐突に流れたのは、そのせいだ。米国エアラインに三〇〇億〜五〇〇億円の出資を仰ぎ、経営を立て直す。あたかもそんな再生構想が喧伝《けんでん》された。だが、それも失敗に終わった。そうして八月三十日、ついに政権交代が実現する。

自民が惨敗した選挙後の九月に入ると、もはや運輸族議員たちは動けない。それでも国交省やＪＡＬの経営陣は、九月十五日に開かれる二回目の有識者会議に望みを託した。一回目の会議でこっぴどく批判された再建策について認めてもらうには、事前の根回しが必要だと考えたのかもしれない。西松たちは九月上旬、銀行団の中心である政投銀に説明に出向く。それが、所管官庁の財務省へ伝わっていった。

しかし、もはや財務省は政投銀によるＪＡＬへの野放図な融資を認めようとはしなかった。財務省総括審議官の香川俊介が、国交省航空局長の前田隆平を呼び出したのは、有識者会議前日の十四日である。

自民党政権下ならいざ知らず、政投銀を所管する財務省としても、これまでのように国交省と歩調を合わせ、ＪＡＬ支援をつづけるかどうか、政策転換を視野に入れなければならない。わけても、香川はかつて竹下内閣で官房副長官だった小沢一郎の秘書官を務めていた関係から、民主党とのパイプが太い。

「銀行団は、ＪＡＬへの追加融資をできる状態ではないという判断のようです。財務省としても、税金を無駄にすることはできませんから。納得できる再建策を練り直してもらいたい」

香川は前田をそう突き放した。なかば引導を渡したといえる。

翌九月十五日、国交省は第二回の有識者会議に臨んだ。鳩山内閣発足一日前である。初会合と同じく、このときの有識者会議でも、ＪＡＬ社長の西松遙が再建計画を披露した。

「これまでは低収益路線を抱え、自己資本が手薄ななかで（市場に左右される不安定な）ボラティリティの高い事業をおこなってきました。そのため、今般のような急激な需要の変動に耐えられない企業体でした。深く反省をしています。そこで、現在のような環境下においても、安定して収益の上げられる強靱な企業体質に生まれ変わることを目指し、大きく三つの柱を立てました」

その再建策三本柱は「路線の大幅な見直し」「低コスト化の徹底的な追求」「企業構造の柔軟化と多様化」だという。具体的には二〇一一年度までの三年間で国内二九路線、国際二一路線という合計五〇路線の廃止。早期退職制度などを活用したグループ六八〇〇人の削減などだ。再建策は、国交省とＪＡＬが協議したうえでの合作といえる。

「ＪＡＬにおいては、残された時間のなかで、有識者会議の評価が出されるように最大限の努力をお願いしたい」

国交省審議官の宿利正史も懸命に訴えた。

しかし、ＪＡＬがみずから作成したリストラ策は何度も失敗し、そのたびに国交省が救いの手を差し伸べてきたのは、もはや誰もが承知している。米国エアラインとの提携による資本参加も、しょせん焼け石に水である。外資に成田や羽田の空港発着の権益を持っていかれるのが関の山だと冷ややかな目で見られていた。

なにより、政権は自民から民主へ移っている。これまでJALと一蓮托生《いちれんたくしょう》だった運輸族議員や国交省ならいざ知らず、無謀な救済策に付き合う必要はない。政権を担う与党民主党はむろん、財務省や銀行団が、これで納得するわけがなかった。

有識者会議は九月末に開かれる三回目まで予定されていたが、政権交代と同時に、すでにその役割は終えていたといえる。第二回有識者会議の直後、記者会見が開かれた。そこでは、こう鋭い質問が飛んだ。

「九月末までに再建策をまとめるといいますが、次の有識者会議の日程は決まっていますか。その三回目の会議で結論を出すのでしょうか」

座長の一橋大学学長、杉山武彦は、記者の質問に対し答えに窮した。

「いまは(国交)大臣就任の直前のタイミングであり、事務的に進められるところは精一杯進めていきます。まずは、新大臣にご報告、ご説明をして判断を仰ぐところからはじまる。そのうえでご指示をいただきながら進めていこうと考えています。従って、いまどのタイミングで三回目をやるかどうか、表向きにもなかなか申しあげられない」

有識者会議の機能は、この時点でストップしていた。

「米国の自動車ビッグスリーのような手法はとらないのですか。法的整理についてはどう考えていますか」

そう詰め寄る記者までいた。杉山はこう答えている。

「現段階で定まった見解を述べられる状態ではありません。一般論から言って、法的整理も一つの手段です。企業再生については法的整理、私的整理等があり、その手段は当該事業分野によって、適不適がありますから……」

有識者会議は自民から民主へと政権が移る渦中、自民と国交省が仕掛けた駆け込み救済策だった。それが、こうして失敗に終わったのである。三回目の特別会議はなかった。

そして最後の有識者会議の翌九月十六日、鳩山政権の組閣がおこなわれる。ＪＡＬの命運を握る国交省のトップには、民主党の前原誠司が就いた。

「有識者会議は自民党政権でつくられた仕組みなので、いったん白紙にしたい」

大臣に就任した前原は、十七日未明に開いた記者会見で、いきなりそう決意表明した。国交省が主催してきた「有識者会議」を無効にする、という。まるで、すぐにでも法的整理に入る、ととられかねない大胆な発言である。先制パンチを浴びた国交省航空局やＪＡＬ関係者が凍《こお》りついたのは、言うまでもない。

その新大臣は会見からわずか半日しか経《た》っていない明くる日の午後、なぜかにわかにトーンダウンする。

「（再建案を）ゼロにするわけではない。（JALに）破綻という事態があってはならないと考えています。（全日本空輸との）二社体制継続は維持しなければならない」

国交省幹部たちは、この言葉を聞いていったんは安堵《あんど》した。

「今度の大臣は、とても物分かりがいい。助かりますよ」

日本の航空行政を預かる国交省航空局の中堅幹部は、新大臣の第一印象について親しい新聞記者にそう嘯《うそぶ》いた。それが民主党の前原誠司を指しているのは、言うまでもない。むろん褒めているわけではなく、思ったより御《ぎょ》しやすいという意味だ。

ただし、前原は彼らにとってもそれほどやりやすい相手ではなかった。新たに「JAL再生タスクフォース」を結成し、JAL問題に取り組むようになる。JAL問題の主導権を握ろうとしていただけかもしれないが、それもわずか一カ月で解散させた。その迷走ぶりは、JALの先行きをますます不透明な状態に陥らせる。

十月以降、JALは企業再生支援機構にその処理が委《ゆだ》ねられた。そうして大臣就任から四カ月の迷走を経て年が明けると、JALは会社更生法の申請をして倒産する。結局、法的整理という道を歩むことになった。

かつてのナショナル・フラッグ・キャリアは、単なる銀行融資だけでは糊塗《こと》できないほどの腐敗が進んでいた。自民政権であれ、民主政権であれ、政治や行政の介入によって立ち直る時代ではなくなっている。どのみち破綻の道をたどる運命にあったといえる。民主鳩山政権の政策を評し、自民党議員が国会で「朝三暮四《ちょうさんぼし》」と揶揄《やゆ》したが、経営危機が本格化して以降、この四カ月の迷走ぶりを見ると、民主党も自民党時代とそう変わらないようにも思える。

そもそもＪＡＬの経営危機は、このときにはじまったことではない。これまでにも、ＪＡＬの歩みや先行きについて、しばしば視界不良という言葉で不安視する声を何度も聞いてきた。それは間違っていない。ずっと暗い闇のなかを飛行してきたような印象だ。ナショナル・フラッグ・キャリアという華やかな企業イメージとは裏腹に、いつ墜落してもおかしくない事態を何度も招いてきたのである。

巷間《こうかん》言われるように、過去、ＪＡＬ経営陣が政官界の利権構造や行き当たりばったりの航空行政に翻弄《ほんろう》されてきた面も否めない。しかし、こうなった最大の要因は、そこではない。ＪＡＬの経営陣たちの資質。それこそが経営破綻の最大の原因と思えてならない。ＪＡＬの破綻について、過去の負の遺産を背負った前社長の西松遙に責任はない、といった同情論もある。が、それも違う。

二〇一〇年一月十九日、ＪＡＬの西松遙は東京地方裁判所民事第8部に会社更生法の適用を申請した。申請に基づき、午後五時半に裁判所が下した更生手続き開始書面には、次のように書かれている。

平成22年（ミ）第1号乃至第3号　会社更生事件

〈第1号乃至第3号〉とあるのは、法的整理手続きの対象会社を指す。ＪＡＬグループの中核「日本航空」「日本航空インターナショナル」「ジャルキャピタル」だ。法律的にはこれを「開始前会社」と呼ぶ。書面はこう書く。

主文　1　開始前会社について更生手続きを開始する。

まさしくこれは倒産という民事事件なのである。三社の負債総額は実に二兆三〇〇〇億円。銀行などを除けば、間違いなく史上最大の倒産劇だ。ナショナル・フラッグ・キャリアの翼が腐った最大の理由は何か。本書は、その素朴な疑問を追いながら、五九年にわたるＪＡＬ腐敗の歴史に迫る。

第一章　米航空支配からの脱却

「日航機は舞阪《まいさか》沖、北緯三四度三五分、東経一三七度三〇分の地点で遭難している。目下、海上保安庁の巡視船と名古屋の空軍基地から飛行機が現場に向かっているが、付近は濃霧のため機体を発見していない」

戦後日本ではじめて航空会社をつくった運輸省航空庁は、ほどなくして旅客機の遭難という悪夢に見舞われる。ＪＡＬの旅客第一号機マーチン２０２「もく星号」が突然消息を絶ち、こう発表せざるをえなかった。一九五二（昭和二十七）年四月九日のことである。

航空庁は現在の国交省航空局の前身にあたる。航空機の遭難という事態に直面し、日本政府は狼狽《ろうばい》するばかりだった。

あいにくこの日は、未明から分厚い雨雲が羽田の空を覆っていた。朝になっても日が差さず、薄暗い。強い雨と風が滑走路のアスファルトを叩きつけ、機体の車輪付近では雨が地面から跳《は》ねあがっていた。そのせいで滑走路は極めて視界が悪い。潮岬《しおのみさき》から北上をつづけていた低気圧が、冷たい雨を伴い、東海、伊豆地方を襲っていた。

七時三四分、JALの「もく星号」が、左右の誘導灯に導かれた滑走路を進んだ。ずぶ濡れになりながら、急いで走り抜け、陸を離れた。操縦桿を握っているのは、三週間ほど前の三月十五日にノースウエスト航空から派遣され、着任したばかりの米国人パイロットである。米国では八〇〇〇時間の飛行経験のあるベテランだが、日本の気候には慣れていない。

その激しい春の嵐のなかを房総半島の館山上空に向け、「もく星号」がねずみ色の分厚い雲のなかに吸い込まれた。消息を絶ったのは、そのわずか二〇分後である。

「もく星号」には三三人の客が搭乗していたが、なにしろ終戦からわずか七年しかたっていない五二年のことだ。民間航空機に乗るような日本人は限られていた。搭乗名簿に載っていたのは、八幡製鐵（現・新日鐵住金）社長の三鬼隆や日立製作所常務の天利義昌といった大企業の重役のほか、漫談家の大辻司郎、銀座の有名宝石デザイナーなど錚々《そうそう》たる名前ばかりだ。

八幡製鐵の三鬼は、日経連（日本経営者団体連盟、現・日本経済団体連合会）の会長の呼び声が高かった鉄鋼界の大立者である。東京で財界との打ち合わせを済ませたあと、八幡製鐵の第四製鋼工場の操業披露式に出席しなければならない。翌日に九州へ向かうため、「もく星号」を使ったという。新幹線すら走っていないころだ。航空機は画期的な交通手段であった。が、やはり空を飛ぶのに抵抗があった人も少なくない。日立製作所常務の天利は、自宅を出る際に家族に言った。

「きれいな下着に着替えているので、死んでも見苦しくない」

まさにこのブラックジョークが現実となる。これが夫人の耳に残った最後の言葉となってしまう。

「もく星号」が消息を絶ったと連絡を受けた家族が、JALの本社に続々と押し寄せたのは、言うまでもない。捜索活動がつづくなか、家族たちはラジオ放送を聞きもらすまいと神経を集中させ、ニュースに聞き入った。

旅客第一号機の遭難は、日本の航空界の未熟さを露呈する。JAL機といっても、運航は米国任せ。その捜索まで米国頼みだった。そもそもこの時点では、日本の民間航空事業そのものが存在しなかったと言っていい。「もく星号」そのものが、米ノースウエスト航空からチャーターした飛行機であり、パイロットはむろん整備士やスチュワーデスも同社の社員たち。管制官は米軍といった按配《あんばい》で、すべてが米国に負っていた。従って、遭難時の捜索も米軍が主導したのである。

そして、離陸から八時間近く経過し、午後三時一五分になってようやくＪＡＬ機の動向についての第一報が入る。しかし、米空軍の捜索機からもたらされたのは、非常にいい加減な報告だった。それを受けた国警静岡県本部の発表はこうだ。

「米第五空軍捜索機は、遭難機を浜名湖西南一六キロの海上で発見。米軍救助隊が出動して乗員、乗客全部を救助した。なお、救助の時刻、救助隊の入港する場所は不明である」

通報によれば「海に不時着水した『もく星号』の乗客、乗員を全員救助した」という。先の航空庁の発表は、米軍からのその通報を受けたものだ。二隻の掃海艇が乗員、乗客を救助したと聞かされ、日本の巡視艇も遭難地点の舞阪沖に向かったのである。

ＪＡＬ本社に集まっていた家族たちは、さぞかし胸をなでおろしたに違いない。八幡製鐵社長の三鬼の長男を乗せた車は、舞阪まで駆けつけた。

ところが、この米軍の通報がまったくのでたらめだったことが、のちに判明する。この時点では、掃海艇にＪＡＬ機の乗客や乗員を乗せているどころか、機体すら発見していなかった。そして夜になり、乗員、乗客の命が絶望視される。機体は伊豆大島の三原山に激突し、バラバラになってその無残な姿をさらしていたのだ。

日本の民間航空機初の大惨事が、この「もく星号」の三原山墜落事故である。それにしても、なぜ米軍はこんな大ウソの報告を日本政府にしたのだろうか。

そんな疑問を呈したのが、作家、松本清張だった。推理小説で知られる清張は、一方で、すぐれたノンフィクション作品を残している。その代表作『日本の黒い霧』のなかに「『もく星』号遭難事件」がある。

〈それが、忽《たちま》ち誤報と分り、家族一同を落胆させ、ついで三原山腹で機体の残骸発見が報告されたのである〉（文春文庫『日本の黒い霧』より）

として、次のように描かれている。

〈時限爆弾や、そのほかの謀略による墜落ではなさそうである。謀略が無かったから、本題の「日本の黒い霧」たり得ないか、というとそうではない。

事故発生後、自らの手落ちを隠すために、擬装工作をしたアメリカ側のやり方である。遭難地点は舞阪沖だという情報を流して、日本側の捜索の眼を、まる一昼夜、そこに釘づけして、三原山衝突から眼をひきはなしたことである。つまり、米側の手落ちをウヤムヤに消してしまったことだ。ジョンソン基地の管制室の過失をかばったといえば人情的に聞えるが、そうではない。これはあくまでもアメリカ占領軍の権威のためであった〉

ＪＡＬ旅客一号機といっても、航空管制から実際の運航にいたるまですべて米国任せなのだから、当然事故の責任も米側にある。おまけに、捜索においてもミスをしていた疑いが濃い。ジョンソン基地とは、現在の航空自衛隊入間基地で、戦後の米占領時代に米空軍が接収したところだ。捜索隊はこのジョンソン基地の指示を受け、「もく星号」の遭難に対処していた。松本清張はそれら米側の過失を看破し、『日本の黒い霧』のテーマとしたのである。

むろん、米側の意図や思惑などは確認しようがないが、清張がＪＡＬ機の墜落事故を秀作『日本の黒い霧』に加えた理由は、日米の歪《いびつ》な航空行政の在り方に一石を投じようとしたからにほかならない。戦後の日本の航空行政は、アメリカの意思に従い、半占領状態がつづいてきた。米軍横田基地の空域による羽田空港上空の使用制限や成田空港発着枠の半分近くを占める米国エアラインの権益などを見るにつけ、その名残りは、いまだにある。

「もく星号」墜落という日本初の旅客機事故は、少なからずＪＡＬの在り方にも影響している。米国支配から日本の航空行政が独立する——。米国の制空権の下で創業したＪＡＬは、事故を境にナショナル・フラッグ・キャリアとして再出発した。それが日本政府の悲願だった、といっても過言ではない。

日の丸航空会社の誕生

世界の航空産業は、思いのほか歴史が浅い。二〇世紀初頭のドイツのツェッペリン飛行船やアメリカのライトフライヤー号以来、一〇〇年あまりだ。その産業の発展過程は、戦争を抜きには語れない。いまでこそ世界の航空業は米国を中心にまわっているが、戦時中は欧米列強に並ぼうと日本も躍起になり、そこそこ対抗できていた。第一次世界大戦後、元海軍士官の中島知久平が設立した「中島飛行機製作所」はよく知られたところだろう。ゼロ戦に象徴される日本の航空技術は、第二次世界大戦が終焉を迎えるまで、世界のトップ水準を誇っていた。

その軍事技術をいち早く民間に取り入れ、一九二八（昭和三）年、「日本航空輸送株式会社」（旧日航）が設立される。旧日航の飛行機が、もっぱら中国大陸にある日本の租界を結ぶ路線を飛んだものだ。また、このころの日本は中国大陸への進出に意欲を燃やした。旧日航設立から四年後の三二年、関東軍が満州に「満州航空株式会社」を創設する。これを満州国のナショナル・フラッグ・キャリアと銘打った。傘下のグループ企業として「国際航空株式会社」を設立し、ベルリン路線を就航させている。

そうして戦中の日本は、旧日航と満州航空を駆使し、北東アジアを中心とする航空ネットワークを形成する。日中戦争勃発後の三八年、満州航空傘下の国際航空と旧日航が合併し、陸軍大将児玉源太郎の息子である児玉常雄をのちの総裁とする国策会社「大日本航空株式会社」がスタートする。いわば軍の統制による航空行政支配時代だ。

そんな日本の航空行政は、四五（昭和二十）年の終戦により、いったんその機能が絶たれた。従って旧日航や「大日本航空」が、現在のＪＡＬの前身というわけではない。

終戦後、連合国軍最高司令官総司令部（ＧＨＱ）が運輸省航空局を廃止すると同時に、すべての航空機の運航を禁じた。これにより、かつて海外に五〇カ所以上あった大日本航空海外拠点は消滅。日本に残っていた八九の機体は破壊された。一方の満州航空は自前の旅客機ＭＴ−１の製造工場を操業し、米、英、独などの最新鋭機を数多く所有してきたが、それも解体される。いわば日本にとって、終戦直後は航空の空白期間である。

しかし、そんなＧＨＱの政策が一転する。それは、朝鮮戦争をはじめとする東西対立の影響が大きい。そして、一九五一（昭和二十六）年八月一日、国内資本の航空事業が許可され、民間企業として日本航空（ＪＡＬ）が改めて設立されるのである。といっても、前述したように、しばらくは事実上の米国支配がつづく。

厳密に言えば、JALの一号機は、八月二十七日、フィリピン航空から借りたDC-3「金星号」だ。招待客を乗せて三日間、東京上空に浮かんだのが初フライトとなる。そこから次に旅客機として運航するのが、米ノースウエスト航空からチャーターしたマーチン202「もく星号」である。「もく星号」第一便は十月二十五日、羽田を飛び立った。伊丹経由の福岡便だ。JALはそれから六〇年近く、世界中の空を飛んできた。だが、日本の航空界をリードしてきたナショナル・フラッグ・キャリアには、一般にはあまり知られていない歴史がある。

当初のJALは、米ノースウエスト航空に運航委託してきたにすぎない。いわば営業を担う代理店のような存在だった。その「もく星号」が五二年四月九日、伊豆大島三原山で墜落死亡事故を引き起こし、乗員、乗客合わせて三七人の死者を出す。

そこから、米国による航空支配からの脱却、さらに本格的な日本独自の航空会社の必要性に迫られた。そうして五三年十月一日、日本航空株式会社法（日航法）に基づき、JALが半官半民の特殊法人として再出発する。米エアラインの代理店のような存在にすぎなかったJALが、事実上の国営企業として生まれ変わったのである。

国際線の就航は、翌五四年二月。羽田発ホノルル経由のサンフランシスコ便が、第一号路線だ。運賃は片道二三万四〇〇〇円で現在価値にすれば、一四〇万円に相当するという。それほど贅沢な旅行だったため、正規の料金を支払って乗った客は、五人しかいなかった。そうしてナショナル・フラッグ・キャリアは、スタートする。

長らく半官半民とされたJALは、電電公社（現・NTT）や国鉄（現・JR）など、公社や公団の形式をとってきた多くの特殊法人とはその経営形態が異なる。一九六四年まで五八％あった政府の出資比率は、徐々に減り、民営化前には三四・五％にまで下げられた。形の上で政府は、JALの筆頭株主だったにすぎない。出資比率が三分の一を超えれば、企業運営における拒否権が与えられ、大きな影響力はあるが、他の公社や公団のような政府の一〇〇％子会社ではなく、民間の出資もある。

しかしその実情は、他の特殊法人とは逆に、民営化されてなお、いつまでたっても「親方日の丸」と酷評されてきた。それは、日航法に守られた温室育ちから抜け切れていないことを意味する。かつての運輸白書には、こう記されている。

〈わが国の場合は戦後の空白時代という特殊な事情もあり、新しく国際航空運送事業を始めるに当っては、格段の措置が必要であったので日本航空（株）の設立にあたって政府は同社を日本航空株式会社法に基づく特殊法人とし、同法に国際線の維持発展

のための補助金支出、政府の債務保証、政府所有株の後配、社債発行限度の特例等の助成措置を提案した〉（昭和四十一年度版）

もともと航空業は軍事利用からはじまっているせいもあり、やたらと規制が多い。航空機の調達をはじめとする設備投資から路線の開通、営業面での支援にいたるまで、政府は規制で縛る代わり、ＪＡＬの面倒を見てきた。会社経営そのものが、日本の航空行政と一体化してきたと言ってもいい。

歴代経営陣の顔触れを見ても、ＪＡＬと政府との深い関係は一目瞭然だ。

初代の社長は、日本銀行副総裁だった柳田誠二郎。もっとも事実上の創業者は、のちの運輸省（現・国土交通省）航空局にあたる航空庁初代長官だった松尾静磨といわれ、松尾自身、日本航空設立後に専務として入社し、六一（昭和三十六）年一月から二代目社長として辣腕《らつわん》を振るう。

元日本銀行副総裁、初代社長の柳田誠二郎

「松尾静磨は、初代航空庁長官として日本独自の航空会社創設に奔走した人です。ＪＡＬの設立にあたっては、終戦から何年も日本に航空会社がなかったため、満州航空をモデルにしたといわれます。旧朝鮮銀行の財産を元に日本不動産銀行、のちの日本債券信用銀行をつくったように、満州航空の人材を使ってJALを立ち上げたわけです」

JALの元役員が回想する。

五九年の社歴で社長は十一人しか存在しない。会社更生法を申請し、先に引責辞任した西松遙がちょうど十代目だ。経営破綻後、京セラからやって来た会長兼最高経営責任者（CEO）の稲盛和夫、さらに十一人目の社長となった大西賢（COO）に経営の舵《かじ》が委ねられてきたが、官出身の社長が社歴の半分以上を統治してきたのである。

創設から三〇年のあいだ、日銀出身の柳田、航空庁の松尾、元運輸事務次官の朝田静夫と、官出身の社長へとその任が引き継がれた。そのあと民営化を前提にした八一年六月から四年半、生え抜きの高木養根が社長の椅子に座るが、八五年十二月から九〇年六月までは再び総務事務次官だった山地進が社長に就く。

官僚的な会社といわれるが、かつては官僚そのものが会社を運営してきたのである。旧運輸省の監督・指導の下に置かれたJALは、その一方で、自民党運輸族議員の顔色を窺《うかが》いながら、経営にあたってきた。

学閥争い

JALの官僚体質は、事実上の国営企業というそもそもの成り立ちを考えれば、さほど驚く話ではない。元役員が続ける。

「国営企業であるがゆえ、会社として最も大切なのが、運輸省とのパイプでした。そのため霞が関の官僚と同じ、経営陣を東京大学出身の幹部社員で固めていったのです」

ちなみにライバルの全日本空輸（ANA）は、生い立ちそのものがJALと大きく異なる。前身を「日本ヘリコプター輸送」といい、朝日新聞のヘリコプターを借り、企業の宣伝活動を担ってきた。一九五二年に純粋な民間航空会社としてスタートし、特殊法人の形をとっていない。五八年、極東航空と合併。その後、藤田航空など中小の航空会社を吸収しながら、成長してきた。いわばベンチャー企業のようなものだ。同じような時期に設立されながら、たくましさがある。それが両社の違いかもしれない。

元航空庁長官、二代目社長の松尾静磨

かたやJALは、まさに日本の航空行政を一身に担ってきたという自負がある。傍《はた》から見れば、これがときに官僚体質に映る。しかし、少なくとも以前は、ナショナル・フラッグ・キャリアというJALブランドの看板を前面に押し出した憧れの企業だった。それも間違いない。

政府と一体化した会社である半面、ＪＡＬの役員には会社創業以来、官僚の天下りポストだけではなく、財界の指定席もあった。財界の重鎮が会長に就き、株主企業にも、非常勤取締役や監査役などのポストが用意されてきた。

初代会長が日本商工会議所会頭だった藤山愛一郎だ。藤山は父親が築いた藤山コンツェルングループの大日本製糖社長として鳴らし、戦中の大日本航空で非常勤取締役も務めていた。藤山コンツェルンをバックに、戦後、国政に打って出て外相になる。

ＪＡＬの歴代会長には、アラビア石油会長の小林中《あたる》や住友銀行の法皇と呼ばれた堀田庄三など、錚々たる名前が刻まれている。のちにその官僚的な経営体質が批判の的になるが、以前はむしろこうした政官財との華やかな関係を誇ってきたともいえる。国策会社ゆえ、政官財のオールジャパンで支えていく。そうした側面もあり、古き日本のよき時代でもあった。

もっとも、多くの国営・官営企業がそうであったように、プライドや気位だけでは企業活動は成り立たない。そんなＪＡＬの草創期に営業力を支えてきたのが、事実上の創業者である松尾とその懐刀と呼ばれた専務の斎藤進だった。松尾は六一年から一〇年の長きにわたって、社長の座に君臨した業界のドンだが、常に斎藤がそれを陰で支えてきたとされる。松尾社長、斎藤専務体制で現在のＪＡＬの礎《いしずえ》が築かれたといっても過言ではない、と先のＪＡＬの元役員が話す。

「満州航空をモデルに創設されたＪＡＬでは、実際に満州からの引揚者も会社にいました。そのなかで、力を発揮したのが、満州航空出身の斎藤進さんでした。松尾さんがみずからスカウトしたのが斎藤さんで、設立当初のＪＡＬの幹部は、満州航空出身以外頼りにならなかったといいます。そのほかは、保険会社や商社などから派遣されてきた航空の素人ばかり。それに比べ、戦時中、関東軍によって設立された満州航空には、航空会社運営ノウハウの蓄積がある。それで、松尾さんが頼ったわけです」

斎藤には戦地からの引揚者独特の迫力があったという。こう言葉をつぐ。

「斎藤さんは組合対策に剛腕を発揮した人物として知られます。その背景として、戦中から脈々と築いてきた右翼や政界のフィクサー、実業家との太いパイプがあった。

元日本商工会議所会頭、
初代会長の藤山愛一郎

それがものを言った側面はあるでしょう。斎藤さんは、とくに田中角栄の刎頸《ふんけい》の友とされた小佐野賢治さんとは昵懇《じっこん》の間柄でした。小佐野さんは戦後、朝《あさ》霞《か》の米軍キャンプの兵隊向けに送迎バスを出し、国際興業を大きくしていった。ＪＡＬの草創期には、松尾社長が斎藤さんを通じ、満州浪人や小佐野さんのようなフィクサーの手を借り、ＪＡＬを切り盛りしていった。そうして、ＪＡＬ社内で隠然たる勢力を築いていました」

ひところ国際興業の小佐野が、ＪＡＬの個人筆頭株主として幅を利かせていた時期がある。それは、こうした歴史的な経緯があったからである。あるいは元衆議院議員の糸山英太郎もまた、破綻する寸前までＪＡＬの個人筆頭株主として経営に口を出してきた。言うまでもなく右翼の大立者、笹川良一の姪婿でもある。

「斎藤さんは、長らくＪＡＬで組合対策と営業の両方を統括してきました。その斎藤さんの薫陶《くんとう》を受け、のちに営業部門のトップとしてあとを継いだのが、あの利光松男さんでした。上智大学出身の利光さんは、御巣鷹山の事故や会社の民営化を乗り切り、社長に就任した。社長退任後も、利光派は営業畑をまとめあげていったといわれます」

ＪＡＬには、運輸省と一体となってきた官僚派と野武士のような営業派、組合対策の労務グループという三つの派閥が混在してきた。それは学閥と言い換えていいかもしれない。

官僚体質と非難されるＪＡＬにおける旧官営企業ならではの東大閥に対し、旧満州航空の流れをくむたたき上げの私大閥がある。簡単に言えば、国立大学卒のエリート組の多くは、人事や経営企画といった主流の管理部門を歩む。あるいは労務部門で力を発揮した。対する私大組は、営業や広報といった派閥を形成してきたといえる。JALでは東大をはじめとする国立大学グループと私大卒業組の学閥争い、さらに部門間の社内対立が激しい、といわれて久しいが、元をただせば草創期からそれは存在したのである。

だが、会社草創期の松尾、斎藤時代には、その争いが表面化しなかったという。それは、カリスマ経営者が統括することにより、企業体としてまとまっていたからではないだろうか。または日の丸企業という自負が、企業体としての強みだったのかもしれない。古いJALの社内には、戦後の空白期間に出遅れた分を取り戻し、世界の空に打って出るという気概が満ち溢れていた。企業に限らず組織は一つの目的に向かうとき、自然にまとまる。

しかし、企業が成長していくにつれ、エリートのプライドがいつしか親方日の丸という悪しき官僚体質に変質していった。それに会社の利益に直結する働きを見せてきた営業現場の人たちが反発する。そうして、やがて派閥間の勢力争いが表面化し、JALの経営に悪影響を及ぼしていったのである。

民族派の独立運動

官僚派に対する民族派——。JAL社内には、そんな言葉が囁《ささや》かれた時期がある。八〇年代後半に持ちあがった民営化政策のころだ。中曽根康弘政権の下、国鉄や電電公社と同様、特殊法人の民営化が進められていく。官営企業からの脱皮という合言葉を支えにし、主流の東大閥、官僚派に対抗しようとしたのが、プロパーの幹部社員たちだった。

JALに生え抜き社長が誕生したのは、会社設立から三〇年経った八一年六月のこと。民営化を決めた高木養根である。

松尾静磨の後を受けて運輸事務次官から天下った三代目社長の朝田静夫は、七一年五月から松尾と同じ一〇年、社長の椅子に座った。高木は四代目にして初のプロパー社長となる。そこで民営化の形が整ったはずだった。

「高木さんは一高(旧制第一高等学校)時代、西田幾多郎哲学に傾倒し、京都帝国大学文学部に入学したらしい。京都帝大時代、思想弾圧事件として歴史に残る滝川幸辰《ゆきとき》事件で逮捕され、一〇カ月も独房につながれた経験があるといいます。そこから東京帝大に入り直して改めてJALに入社した、と聞いています」

当時を知るJALの元役員が、高木を評してこう言う。
「そんな体験があるからか、官僚に対する反抗心は強かった。ぎょろりとした目で睨《にら》まれると迫力がありました。変わり種ですが、頭脳明晰。一種哲学的なところもある。運輸事務次官だった朝田体制が一〇年もつづくなか、社内では早くから高木待望論があった。ですが、朝田さんが居座っていたため、なかなか社長になれなかった。高木さんは副社長として経営を支えてきました。そんな朝田体制の下で事故が頻発する。そうしてこの際、運輸省OBによる経営から脱し、高木さんを担いで国の支配から独立しようとする気運が高まっていきました」

元運輸事務次官、三代目社長の朝田静夫

一九六〇年代、世界一安全と絶賛されたJALは、朝田時代の七〇年代に入ってから墜落事故を立てつづけに引き起こす。七二年のニューデリーとモスクワの事故、七七年には、アンカレッジとクアラルンプールで多数の死者を出す。

もともとJALには、運輸省だけでなく、旧大蔵、旧郵政、警察庁などの天下り官僚がひしめいてきた。会社を牛耳るそんな官僚派に対抗する勢力が生え抜き派の社員たちだ。「官僚派」に対し、「民族派」と呼ばれた。官僚臭さがなく、破天荒な民族派の幹部たちは社内でも人気があったという。高木自身、社内では霞が関支配からの脱却を図ろうとした最初の経営者として評価された。

「高木擁立の先頭に立って動いたのが、利光松男さんでした。創業以来ずっとつづいてきた『官僚派』の支配から脱却し、プロパー経営陣による独自経営を主張した『民族派』のボスです。社内の人望も厚く、高木さんの後継者と目されていました。高木さんは自分自身の社長就任後、一度利光さんをグループの日航商事に出したことがあるが、実はそれも社長になるための修業だと言っていました」

先の元役員による利光評はこうだ。団子鼻に膨らんだ頬。愛嬌のある特徴的な利光の人相も、部下や後輩に好かれる要因だったのかもしれない。

「利光さんは、小田急電鉄の創業家に生まれながら、坊ちゃん的なところを全然感じさせませんでした。上智大学卒業後、JAL入りした。会社の草創期、JALの基礎を築いてきた満州航空出身の斎藤進専務に師事し、営業畑一筋。大ヒットしたあのジャルパックを考案し、飛躍的に業績を伸ばした。カリスマ的な存在です。利光さんは大胆な政策を打ち出す一方、敬虔《けいけん》なクリスチャンで、繊細な人でもありました。営業に対する熱の入れようは大変なもので、『営業はな、言葉やテクニックじゃないんだよ。魂でお客さんに接しなければ駄目なんだ』と真顔でよく叱られました。青年のような心を持った人でもありました」

官僚支配の長かったＪＡＬは、東大閥の企画畑が幅を利かしてきた。かたや利光は私大出身でありながら、営業部門を中心に社内で大きな勢力を築きあげた。

ときの首相、中曽根康弘による国営企業の民営化政策が、このＪＡＬの民族派を後押しした。高木の社長就任早々の八二年には、羽田沖の逆噴射事故が起きた。が、中曽根民活の後押しを受けた高木の経営責任は問われなかった。官から民へという大きな流れが新任の生え抜き社長を救ったといえる。そこには、永田町の思惑も複雑に絡んだ。ＪＡＬグループ企業の元社長も、次のように話す。

四代目にして初の日航プロパー社長、高木養根

「それまで運輸行政は、福田赳夫や安倍晋太郎が率いた旧清和会が統括してきたといっていい。いわばＪＡＬは、福田・安倍派の金城《きんじょう》湯池《とうち》でした。そのため中曽根さんは、民営化を利用し、福田派の牙城《がじょう》に切り込もうとしていた。そうした永田町事情も絡み、高木社長を支えるＪＡＬの生え抜きが、勢いづいていきました」

元運輸事務次官の朝田からプロパーの高木へ経営

のバトンが渡される過程では、利光以外に、当時専務だった三重役が汗をかいたとされる。三専務のうち一人は、大蔵省出身の元官僚だった。にもかかわらず、高木擁立に動いたのは、中曽根民活という時流に乗ろうとしたのかもしれない。奇しくも、その三専務は中曽根がJALに送り込んだ財界出身の会長にクビを切られるのだが、それはもう少しあとの話である。

JAL創業以来初のプロパー社長になった高木養根。ところが、その高木体制の五年目に惨事が起きた。御巣鷹山の墜落事故である。

一九八五年八月十二日の午後、JALは本社の常務会で正式に民営化を決めた。国営企業として会社創業から三四年、民営化に舵を切ったその日、世界の航空史上最大の惨劇が、生え抜き社長の高木を襲ったのである。夕刻六時五十六分、羽田発大阪(伊丹)行き123便ジャンボジェット「ボーイング747SR-100」の乗員乗客五二〇人の命が、群馬山中の闇に消えた。

御巣鷹山の事故は、羽田沖の逆噴射からわずか三年後の大惨事である。いきおい世間の批判は最高潮に達した。事故後、高木の責任論が浮上したのは、言うまでもない。政府、JALともにその善後策に追われ、当然のごとく、JALは民営化どころか、会社そのものが存亡の危機にさらされていく。

第二章　伊藤淳二の罪

「私は本日、ＪＡＬの会長に就任しましたが、航空業界についてはまったくの素人です。ＪＡＬグループの事業内容や経営状況についても、まだよく分かっていません。先週から一週間かけて一生懸命勉強しているところですが、ようやくおぼろげながら全体像が分かってきたようなくらいです。しかし、企業再生支援機構とＪＡＬの方々が一緒になって策定された事業再生計画について説明を受け、また私なりに分析もしましたが、私は長く経営に携わった者として、この再生計画を確実に実行に移していきさえすれば、再建は十分可能だと思っています。本日から大西新社長をはじめとする新しい経営陣、さらにはＪＡＬグループの全社員の方々といっしょになって、この再生計画を着実に、またできるだけ早く達成し、ＪＡＬを早急に再生させたい、そうしなければならないと改めて決意している次第です」

二〇一〇（平成二十二）年二月一日、ＪＡＬの実質的な最高経営責任者（ＣＥＯ）

として会長に就任した稲盛和夫は、新社長の大西賢を横に、こう抱負を語った。会社更生法の適用申請による経営陣刷新の記者会見である。京セラの創業者として辣腕を振るってきた稲盛は、その剛腕ぶりで世に知られている。JALにおける再生手腕への期待は大きかった。

だが、この記者会見について、不安を抱きながら眺めていた関係者もいる。四半世紀前の光景と重ね合わせるJALのOBたちも少なくない。

「昨日の株主総会で取締役に選任されました。またその後の役員会で代表取締役副会長に選任されました伊藤淳二でございます」

一九八五(昭和六十)年十二月十九日、JAL経営陣の就任式が執りおこなわれた。これが新たに副会長に就任した伊藤淳二の第一声である。この挨拶から遡《さかのぼ》ること四カ月前の八月十二日、JALは世界の航空史上最大の惨事を引き起こした。その経営陣の引責辞任に伴い、外部から招聘《しょうへい》されたのが、鐘紡会長の伊藤だ。伊藤は紡績と化粧品の両輪を事業展開し、急成長を遂げた会社の顔でもあった。

「ただいま山地社長が、内容、味のあるお話をされました。花村会長が父親であれば、私は長男で、山地社長が二男で、利光副会長が三男《(ママ)》だとたとえられましたが、私もまったくそのような気がいたします。わずか三カ月前には、私は、ただ日本航空が好きな乗客の一人でありまして、日本航空の経営には何の関係もなかった人間でありま す。いまも山地社長が言われましたけれど、不思議なご縁で私は、昨日から日本航空の一員として経営の責にあたることにあいなりました」

老練な稲盛に比べ、このときの伊藤はまだ若い。どちらかというと童顔であり、青年実業家のようでもある。丸い顔を紅くして熱っぽく語った。

「八月十二日に、あのほんとうに悲しい、予期しない大事故が起きました。日本航空の安全を信じて、日本航空を選んで乗った五〇〇名を超えるお客様、また私どもがどうしても忘れてはならないことは、あの五二〇名のなかに、高浜機長以下一五名の日本航空の仲間がいたということであります」

86年、日航会長に就いた鐘紡会長の伊藤淳二

五二〇人の尊い命を奪った御巣鷹山の事故は、予期しない出来事だったに違いない。ＪＡＬに終生消せない傷を残したのは改めて語るまでもないが、幹部社員たちにとって、事故当日は別の意味で忘れられない日でもあった。

「本日より、日本航空は民営化の手続きに入ります」

日中、社長の高木養根が社内の経営会議で高らかに声をあげた。運輸省ＯＢではなく、社内から初めて登場した待望の生え抜き社長である高木の耳に、羽田発大阪（伊丹）行きのボーイング747SR-100が消息を絶ったと伝えられたのは、民営化が正式に決まった日でもある。経営会議から数時間しか経っていない夕刻だったという。

永田町の思惑が交錯したトップ人事

「伊藤忠の瀬島さんから電話があったのは、八五年十月初旬のことでした。私自身がその電話を受けたので、よく覚えています。瀬島さんが、『伊藤会長にちょっと相談したいことがあり、お会いしたい』という。（日本）商工会議所に来てほしいと。それで、伊藤会長は、中曽根政権で話題になっていた民間大臣の要請話でもあるのかな、と思って商工会議所へ行ってみたらしい。すると、日航の話が出てきたそうです。最初は社長になってほしいと依頼されたと聞きました。二週間のうちに返事がほしいという。とにかく日航への要請は、慌ただしく急いでいました」

そう打ち明けるのは、伊藤淳二の秘書だった元カネボウフーズ代表取締役、白井章善である。繰り返すまでもなく、伊藤忠の瀬島とは、中曽根康弘のブレーンとして名高い伊藤忠商事相談役の瀬島龍三だ。陸軍大学校を首席で卒業した瀬島は、大日本帝国関東軍参謀として、シベリアに抑留される。戦後は伊藤忠商事の会長を務め、相談役時代の八一年以降、第二次臨時行政調査会の委員に就任。中曽根政権の舞台裏で奔走してきた。白井が言葉を継ぐ。

「まさに突然でした。さすがに社長は無理なのですぐに断ったのですが、それでは会長でどうか、となった。二週間後、伊藤会長がＪＡＬ改革のドラフト（草案）を山下徳夫運輸大臣に提出したところ、ますます会長への就任要請が強まり、引き受けたと聞いています。このとき半年後のＪＡＬ会長就任を約束され、中曽根首相の声がかりで副会長に就きました。それで、副会長時代にありながら『会長室』を設置し、そこをミニＪＡＬのような（経営を担う中枢）組織にしたのです」

この時期、ＪＡＬは過去にない重大局面に立たされたといえる。事故による信用失墜に加え、客離れに歯止めがかからない。文字どおり倒産の危機にさらされていたのである。史上最大の航空機事故という十字架を背負わされたＪＡＬは、企業の浄化が進むどころか、却《かえ》って社内が混乱していく。わけても、民営化より会社そのものの立て直しが先決だった。

そんな困難な局面で経営の舵を握ったのが、鐘紡会長だった伊藤淳二である。〇九年秋にヒットした映画『沈まぬ太陽』で、会社再建に心血を注いだ「国民航空会長」のモデルといったほうが、とおりがいいかもしれない。原作は山崎豊子の同名小説だ。伊藤をモデルにした国民航空の国見正之会長を石坂浩二が演じ、高い評価を得たのは記憶に新しい。

伊藤は奇しくも、御巣鷹山事故から四カ月後の一九八五年十二月、JAL再生のため、会長含みの副会長に就任した。が、現実の伊藤は、映画や小説に登場したような単なるヒーローではない。

伊藤淳二は鐘紡中興の祖の経営者として語られることが多い。が、会社の礎を築いたのは武藤山治《さんじ》であり、その次の社長で二男の武藤絲治《いとじ》が退任し、社長になったのが伊藤だ。伊藤は労使運命共同体と銘打った労使協調路線をとって、経営を握る。その成功経験をJALに持ち込もうとした。だが、JALの舵取りは、化粧品や繊維メーカーのようなわけにはいかなかった。

前述したように、会社創業以来、JALの経営陣には、官僚の天下りだけではなく、財界の指定席もあった。経済団体の重鎮が会長に就き、株主企業にも、非常勤取締役や監査役などのポストが用意されてきた。オールジャパンの国策会社であるがゆえの複雑さがそこにある。

財界からの初代会長が日本商工会議所会頭だった藤山愛一郎で、歴代会長には、アラビア石油会長の小林中や住友銀行の法皇と呼ばれた堀田庄三など、錚々たる名前が並んでいる。経団連の副会長だった花村仁八郎《にはちろう》が、高木社長のときの会長だった。花村は自民党とのパイプが太く、「財界政治部長」という異名もあった。伊藤は花村の後釜に座るつもりだったが、周囲は冷ややかに見ていた。

花村までのJALの会長は、いわば名誉職ポストである。実際の会社経営には口出ししない。そんな不文律があったという。

ところが、その位置づけが鐘紡会長の伊藤淳二のときから、がらりと変わった。JAL改革のシンボルとしての民間人経営者。首相の中曽根やその取り巻きは、JALの会長ポストをそう位置付けた。JALの会長ポストの位置付けを変えたのは、中曽根をはじめとした外圧だ。そこには永田町独特の論理も働いている。

政府は、航空史上最大の事故に対処するJAL改革の新たな経営陣というイメージをつくりたかった。むろん、それは荷が重いポストでもある。おまけにそれを、JALの社内が歓迎していたわけではない。

そんな会長ポストの引き受け手は、そうやすやすとは見つからなかった。会長含みの伊藤のJAL副会長就任は、かなり難航した末の人選といえる。前出とは別のJAL元重役によれば、こうだ。

「伊藤さんは一三番目か一四番目の候補だったと聞きました。それほどなり手がなかったのでしょう。推薦したのが、三井銀行（当時）の小山五郎相談役です。小山さんが中曽根行革のブレーンである東急グループの五島昇さんや瀬島さんに根回しし、最終的に中曽根首相の了解を取り付けたようです。もともと伊藤さんは、中曽根総理と一面識もなかったのですが、すでに事故から二カ月も経過していてもはや時間がない。それで、最後に伊藤さんの名前があがったようです」

実際、事故後にＪＡＬの会長候補として名前が取り沙汰された財界人はかなりいる。三井造船の会長だった山下勇や住友電工会長の亀井正夫、経済同友会で頭角を現してきたウシオ電機会長の牛尾治朗などもそうだ。労働組合対策のプロとして鳴らした鉄鋼労連の委員長だった宮田義二、ＡＮＡの社長だった若狭得治などにいたるまで、さまざまな名前があがったという。航空史上最大の惨劇後のＪＡＬトップ人事は、はじめから波乱含みだったといえる。

〈会社の取締役・代表取締役及び監査役の選任、選定及び解任の決議は、運輸大臣の認可を受けなければ、その効力を生じない〉

事実上の国営企業だったＪＡＬの役員人事について、日航法第四条には、そう明記されてきた。つまり、中曽根内閣の運輸大臣である山下徳夫が認めなければ、人事が動かないわけだ。JALの役員人事においては、当然、首相の中曽根と山下が絶対的な権限を有することになる。

だが、それだけではない。JAL首脳人事には、永田町独特の微妙な政治パワーバランスが働く。簡単に言えば、これまで航空・運輸行政を握ってきた安倍派をどう抑え込むか。それが中曽根にとっての課題でもあった。

このとき本来の所管大臣である運輸大臣の山下は微妙な立場にいた。河本派という弱小派閥に所属していたせいもあるが、それよりもう一つ別の理由があった。

御巣鷹山の事故は、政府にとって虚を衝《つ》かれた出来事だけに、想定外のことも起きる。この時期、政府自民党や運輸省は、他にも厄介な問題を抱えていた。三光汽船の倒産である。

三光汽船は、自民党の河本敏夫の義兄が大阪で創業した海運業界の新興企業だ。その事実上のオーナーが河本だとされた。河本は通産（当時）大臣や郵政（当時）大臣を歴任し、自民党内の実力者として派閥を率いてきたが、政界における力は、三角大福中といわれた田中角栄や福田赳夫、中曽根康弘などには及ばない。派閥の領袖でありながら、第二次中曽根改造内閣で与えられたのは、沖縄開発庁長官という比較的軽い閣僚ポストにすぎなかった。

その沖縄開発庁長官の足元が大きくぐらついていた。ただでさえ、中曽根政権にとって、閣僚の関係会社の倒産は大問題なのに、会社更生法を申請したのが、御巣鷹山事故の次の日である十三日だった。負債総額五二〇〇億円。戦後、最大の企業倒産と話題になる。

しかも、その三光汽船を所管する運輸大臣が、河本派の重鎮である山下徳夫だったわけだ。三光汽船の倒産により、河本本人は沖縄開発庁長官を辞任し、子分の山下は倒産対策に追われた。派閥のボスの会社が陥った一大事に対し、運輸大臣の山下は、倒産の善後策を練るため、十二日、選挙区の佐賀から東京へ駆けつけた。その飛行機が「B747SR-100」だったのは、偶然というにはあまりに運命的だ。山下の乗ったジャンボ機は、羽田空港で整備を終え、夕刻に五二四人を乗せて大阪の伊丹空港へ向けて飛び立った。群馬山中で消息を絶ったJAL123便である。

もともと弱小派閥出身の運輸大臣である山下にとっては、みずからが所属する派閥のボスの会社が政権の足を引っ張っていることになる。さぞかし肩身が狭かったに違いない。船会社の巨大倒産に追われ、飛行機会社の問題に口を差し挟む余裕はなかった。そうした裏事情も垣間見える。

そうして、中曽根派と安倍派の綱引きの狭間で、決まったのがJALのトップ人事といえる。こちらは、自民党内きっての実力者同士の対決だ。それだけに、ＪＡＬ首脳人事が決着するまでにはかなりの紆余曲折があった。

ＪＡＬには、民間、官僚、プロパーそれぞれを会長、社長、副社長に据える――。それが、民営化当初から中曽根の描いた人事の青写真だった。加えて、御巣鷹山の事故という事態に直面し、できる限り早く人事刷新を世間にアピールしたい。中曽根は東京で開く予定だった十月二十四日の御巣鷹山事故慰霊祭までに、ＪＡＬの首脳人事を決めようとした。

だが、事故は想定外であり、そう思いどおりにはいかない。中曽根民活の下、もともとＪＡＬには、事故一カ月前の八五年七月、運輸省・総務庁出身の山地進が顧問として天下っていた。官僚時代、運輸省から総理府に転籍した山地は、後藤田正晴が総務庁長官のころに事務次官を務めている。

もとはといえば、中曽根政権にとって山地の天下りは、従来運輸行政に絶大な影響力を誇ってきた安倍派に対する橋頭堡《きょうとうほ》のような存在だった。中曽根政権の官房長官だった後藤田が、民営化のお目付け役として山地をＪＡＬに送り込んでいたわけだ。

山地は、いわば官邸とＪＡＬを結ぶパイプ役を担っていた。従って、社長というポストが約束されてＪＡＬ入りしたわけでもない。だが、この際、社長に据えることにより、ＪＡＬの経営にくさびを打ち込むことができる。中曽根にとって、そんな狙いがあったのではないだろうか。

中曽根本人は、そのＪＡＬのトップ人事発表をぜひとも十月二十四日の合同慰霊祭にぶつけたいが、あてにしていた財界人から経営への参画をことごとく断られ、時間ばかりが過ぎていく。当初、民間人の社長就任を計画していたが、鐘紡の伊藤にまでそれを断られ、副会長就任を決めた。そのうえで人事決定に費やせる時間がないため、山地に社長就任への白羽の矢を立てた。そんなところではなかっただろうか。

しかし、中曽根グループの思いどおり、そう簡単にことは運ばなかった。やはり問題は山地の社長就任だった。

通常、こうした大きな会社の経営刷新にあたっては、次期会長と社長が同席し、首脳人事をセットで発表するケースが多い。が、ＪＡＬの場合、そうはいかなかった。

先ほどの元重役によると、次のような経緯があったという。

「中曽根首相から一連の工作を任された瀬島龍三氏は、まず永田町のキャピトル東急ホテルで、副会長の就任について伊藤さんとＮＨＫの記者インタビューをセッティングしました。実際に日曜午後七時のニュースで、その模様が放送されました。ところが、当のＪＡＬ社内では、これがまったくの寝耳に水。官邸と瀬島さんのあいだで、すべてことが運ばれ、唐突に伊藤さんの副会長就任が発表されてしまったのです。NHKでここまで放送されたら、会社としても、正式に新経営陣の記者発表をしなければならない。伊藤副会長、山地社長、利光副社長の線で三人そろって会見を開くのが普通です。しかし会見を開くにも、実は社内ではまだ社長人事が決まっていない。そんな無茶苦茶な事態だったのです」

くだんのNHKニュースは、十月二十七日日曜日のこと。この時点でなおJALは社長人事でもめ、伊藤の副会長就任のインタビューが先行したのである。このときの状況について、伊藤の秘書だった白井はこう明かす。

「会長がJAL副会長就任を引き受けたと流れたNHK七時のニュースでは、当時、秘書みたいに瀬島さんにぴったり張り付いていた（NHK記者の）手嶋龍一が、インタビューした。おかしいなと思っていたんです。政治的に言うと、清和会の領袖だった安倍（晋太郎元外相）さんが、運輸行政を握り、そのなかで社長は町田さんがいいとか、いろいろもめていたさなかでしたから。伊藤会長については、あらかじめ十一月一日に顧問になってから改めて副会長に就任する予定だったのに、その前の十月末に手嶋さんが発表してしまった。それは安倍さんもまだ了解していなかったらしい、おそらく既成事実をつくるためだったのでしょう。伊藤会長にしたら、JALの副会長就任は鐘紡の会長との兼務です。だから、事前に段取りやら調整やらしなければならなかった。その前にああいう形になったのは、さすがに本人でさえ首をひねっていました」

実は、この時点でまだ、ＪＡＬには社長候補が二人いたのである。言うまでもなく、一人は後藤田が送り込んだ山地進。もう一人が、事故以前から副社長のポストにあった元運輸事務次官の町田直だ。

体育館の「扇子事件」

東大法学部出身の町田は、それまでの歴代天下り官僚と同じく、社長になるべく運輸省からＪＡＬの副社長に就任していた。実は首相の中曽根と大学の同窓であり、中曽根が運輸大臣だった時代には、官房長を務めている。旧知の間柄だった。

しかし、二人の仲がよかったわけではない。町田は、運輸行政を牛耳ってきた清和会の重鎮、水田三喜男元蔵相の実妹をめとっている。安倍派の後ろ盾で、ＪＡＬに天下り、民族派の利光と高木の後継社長レースを競ってきた。清和会としても、町田を社長に就かせることにより、ＪＡＬへの影響力を行使できる。中曽根・後藤田の肝煎《きもい》りでＪＡＬ入りした山地に対し、町田は、いわば中曽根行革とは相反する立場の天下り官僚だったといえる。

御巣鷹山事故の二日後、高木は社長の辞任を表明した。そこで、副社長だった元運輸事務次官の町田に対し、急遽、高木の後任社長というお鉢が回ってきたのである。

ところが、そんな折、致命的なスキャンダルが飛び出すのである。それを真っ先に報じたのが、写真誌の「フライデー」（八五年九月十三日号）だった。

〈遺族や棺を前にこの「ふるまい」で怒り噴出　天下り・町田直日航副社長「責任」の感じかた〉

そう大きく書かれたタイトルにつづき、見開き二ページで町田の姿を大写しにし、問題の場面を詳報している。

〈背広姿でそっくり返り扇子をバタバタしたあと急に作業衣を羽織ってみたが……〉

場所は群馬県内の藤岡高校体育館。そこにＪＡＬ１２３便搭乗客の遺体が運び込まれた。広い高校の体育館に数え切れないほど多くの棺《ひつぎ》が並んでいるが、棺のなかは、五体そろった姿がほとんどない。なかには焼け焦げた装飾品が入っただけの棺桶もあったという。

そんな無残な遺体安置所で醜態をさらしたのが町田である。「フライデー」の当該ページを開くと、小太りの町田がストライプのダークスーツを着たまま、パイプ椅子にどっかりと腰かけている。片肘は長テーブルの上、手には扇子が握られ、汗のにじんだアゴに風を送っている。記事にはこうある。

〈後日姿を見せたときには、車から降りるととってつけたように作業衣を羽織ったが、そのポケットに手はつっ込んだままだし、しっかり扇子も入っていた。「町田氏は官僚的でエリート意識が強く社内融和にそぐわない。しかも企業人としての手腕も未知」という社内からの声もある。お辞儀ひとつとっても、「まるで会釈」で、一層遺族の心情を逆なでしていた〉

写真誌だけあって、本人の表情まではっきりととらえ、非常にインパクトがある。そこから、町田の社長就任に強い逆風が吹く。やがて事故による副社長責任論が持ち上がっていった。「フライデー」で姿が世に知れるや、集中砲火を浴びる羽目になる。清和会を後ろ盾にしている町田は、逆風を必死にはねつけてきた。JALの元重役が振り返る。

「町田さんの不祥事は、中曽根首相にとって好都合だったといえます。安倍派を黙らせる口実に使えますからね。そうしてJALのトップ人事で町田さんを外し、伊藤副会長、山地社長を安倍派に内緒で決めた。既成事実として、まずはNHKニュースで流したのです。その動きを察知した安倍さんは、当然、中曽根首相に抗議した。が、すでに勝負はついていた。最後にものを言ったのが、町田さんの扇子騒動です。結局、安倍さんは引き下がるしかなく、町田さんの副社長退任を了解したのだと思います」

それでも当人は納得しなかった。中曽根サイドの官邸派は、伊藤、山地の記者会見をセットで開きたかったに違いないが、町田自身が抵抗したため、山地の会見は急遽延期される。ぐずる町田の説得にあたったのが運輸大臣の山下徳夫だった。

「フライデー」のスクープは、社長就任どころか、JALの人事そのものを混乱に陥れた。もはや人事の混乱を収拾するには、町田の副社長辞任しかない。三塚博や安倍晋太郎といった安倍派の首領たちも説得に加わり、町田に副社長の辞任を迫った。だが、当人はなかなかそれを受け入れない。

町田に対する説得はNHKニュースで伊藤が会見した翌日まで続いたという。ようやく決着し、山地の社長就任発表は、伊藤の会見からまる一日経った深夜にずれ込んだ。驚いたことにその間、JALの役員たちでさえ、社長人事を聞かされていなかったという。事故後のJAL首脳人事は、そんな歪なかっこうからスタートしたのである。

JALが民営化を社内の常務会で決めた当日の御

元総務事務次官、五代目社長の山地進

巣鷹山の惨事は、虚を衝かれた出来事だっただけに、関係者はきりきり舞いし、余裕がなかったに違いない。JALのトップ人事は、そうした混乱のなかで決まった。

「事故さえなければ、社長は、町田さんか、生え抜きの利光さんか、そのどちらかだったでしょう。中曽根首相にしても山地さんはせいぜい副社長でよかったはずなのです。とりわけ社内では、プロパー初の社長だった高木さんの後継者は、同じ生え抜きの利光さんだと目されてきました。しかし、すべてが狂ってしまいました」

前出の元重役が悔やむ。ジャルパックを推進してきた利光は、JAL営業派のボスであり、反官僚派の旗を掲げてきた。だが、その高木の後継者と目された「民族派」の頭目は、副社長にとどまる。

そうして事故の翌八六年六月、伊藤会長、山地社長、利光副社長の体制が整った。一見すると、財界の伊藤、官僚の山地、プロパーの利光、というトロイカ体制だ。表向き、バランスのとれた人事配置に思える。が、企業が存亡の危機に陥っている状況下では、集団指導体制は機能しない。むしろ経営陣には強烈なリーダーシップが求められる。だが、そのリーダーに問題があった。

会社の実権を握ったのは、利光ではなく鐘紡の伊藤だ。伊藤はまず、名誉職だった会長ポストに権力を集中させようとした。伊藤は八五年十二月の副会長就任早々、新たに「会長室」を設置。それまでの常務会を廃し、会長を議長とする「最高経営会議」を据えた。半年後のみずからの会長就任を見越した体制固めといえる。元重役が話す。

「伊藤さんによる『会長室』の新設は、あたかも花村会長のためのように装っていました。副会長就任あいさつで、会長だった経団連の花村さんを父親と仰ぎ、伊藤副会長、山地社長、利光副社長の三兄弟で支える、と調子のいいことを言っていたのは、彼なりの社内の融和策でしょう。しかし、財界政治部長と呼ばれた花村さん自身は、会長が経営に口を出さない方がいい、というのが持論。だから会長室設置には反対でしたし、自分自身の居場所がなくなることをわかっていました。そのとおりに、花村さんは会長でありながら会社に姿を見せなくなり、伊藤さんが社内で実権を握っていきました」

もともと、中曽根から会長就任の一札をとっている伊藤は、事故から一年近く経過した八六年六月、晴れてその座に就く。いま風に言えば、欧米にならった会長兼CEOのような権限を握ろうとしたといえる。立場上は、今回の会社更生法の適用申請で京セラからやって来た稲盛和夫と似た位置づけだ。が、その権力掌握のやり方が違ったし、いかにもまずかった。

伊藤は、会長室に中曽根康弘揮毫《きごう》の「王道」という墨文字の激励を額に飾る。なんと半畳ぐらいある大きな額縁だった。

ただでさえ目立つその墨文字を会長室の入口正面に据え、扉を開け放した。廊下からでも「王道」の二文字がよく見えるようにしたわけだ。いかにも自己顕示欲の強さを感じさせる。

ＪＡＬの社員は会長室の前を通るとき、つい頭《こうべ》をたれながら腰をかがめていたという。おかげで伊藤のワンマン体制は、社内に鳴り響いた。しかし、決して歓迎されているわけではない。やがて中曽根政権がＪＡＬ再建のシンボルとして送り込んだはずの鐘紡の伊藤は反感を買い、その役割を果たすどころではなくなる。それはある意味、経営者としての本人の資質や手法のせいでもあった。

排斥運動

「たとえば伊藤さんは、鐘紡のやっていた事業部門別の独立採算方式をＪＡＬに導入しようとしました。鐘紡のような薬品や繊維など横の関連のない事業で、それは可能でしょう。しかし、ＪＡＬは航空産業であり、サービス業です。にもかかわらず、客室本部、運航本部、営業本部といった具合に収支を分けようとした。そこには無理がありません。しかし伊藤さんは鐘紡時代のワンマンぶりを貫こうとし、周囲の助言をきかないのです」

伊藤のそばにいたＪＡＬの元首脳が述懐する。そんな絶対命令の伊藤の手法を、社内では「ペンタゴン方式」と呼んで揶揄した。

「おまけに伊藤さんは、それまで先鋭的な組合活動で左遷されてきた人たちをなぜか逆に取り立てた。その代表が日航労組（日本航空労働組合）の委員長だった小倉寛太郎です。左遷された人たちを重用すれば、その人たちは喜ぶでしょう。しかし、彼らはそれなりの理由があって左遷されている。そこを考えないので、やはりこの人事はおかしい、となっていったのです」

小倉寛太郎は、山崎豊子の小説『沈まぬ太陽』における主人公のモデルといわれる。東大時代から学生運動で鳴らした小倉は、入社後も、その過激な組合活動で知られた。

ＪＡＬ社内で伝説的に語られるのが、首相フライトのストライキ騒動だ。松尾静磨が社長に就任して二年目の一九六二年十一月のこと。ときの首相、池田勇人が欧州へ外遊した。その際、運航ストをちらつかせ、労働条件の改善を迫ったのが、小倉委員長率いる日航労組である。あわや首相フライトを止められそうになったＪＡＬの経営陣は、それ以来、労使問題がトラウマになる。その後八つも九つもできた組合問題の原点だ。

小倉はストライキ騒動などの後、パキスタンのカラチやケニアのナイロビへ左遷された。それを本社へ引き戻したのが、伊藤人事だった。八六年六月、小倉は会長室部長に就任。伊藤の側近として仕える。と同時に、伊藤は小倉委員長時代の日航労組書記長を運航本部業務部長に据えた。

伊藤は、山地や利光を連れ、日本共産党本部に新体制就任のあいさつに出向き、さらに評判になる。日本共産党委員長だった不破哲三と会い、談笑した様子が社内に伝わった。秘書として鐘紡からJAL会長室に常勤した白井（前出）は、そのあたりについてこう反論する。

「伊藤会長は共産党だけにあいさつに出向いたわけではありません。自民党や社会党などと同じく、ひとつの政党として会長就任あいさつに行ったにすぎません。不満に思う人がそれを捻《ね》じ曲げて伝えたのです。あのころ、とくに会長に反発していたのが、利光さんと広報部でしたからね」

伊藤自身は組合人事や動きについて、JAL社内で労使協調路線のためだと説明した。が、やはり不信感はぬぐえない。折しも、中曽根のフライトスケジュールが共産党に伝わっているという情報が流れ、この年の訪中フライトをＡＮＡにさらわれる。

「そのうえで伊藤さんは社内の幹部人事に手をつけた。三専務を退陣させたうえ、一二九人の部長級管理職をいっぺんに異動させたのです。それに運輸省が驚き、航空局から呼びつけられて、説明するのに大変でした」（前出元ＪＡＬ首脳）

そんな伊藤に対し、反旗を翻《ひるがえ》したのが副社長の利光松男だった。

「伊藤さんの後ろ盾は中曽根総理であり、怖い。絶大な権限をもって振舞うので、最初社内では様子見を決め込む幹部が多かった。その伊藤に最初におかしい、と言い出したのが、利光さんでした。利光さんは、危機において最も適しているリーダーと見られていた。プロパー初の高木社長を担ぎ出した張本人でもある。それだけにＪＡＬ社内では、事故後の会社立て直し、さらにその先の民営化に向け、利光さんの剛腕に期待する幹部社員が少なくなかった。そうした周囲の声もあって、逆に落下傘のようにやって来た伊藤さんに対する反発を強めていったのかもしれません」

元ＪＡＬ首脳が、そう指摘する。

「社長の山地さんは、ＪＡＬの人事なんかよくわからないから、何も言わなかったが、利光さんはある意味で勇気もあったし、伊藤さんからすればずいぶん抵抗する奴だと映ったかもしれませんが、そうして利光さんを筆頭に、ＪＡＬ労働組合（ＪＡＬ

FIO）の前身である全日本航空労働組合（全労）や広報部、さらには経営企画室などが反伊藤でまとまり、動きはじめたのです」

JALFIOは、JALの経営側が先鋭的な日航労組の分断工作のために設立した御用組合だとされる。一万人を抱える現在の最大労組だ。のちに八つも乱立したJALの労働組合問題は、このJALFIOと他の七労組の対立問題でもあるが、それは後述する。グループ企業の元社長が自嘲気味に語る。

「このときの伊藤さんのやり方に対する反発は、客室乗務員の待遇でした。JALはAT、CD、SUといった具合にキャビンアテンダントに階級を設け、昇給させてきた。SUは長距離国際線のチーフパーサーになれます。会社側の意向に沿い、おとなしく従ってきた全労のスチュワーデスたちは昇格できたが、積極的な組合活動をしてきた客室乗務員組合員はたしかに厚遇されたとはいえません。なかなかSUやマネージャーなどの上級職につけない。ただし、それは会社の方針でもあったし、すでに全労との話し合いの上で、人事も発令されていた。伊藤さんは、山地、利光で全労と合意したその客室乗務員の昇格問題を独断で白紙に戻してしまったのです。それで問題にならないわけがない。伊藤さんは新たに客室乗務員組合からチーフパーサーに昇格させようとした。それを勝手にやられると、全労が黙っていません」

ちょうど、御巣鷹山の事故後、一周忌を迎えていた八六年夏のことである。伊藤は権力を掌握したはずだった。しかし、それはしょせん面従《めんじゅう》後言《こうげん》を招いたにすぎない。そして、伊藤の経営姿勢に対する陰口や反発が一気に表面化する。グループ企業の元社長がつづける。

「伊藤さんに対する社内の反発は、どんどんエスカレートしていきました。もともとＪＡＬでは、企画管理、営業、労務といった派閥が覇権争いを繰り返してきた。だが、皮肉にもそんな伊藤さんのやり方に社内がまとまりをみせていきました。社内から総スカンでした。会長室はペンタゴンやＫＧＢ方式、親衛隊などと呼ばれ、彼が退社すると、過激な不満分子が会長室に忍び込んで粗さがしをしていたほど。机の引き出しをひっくり返し、彼の行動をチェックしていたと聞きました。オールＪＡＬで伊藤会長の排斥に動いたのです」

伊藤は危機感を抱いたに違いない。その危機感の裏返しとして、社内では「伊藤による利光粛清」の噂が流れはじめる。

伊藤が利光を標的にしているとされた理由。それは根拠のない話でもない。度の過ぎた伊藤淳二のワンマンぶりを示す、有名なエピソードがある。

「『頭に来るよ、まったく。あんなものを書かせやがって……』。利光さんは、伊藤さん」から呼び出された翌朝、そう怒っていました。評判になった殉死誓約書は、本当の出来事です。たしかその場所は赤坂の料亭だったと思います」

当時、毎日のように利光と会っていたという元側近が明かす。営業派の頭目、副社長の利光が話した「殉死誓約書」とは、利光が伊藤に忠誠を誓ったとされる文書のことだ。通称、「殉死誓約書」と呼ばれ、JAL関係者のあいだで語りつがれてきた。

文書は御巣鷹山事故の一周忌から四日経った八月十六日付。

「夕刻から大事な会合があるので、どうしてもあけておいてください」

有無を言わせぬ指示が伊藤からあり、利光は赤坂の料亭に向かったという。そこには意外な人物が同席していた。雑誌「経済界」の主幹、佐藤正忠《せいちゅう》である。

いまでこそ往年の勢いはないが、佐藤の「経済界」は企業経営者のあいだでは特別な業界誌だ。佐藤は明治学院大学時代に「学生易者」としてデビューし、リコーの社長秘書などを経たのち、みずから経済誌を発行するようになる。インタビューを売り物にする傍ら、ときにスキャンダル記事で徹底的に相手を追及する。企業経営者はそれを恐れ、主幹の佐藤は財界で一目置かれるフィクサー的な存在とされてきた。

伊藤が利光に指示した大事な会合。それはこの佐藤を加えた三者会談だったのである。実は、三者会談の発案者が当の佐藤だった。再び元側近の証言。

「むろん名前は知っていたでしょうけど、利光さんにとって、このときが佐藤正忠との初対面だったらしい。知らずに、行ってみて引き会わされたので、驚いたそうです。そうして会食がはじまると、佐藤さんがおもむろに半紙を取り出した。そこには『誓約書』とあらかじめ書かれてあり、その内容を見てさすがに、仰天したといいます」

「誓約書」と題されたくだんの文書には、次のように記されていた。

私は伊藤淳二会長を人生の師と仰ぎ、いったんことがあればともに殉死する事を誓います――。

「殉死誓約書」と呼ばれる所以《ゆえん》がこれだ。

〈立会人　経済界主幹　佐藤正忠〉

と、しっかり、自分自身の氏名も事前に書かれている。文書の宛名はむろん伊藤である。

〈日本航空会長　伊藤淳二殿〉

そのうえで差出人の部分が空欄になっていた。元側近がさらに言葉を加える。

「文書を目の前に突きつけられ、佐藤が空欄を指さして署名しろと迫ったそうです。もちろん利光さんは迷ったそうですが、その場で申し出を断るのは、彼らに対してあからさまに宣戦布告するのと同じことになる。人事権は会長にあるから、伊藤さんが副社長の退任を迫るのは明らかです。だからやむなく署名したんだ、と苦々しく話していました」

まるで小説のような話だが、本所次郎著『虚々実々』には、これとそっくりの場面が登場する。小説では、文書は毛筆の誓約書になっているが、実際はワープロ打ちだったという。現実に、そんな話があったのかどうか、伊藤の秘書として、JAL会長室に勤務した白井に尋ねてみた。

「『経済界』の佐藤さんがそのようなことを画策したのは事実です。しかし、伊藤会長もまさかあのような展開になるとは、想像もしていなかったといいます。それに本来、こんな話は当事者しかわからない。漏れるわけがないのに、すぐにJAL社内で話が広まったのです。それは利光さんがみずから社内で話を広めたという以外に考えられません。おまけに伊藤会長追い落としのため、広報部あたりが社外にリークしたりしていましたからね」

まるで、ヤクザ顔負けの舞台装置だ。かつて「三兄弟」とみずから話していた伊藤会長、山地社長、利光副社長というトロイカ体制は、一年も経たないうちに形の上だけのものになっていた。水面下では、まさしく熾烈な権力闘争が繰り広げられていたのである。

仮に伊藤の秘書だった白井の言うように、これが「経済界」の佐藤の工作だとしても、少なくとも伊藤はそれを制止してもいない。日ごろから伊藤は雑誌「経済界」にも寄稿してきた昵懇の間柄でもある。気脈を通じてきたと見るほうが自然だろう。となると、伊藤も同罪だ。やはりこの件は白井も歯切れが悪い。

「そう見えるかもしれませんが、会長も（料亭での会談を）断り切れなかったのでしょう。もともと佐藤さんと伊藤会長とは、三井銀行の小山五郎さんの紹介で知り合ったと聞いています。三井銀行は鐘紡のメインバンクであり、世話になっている。そうした関係から佐藤さんとの付き合いがあったのだと思いますので」

三井銀行相談役の小山は、ＪＡＬの会長人事で、首相の中曽根に鐘紡の伊藤を推薦した張本人でもあった。ＪＡＬの権力闘争には、そんな政界や財界の人間関係も影を落としている。そこへ業界誌のフィクサー、さらにはＪＡＬ経営陣や大手マスコミの思惑も絡み合い、事態を複雑にしてきた。別のＪＡＬ元取締役が当時を振り返って話す。

「まるでヤクザの世界みたいな話ですけど、これらはすべて本当の出来事です。もっと詳しく言うと、ここには東急グループもひと役担っています。もともと伊藤さんを担ぎ出したのが、中曽根首相のブレーングループ。その中核を占めるのが東急グループ総帥の五島昇で、（広告代理店）東急エージェンシー社長の前野徹や伊藤忠商事の瀬島龍三、三井銀行の小山五郎が、五島昇を取り巻いていた。そのサークルのなかに、東急グループが子飼いにしていた『経済界』の佐藤正忠がいたのです。五島昇さんは佐藤さんをバックアップし、東急の名門ゴルフコース『スリーハンドレッドクラブ』のメンバーにもしている。佐藤正忠は、いわば中曽根ブレーンの一人として利光さんに対した。だから利光さんもあんな誓約書に応じざるを得なかったのではないでしょうか。山地さんにも同じことを書かせようとしたみたいだけど、官僚ＯＢだからそれは撥ね付けられたみたいです」

ただし、利光派も黙ってはいない。権力闘争とときを同じくして書かれたのが、伊藤に関する暴露本だ。題名は『日航機事故を利用したのは誰だ』（ラジオ日本報道課長福田博幸著　青山書房刊）。この単行本は出版される前に鐘紡によって買い占められる。すると、それを逆手にとった反伊藤派が、出版妨害ではないか、と騒ぎ出すのである。

伊藤はJALの御用組合「全労」や社内の広報部を敵に回していた。そのせいで、出版妨害騒動はすぐに火がつく。いち早く日本経済新聞が社会面で取りあげた。そうこうしているうち、先の「殉死誓約書」問題が、「週刊新潮」の誌面を飾った。こうなるといくらワンマンで鳴らす伊藤でも抵抗できない。伊藤の悪評が頂点に達していくなか、副会長就任から一年半足らずの八七年三月、JALを去る。

八労組問題の原点

〈たまたま私が運輸大臣との二度目の会見のときに、「騒然たる私に対する妨害中傷工作をただ現象的にとらえないでもらいたい。私は今日まで、日本航空の経営の中をいろいろ詳細に調査分析してみた結果、これは司直の手に俟たなければならぬ面があるように思う。それを覚悟してもらいたい」といいましたら、愕然となって……〉

JALの会長を退任した二年半後、それまで沈黙を守ってきた伊藤淳二本人がようやく重い口を開いた。八九年十一月号の雑誌「世界」に掲載されたインタビュー記事で、こう語っている。

JALの不正を追及しようとした矢先、社内の誹謗《ひぼう》中傷にあい、中曽根政権の後ろ盾まで失ったため、退任を決意したかのように語っている。だが現実には、伊藤がJ

ＡＬと政官界との癒着や不正経理を追及しようとしたとは思えない。

伊藤の念頭にあったのは、安全運航のためと称した労使協調に尽きるのではないだろうか。むろん組合対策そのものは間違いではない。が、そこでも社内に禍根を残している。

安全運航とコスト削減の両立。法的整理されたあとのＪＡＬでも、その言葉をよく聞く。航空会社が一般の事業会社と異なるのは、飛行機が墜《お》ちないという安心感を乗客に与えなければならない点だ。その意味からすると、労使協調と安全運航という伊藤の経営改革の理念は、間違ってはいない。

反面、安全を確保するための整備にはコストがかかる。経営効率の改善と安全確保の両立をどう成し遂げるか、そこが経営者の腕のみせどころである。その点、ＪＡＬにおける伊藤のやり方は、現実に即していない面を否定できない。

「伊藤さんが導入した計画案で有名な機付き整備士という制度があります。航空機一機一機に担当整備士が決められ、責任をもって整備するというシステムです。事故のあとだけに、発想は悪くない。ただし、航空機の整備はすでにシステムのなかで動いている。複数の機体を何人もの整備士で点検する。その方がチェック機能が働くという考え方もあるし、実際そういう流れになっています。もちろんシステム整備のほうがコストもかからない」

経営企画に携わっていたJALのOBが指摘する。そもそも、この機付き整備士制度、伊藤がJAL入りした際に届いた激励の手紙からヒントを得たというから、発想自体が成熟しているとは言いがたい。さらにこう言う。

「JALは、当時の最新鋭だったボーイング747─400という大型機を購入しました。従来のジャンボ機はパイロット、副操縦士、航空機関士の三人体制で運航してきた。それが、新型機だとコンピューター制御により、二人編成で済む。しかし、乗員組合は、安全性が損なわれるといい、三人クルー体制を主張した。あげくストまでして運航がストップしてしまったことがあるのです。伊藤さんはそうした組合に同調し、意見をとり入れようとしました。安全はたしかに大事です。だが、そこまでの必要はないはずです」

羹《あつもの》に懲りて膾《なます》を吹く、ではないが、要は安全とコストとのバランスの問題だろう。

前出したOBは、そんな伊藤の手法に手厳しい。

「JALは、長らく左翼系の先鋭的な組合運動に悩まされてきました。乗員によるストで運航中止が頻発したため、会社側は機長を管理職にし、組合活動から引き離した。『機長全員管理職制度』と呼ばれ、従来ひと月あたり六〇時間だった機長の運航時間給与保証を八〇時間にまでのばした。一方、一連の事故をきっかけに、安全面から機長の待遇改善と組合復帰運動が盛んになる。そこで伊藤さんは、八〇時間の運航保証のうえ、さらに『機長組合』という組合の結成まで認めた。機長たちにとっては、賃金保証と組合活動の両方を手に入れたことになります。これが、パイロットの高い人件費問題の温床になっていくのです」

一般企業なら、部長クラスが労働組合を結成するようなものだ。これにより、JALでは六百数十人いた当時の機長のほとんどが組合員となった。伊藤淳二は、この「機長組合」に団体交渉権を認め、機長たちが組合活動を展開するようになる。

グループ人員五万人のJALでは、三〇〇〇人規模の運航乗務員を抱えてきた。年収は、いまでこそ全日本空輸（ANA）より低いとされるが、かつては年に三〇〇〇万円以上の給与をもらっているパイロットもいたとされる。

JALの抱える積年の組合問題の原点がここにある。長らく八つあった労働組合は、会社寄りで地上職中心の最大労組「JAL労働組合（JALFIO）」とその他の「JJ労組」に大別され、JJ労組のなかでも、とりわけ経営陣にとって手強いのが、「機長組合」や「乗員組合」だ。機嫌を損ねたら運航に支障をきたす恐れがある。リストラ計画で最も神経を使う相手とされる。

労使協調を前面に押しだした伊藤は、経営側と対峙してきたそんな労働組合に肩入れしたと非難を浴びた。再びＪＡＬのＯＢの解説。

「組合のなかで、伊藤さんのやり方に反発したのが、全労（現・ＪＡＬＦＩＯ）でした。これまで経営サイドに立つ御用組合と揶揄されてきたところが、会長批判をはじめたのです。そうしてＪＡＬ社内は、事故後の立て直しどころか、社内の士気が高まらず、ますます混乱していったのです」

伊藤の退任の直接の原因が、この全労との対立だ。それは、御巣鷹山の大惨事から会社を立て直すという大テーマとは、かけ離れた内輪もめにしか見えない。その内部抗争に心を奪われるあまり、大事なことを忘れてしまった。

雑誌「世界」で伊藤が語ったようなＪＡＬの腐敗は、実在する。むしろ、御巣鷹山の事故は、大変な悲劇であった反面、ＪＡＬの隠された腐敗を暴き、一掃する絶好のチャンスでもあった。権力争いに明け暮れるあいだ、再生の好機を逃してしまったのである。会社の腐敗に手をつけられなかったことが、のちの経営危機を招いた。伊藤淳二最大の罪は、そこではないだろうか。

第三章　封印された簿外債務

〈86年〜96年、日航は1ドル＝平均１８４円で36億５７００万ドルの為替先物予約を行いました。専門家でも先がよめない時代に11年の長期にわたる予約をした航空会社はありませんでした。しかもこの損失を為替差損とせず航空機の購入価格に上乗せして処理し（つまり他社より格段に高い航空機を買ったものとして処理）、経営責任を回避したのです。通常なら帳簿上損失を計上して経営責任をとるのが常識です。日航はその後も先物予約を続けており（03年度も84億円の損）、18年間で２２１０億円の損害（５労組ニュース）で今後も２０１７年まで影響が続くことになります〉

二〇〇四年八月六日付の日本航空ジャパン乗員組合ニュースには、そう記されている。

〈これに関わったとされるＮ専務は大蔵省国際金融局からの天下りでプロ中のプロといわれた人。巨額の損失分は一体どこに流れ、誰が得をしたのでしょうか。長期予約を受けたＪＡＬの株主銀行などが利ざやを稼ぎ、回りまわって政治家にも……の疑いが生まれたのもうなずけます（5労組ニュース）。いずれにしてもJ／J統合したJAL―J（JALジャパン）も含めて今後10年以上も影響を受けつづけるのです。働く者や安全運航につけを回されたのではたまりません〉

御巣鷹山の事故処理の渦中でさえ権力闘争を繰り返してきたJALは、ずっと同じような経営問題を抱えてきた。たとえばホテル事業をはじめとする不動産投資や為替予約の失敗による隠れ債務である。

とりわけ為替取引では、八六年から一一年間もドルの先物予約をし、大損している。日本の航空会社は、飛行機や燃油を海外から輸入する。自動車などの輸出産業とは逆だから、円高のほうがありがたい。そのために為替の先物取引をし、輸入をしやすくする。

仮に一ドル一〇〇円のときに一〇〇億円の飛行機を買ったとする。支払いは一億ドルとなる。これが同じ飛行機を買うにしても、一ドル一八〇円の円安なら、一八〇億円を支払わなければならない。取引がドル決済だからそうなるわけで、一億ドル払うために日本円をいくら用意するか、という計算になる。

つまり、航空会社が現金で取引する場合、円安に振れると大損する。その円安に備え、円高のときにあらかじめドルを先物買いしておく。それを為替のヘッジ（危険回避）取引と呼ぶ。同じ航空機を購入するにも、一ドル一〇〇円の円高時点で一億ドル買っておけば、仮に一八〇円の円安に振れても、一億ドルを支払うだけで済むから、一〇〇億円で飛行機を買ったのと同じ計算になる。燃油などの輸入のときにも同じ理屈が成り立つ。これはヘッジに成功した場合だ。

もとより、ヘッジによって救われるのは、将来の為替相場予想が的中したケースに限られる。円安と予測して円安になればいいが、円高が進めば逆に大損をする。そこが難しいところだ。ＪＡＬの元幹部社員が改めて解説する。

「ＪＡＬの場合、八〇年代後半に一ドル一八〇円前後でドルの先物買いを予約していました。そこから一気に円高が進んだ。仮に飛行機を一億ドルとすると、このとき一八〇億円支払って買った一億ドルを先物買いし、その購入費用に充《あ》てたことになる。つまり時価なら一ドル一〇〇円の円高なので一〇〇億円の支払いで済むところを八〇億円も損をした計算です。ＪＡＬではこの時期、そうした為替差損が合計で二〇〇〇億円とされました」

もともと航空会社に為替を予想するノウハウはない。なのに、一〇年も先の円安を見込み、ドルを先物買いするなんて、愚の骨頂ではないか。ＪＡＬはその失敗をしていた。

手元にＪＡＬの八六年三月時点の為替先物予約の一覧がある。それによると、たとえば八六年度は一九五円で二億八七〇〇万ドルを購入し、五六〇億円弱を支払っている。このドル先物取引が、一〇年先まで決まっているのだ。一〇年後の九五年度は一七一円で四億八八〇〇万ドルを購入。八三四億円強の支払いをしなければならない。九五年度といえば、ドル相場は現在と変わらない。時価相場一ドル一〇〇円として、四八八億円で済むところを八三四億円強も支払う計算だから、一年で三四六億円強の為替差損になる。とても正気の沙汰ではない。

おまけにこの長期為替予約をスタートした時期が、プラザ合意の翌八六年というから、なおさら始末が悪い。日本がここからバブル経済に突入したのは周知のとおりだ。一時は一ドル七〇円台にまで円高が進んだ。そんな時期に、あまりに無謀な為替取引をしていたのが、ＪＡＬの経営陣なのだ。結果、二〇〇〇億円の大穴をあけている。

「本来、二〇〇〇億円の損失となれば、倒産してもおかしくないほどの金額です。ところが皮肉にも、バブルという空前の好景気に突入したおかげで、表面的に損失を隠すことができた。損失はいったん航空機の代金として計上し、伏せたのです」

ＪＡＬの元幹部社員がこう指摘する。

「しかし、損失は現在にいたるまで、隠蔽《いんぺい》されつづけたままでした。その簿外債務が一気に表面化したのが、昨（二〇〇九）年。ＪＡＬ債務超過問題です。簿外債務の最大の原因の一つが、飛行機の資産評価でした。この時期に買ったＢ７４７―４００などのジャンボ機を不当に高く資産評価をしている。これが経営の足をずっと引っ張り、あげく経営破綻にいたっているといえます」

事故を機に会社の再生を目指すのであれば、こうした膿《うみ》を一気に出さなければならなかった。だが結局、権力闘争を繰り返した末の社内の混乱とともに、損失の処理は先延ばしにされた。それは伊藤淳二のせいばかりではない。

無謀な海外進出を支えた銀行

この時期のＪＡＬは、事故対応ばかりがクローズアップされてきた。しかし、その一方で経営環境という面では恵まれている。伊藤排斥後、東京海上火災（当時）出身の渡辺文夫の会長就任を経て、元総務事務次官の山地、営業派の頭目、利光の両巨頭がＪＡＬの経営を握った。そして八〇年代後半のバブル景気を謳歌する。

自動車や電機メーカーの工場移転が盛んになり、それぞれの産業分野でグローバル化が叫ばれた。折しも、日本国内で航空の自由化がはじまったころだ。あぶくのような浮かれ気分とともに、海外に出かける旅行者やビジネスマンが急増した。おかげでそれまで国内路線しか飛べなかったANAが国際線に参入する。JALとANAが、競争時代に突入した時期である。そんな八〇年代後半のバブル景気に、JALの腐敗が紛れ込んだ。

バブル当時のJALは、海外の不動産開発に躍起になった。八五年七月に買収した有名なニューヨークのホテル、エセックスハウスは、一億七五〇〇万ドル(一ドル二五〇円換算で四三七億五〇〇〇万円)という法外な買い物だ。先の為替予約やホテルの買収そのものは、四代目社長である高木時代の負の遺産である。が、そのあとも不動産事業や無謀な経営はつづく。エセックスハウス自体も改装を繰り返し、損失を膨らませていった。

高度経済成長期のJALは、運輸省をはじめとする中央官庁の天下りを受け入れ、〝官営企業〟として日本の海外進出を手助けしてきた。官と一体となって商社やメーカーの海外におけるビジネス展開を支えてきたといえる。そこから、一段進んだのが八〇年代である。JALが民間企業としての独立を迫られた時期だ。バブル景気がさらにJALの改革を先延ばしにしたとも言える。

御巣鷹山の事故から二年後の八七年十一月、山地社長の下、形の上でJALは民営化された。しかし、それは半官半民の特殊法人と定義づけていた日本航空株式会社法が、廃止されたというだけにすぎない。

つまるところ、その後のＪＡＬ破綻を招いたのは、民営化の失敗だったのではないだろうか。ＪＡＬ初のプロパー社長を擁立し、社内でも人望の厚かった「民族派」利光松男が、念願の社長に就任したのは、九〇年六月のことだ。創業から六代目。この時点でもまだ、二人目の生え抜き社長でしかない。

だが、利光の登板でＪＡＬが変わったかといえば、決してそうではない。むしろ伊藤退陣後の山地会長、利光社長体制時代のミスが、その後の経営に大きく響いていったと言っていい。まず、九一年のバブル景気の崩壊が彼らを襲う。

営業部門のカリスマ的な存在だった利光が率いたＪＡＬは、その積極経営が裏目に出た。典型が不動産投資の失敗だ。社長の椅子に座った利光は、みずからの経営ミスで、その火の粉を振り払うのに精一杯だったといえる。と同時に、八六年から一一年間つづけてきた先の為替予約の損失による経営悪化が、現実のものとして目の前に突き付けられた。

二人目の生え抜き社長、
六代目の利光松男

「実はそれら経営責任の一端は、銀行にもあります。もともとノウハウなんかないＪＡＬに対し、為替の先物売買という高度な金融取引を持ち込んだのが、メインバンクの日本興業銀行（興銀）だった。とりわけ、積極的だったのが会長の池浦（喜三郎）さんでしょう。JALの海外進出における池浦さんの影響は、絶大だったと思いますよ」

かつて営業部門にいた元役員がそう打ち明ける。興銀の池浦は、一九七五年から九〇年まで一五年にわたって頭取、会長を務めてきた。日本産業界の海外進出に力を発揮してきた大物バンカーである。

その興銀とJALとの付き合いは古い。興銀のプリンスと呼ばれ、安倍晋太郎の異父弟で第七代頭取だった西村正雄は、〇六年に亡くなるまでJALの社外取締役や監査役の一人としてその名を連ねていた。JALとの取引では三メガバンクのなかで、みずほフィナンシャルグループの融資額が最も多かったが、それは旧興銀時代からの取引の延長でもある。

ちなみに、問題になったJALの長期為替予約総額三六億六六〇〇万ドルのうち、取扱高は興銀が断トツだ。二位の東京銀行（当時）の四億二八〇〇万ドルを大きく引き離し、八億一〇〇〇万ドル。扱い高は、一ドル一八〇円換算で一四五八億円にのぼる。

つまり、JALの海外取引そのものが、興銀の後押しがあってはじめて成り立ってきたといえる。そんなJALの海外における事業の失敗は、高木時代に購入したニューヨークのエセックスハウスだけではない。興銀はＪＡＬのハワイ開発をバックアップし、二人三脚でリゾート事業を展開した。その陣頭指揮をとり、最も強力に推し進めてきたのが、興銀会長だった池浦喜三郎である。

「有名なところでは、利光さんが興銀といっしょに手掛けたハワイのコオリナリゾートがあります。ハワイ開発は、ＪＡＬの悲願でもあった。だから銀行に勧められるまま、そこに乗ったのだと思います」

再び営業部門の元役員が話す。

「ＪＡＬはパックツアーで海外路線を次々と飛ばして行きました。とくにハワイには、営業畑の利光さんにとって、ジャルパックを設立して以来の強い思い入れがあったに違いありません。あれだけハワイツアーを宣伝しておきながら、当地のホテルは国際興業の小佐野賢治さんが買ったシェラトンを使わせてもらっていた。だから、かの地のリゾートホテル建設は、長年の悲願でした。何とか自前のホテルを持ちたい、というのが営業の夢でもあった。その象徴がハワイのコオリナリゾート開発です」

ところが、ハワイのリゾート開発も、バブル景気の崩壊とともに失敗に終わる。そして、こうした負の遺産が、のちのＪＡＬの経営に大きな影を落とすようになるのである。営業部門の元役員が、さらにこう指摘する。

「利光さんはバブル当時、ハワイのコオリナリゾートをはじめ、興銀とともに無理なリゾート開発に乗り出し、それらが立ち行かなくなっていった。こうした山地、利光時代の財務問題は、バブル崩壊後、ずっと伏せられてきました。しかし、それにも限界があった。そうして利光さんのあとに社長に就任した近藤体制で、これらの損失を処理することになったのです」

こうしてJAL生え抜き社長として期待された利光時代は終わる。

転がり込んだ労務畑の社長ポスト

九五年六月、近藤晃が管理企画畑のエースとして社長に登板する。昭和ひとケタの一九三四（昭和九）年四月生まれ、岡山出身。東大を卒業後、JALに入った。私大閥の利光とは異なり、人事・経営企画畑を歩んできたJAL本流のエリートである。

その近藤は社長就任から三年目の九八年三月期、これまで隠されてきた損失処理に踏み切る。表面化した累積損失は一五〇〇億円。それに対し、資本準備金を取り崩して損失処理する大胆な手法だとされた。

「まずは赤字の穴埋めのため、一六〇〇億円あった資本準備金から、一三〇〇億円も取り崩しました。それでバブル時代に被った損失を清算し、一息ついたといえます。

おかげで翌年からは、配当を復活させ、経常利益を三〇〇億～五〇〇億円ほどに戻した。近藤さんはその決断をし、潔く会社を去りました」

管理企画部門にいた元ＪＡＬ首脳は、そう近藤の経営手腕を評価する。だが、それは単にバブル時代の一部の損失を処理したというにすぎない。実際の隠れた負債はまだまだあった。

取締役任期は一期二年だから、近藤にとって社長の辞任は二期目の半ばに入ったところだ。むろん本人も損失処理により、退任する意思などなかった。だが、そこでいつものとおり一悶着《ひともんちゃく》ある。

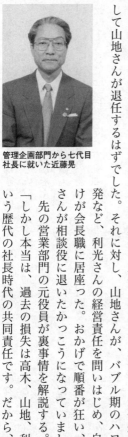

「もともと順番からいうと、近藤さんが社長に就任したとき、利光さんが会長に昇格して山地さんが退任するはずでした。それに対し、山地さんが、バブル期のハワイ開発など、利光さんの経営責任を問いはじめ、自分だけが会長職に居座った。おかげで順番が狂い、利光さんが相談役に退いたかっこうになっていました」

先の営業部門の元役員が裏事情を解説する。

「しかし本当は、過去の損失は高木、山地、利光という歴代の社長時代の共同責任です。だから、利光

管理企画部門から七代目社長に就いた近藤晃

さんも山地会長続投については割り切れない思いが残っていた。そんなとき、近藤さんが損失処理を断行し、山地さんはまだ会長を辞めないという。すると、利光さんも黙っていません。トップ同士がそんなレベルで揉《も》めていたわけです。それを見かねた近藤さんが、それなら自分自身も身を引くから、と山地会長の退任を迫った。いわば利光、山地の痛み分けの巻き添えを食らった形で、近藤さんも社長を辞したのです。彼はJALには珍しく権力の座に執着するタイプではないので、あっけらかんとしたものでした」

繰り返すまでもないが、近藤は東大閥の管理企画派、利光は私大閥の営業派、山地は永田町・霞が関のパイプ役であり、政官界の代弁者という位置付けだ。よくいえば、そうした権力争いのバランスをとり、近藤は潔く身を引いたようにも見える。だが、これもしょせんは、みずからの経営責任を明らかにしない単なる派閥争いにすぎない。これを世間では、JALのお家芸と呼んだ。

おまけにJALの首脳陣は、後継社長の人選でも、その勢力バランスにひたすら神経をつかう。そうして利光派の営業部門でも、近藤派の管理企画部門でもない労務畑の兼子勲に、後任社長の椅子が転がり込むのである。

労務畑は利光派の営業畑と同じく、JALの草創期に活躍した満州航空出身の斎藤専務の流れをくんでいる。また管理企画畑と同じ、東大閥でもある。兼子も東大法学部卒業組だ。兼子が社長に選ばれたのは、いわば営業畑と管理畑の勢力バランスをとるための折衷案といえた。

経営責任が明確になれば派閥バランスが崩れかねない。JALでは権力闘争を繰り返した反面、派閥バランスをとろうとする力学も働いてきた。そうして、損失処理も中途半端に終わった。JALはバブル時代の損失処理すらおざなりにしてきたといえる。

ちなみに、バブル景気に踊ったという点では、ANAも似たり寄ったりだ。

ANAは、JALより一年遅れた一九五二（昭和二十七）年十二月に創業した前身の「日本ヘリコプター輸送」からはじまる。その後大阪の「極東航空」と合併し、路線を増やしたが、運輸省の指導によりずっと国内のローカル路線に運航を限定されてきた。その後、零細エアライン会社との合併を繰り返しながら、大きくはなってきたが、八〇年代前半までは国内線だけの航空会社にすぎなかった。

そのANAを急成長させた立役者が、大物運輸事務次官だった若狭得治である。六九年、運輸省からANAの社長含みで天下った若狭は、七六年のロッキード事件における全日空ルートの外国為替管理法（外為法）違反や議院証言法違反によって東京地検に逮捕され、一度は失脚する。

しかし、それ以降も会長としてANAに君臨した。とりわけ自民党の安倍晋太郎や金丸信らの政治力を利用し、JALの国際路線独占を打破した功労者と呼ばれる。若狭の経営方針に基づき、ANAも運輸省の天下りを迎え入れてきた。そうして国際線の乗り入れを実現したという側面もある。ANAの幹部社員の若狭評はこうだ。

「若狭さんは功罪あい半《なか》ばしますが、やはり全日空をここまで成長させた立役者なのは、間違いありません。功でいえば、なによりANAの国際線進出でしょう。若狭さんはそのために運輸省や自民党工作に奔走した。ロッキード事件も、そうした工作の一環だったと思います。反面、罪はその過度な積極経営と権力に固執しすぎた点でしょうか。バブル時代にはJALの利光さんに対抗しようとし、かなり無理をした。そのイケイケ路線があだにもなりました。全国に赤字路線を開設しては、そこにホテルを建てていった。JALは海外の不動産開発で失敗しましたが、ANAは国内の不動産開発で大きな痛手を被りました」

ところが、ここからが違う。ANAはバブル崩壊後、その負の清算に踏み切った。と同時に、社内でクーデター騒動が起きる。お家騒動はJALの専売特許ではなく、ANAにもあったのである。永田町や霞が関の影響が大きい航空業界では、権力闘争がつきものなのかもしれないが、その性質がJALと異なっているともいえる。

中興の祖である若狭は、ロッキード事件で逮捕されながらANAの会長に就任し、九一年から九七年まで名誉会長として権力を握ってきた。ここまで居座れたのも、金丸や安倍の後ろ盾があればこそだ。その間、若狭の後輩運輸事務次官で元国鉄総裁の杉浦喬也が若狭の後任会長に就き、九三年からはプロパーの普勝《ふかつ》清治が社長の椅子に座る。そうしてバブル期、拡大一辺倒だった経営路線の失敗が表面化していく。

そんな九七年五月、若狭・杉浦連合が普勝に対し、先手を打って社長退任を迫った。それに対し、社内のプロパー幹部たちが普勝清治を担いだ。それがクーデター騒動に発展したのである。あげく名誉会長、会長、社長という三トップがそろって退任する。

「これで全日空も変わる」

元運輸事務次官で全日空社長・会長を務めた若狭得治

そう言い残して普勝が社長の座から降りた。いわば三トップの連帯責任として、若狭や杉浦と刺し違えたわけである。JALの近藤が、山地の会長退任とセットで社長を辞任した状況と似ていなくもない。

だが、違ったのは、その後の社内のまとまり方だ。三トップは相談役に退いた。新たに社長に昇格したのは、専務の野村吉三郎である。野村は、社内でも目立たない穏健派と見られてきた。しょせん三トップに操られるか、あるいは再び内紛が起きるのではないか、と予想する周囲の声も少なくなかった。

現に野村は、社長就任当初、若狭や普勝たちと相談しながら、会社を運営していく、と発言していた。しかしその野村が間もなく、予想外のリーダーシップを発揮する。

ANAには経営の意思決定機関として常務会が設置されていたが、そこには会長や相談役など歴代の社長経験者が参加する慣習があった。野村は社長経験者たちに、その常務会への参加を断った。そのうえで過去の累積債務を表に出していったのである。その おかげでANAは、二〇〇二年度まで六期連続の無配に陥り、ひところは倒産の危機まで取り沙汰された。先のANA幹部社員が言う。

「この間、社長は大橋洋治さんに交代し、普勝さんにも経営に口出しさせなかった。野村、大橋体制で会社再建に臨みました。倒産の危機と言われ、社内がいちばんまとまった時期でもあります。ちょうどJALのJAS（日本エアシステム）との統合と時期が重なり、余計に社内の危機感が高まっていった。JALが国内線に乗り出してきたら、本当に会社がなくなってしまうのではないか、幹部社員はそう考えて必死でした。だから、賃金カットやリストラも進んだと思います」

ANAのクーデター騒動のあった翌九八年六月、JALでも社長の近藤が引責辞任し、再スタートを切るはずだった。後任社長になったのが、労務畑の兼子勲である。だが、その兼子は社内の勢力バランスのなかで、みずからの地位を確立することに血道をあげ、負の清算を怠った。いきおい内紛の火種がくすぶりつづけ、やがて大きく燃えあがるのである。

JAS統合の高い評価

御巣鷹山の事故以来、JALは幾度となく危機に見舞われてきた。二〇〇一年九月十一日のアメリカ同時多発テロのときもそうだ。それまで国際線に頼ってきたJALの収益構造があだとなり、深刻な経営危機に見舞われた。そこで、国内路線を獲得するため、〇二年十月に日本エアシステム（JAS）との統合に踏み切ったとされる。公正取引委員会の審査など、統合の準備期間を経て正式にJALとJASがいっしょになったのは、翌〇四年の四月だ。JALグループは、〇二年十月に設立された「日本航空システム（現・日本航空）」という持ち株会社の下に、国際線の「日本航空インターナショナル（JALI）」と国内線の「日本航空ジャパン（JALJ）」をぶら下げる組織に改められる。

言うまでもなく、国際線中心のＪＡＬ本体が母体となってＪＡＬＩに改められ、ＪＡＬＪは国内線を飛ばしてきたＪＡＳが中核となって組織された。それを統括するのが、持ち株会社の日本航空システムである。

持ち株会社の社長には兼子が就任した。これはつまり、兼子がＪＡＬグループ全体の舵取りをするという組織づくりにほかならない。ＪＡＬＩとＪＡＬＪという二つの会社は、のちにＪＡＬＩがＪＡＬＪを吸収する形で一社になった。そのＪＡＬインターナショナルが、グループの中核運航会社となり、その上に持ち株会社のＪＡＬが存在する形だ。ＪＡＬＩとＪＡＬＪの二社体制は完全統合までの一時的な措置だった。

こうして売上二兆円規模、従業員五万二〇〇〇人を超えるメガキャリアが誕生したのである。航空界に与えるＪＡＬ、ＪＡＳ統合のインパクトは強烈だった。単純に二つの会社を足すと、売上高は世界三位。もはやライバルのＡＮＡが、太刀打ちできない巨大航空会社、と評判になったものだ。

のちの経営不振を顧みて、ＪＡＬはかつてのＪＡＳの赤字路線が負担になった、と指摘するむきもある。だが、むしろ航空界における大方の目は、ＪＡＳの統合に好意的だった。実際、景気変動リスクの大きい国際線一辺倒から、国内運航に乗り出した兼子の戦略は間違ってはいない。

「直接的に言えば、ＪＡＬがＪＡＳと統合をしたのは、羽田空港の発着枠を取りたかったからです。ちょうどこのころ、成田空港のキャパシティ不足から、羽田空港の拡張が決まった。二〇一〇年十月の四本目の滑走路供用を睨《にら》んでの戦略です」

　ＪＡＬの元経営企画室幹部が、こう説明する。

「これをとらえ、ＡＮＡが羽田空港の国際化を訴えはじめた。おかげで、羽田—ソウルのチャーター便なども開設されていきました。兼子さんは、そんなＡＮＡに脅威を抱いたのだと思います。もともと国内ローカル線を飛ばしてきたＪＡＳは、羽田に数多くの発着枠を持っている。そこでＪＡＳを取り込むことにより、羽田発着枠の権益を拡大できるし、そうしておかなければならない、と考えたのは間違いないでしょう」

　羽田路線は航空会社にとってのドル箱である。その国内線のシェアについては、ＡＮＡとＪＡＳが二対一ほどの割合で飛ばしてきた。逆にＡＮＡがＪＡＳを飲み込めば、国内路線は圧倒的に有利になる。そのため、一時はＪＡＳの奪い合いになったともいわれる。

社長在任期間6年、その後会長に。八代目の兼子勲

　その結果、ＪＡＬがＪＡＳを手に入れたわけだ。統合により、九・一一同時多発テロのあおりで経営

難に陥っていたJALに急浮上する兆しが見えた。おかげで、統合を成し遂げた兼子は、JALの歴代社長のなかでも、数少ない名経営者と評価されたのである。民営化前後から経営の独立を目指した生え抜き社長たちに比べても、このころの兼子に対する評価は格段に高かった。

JAL生え抜きの歴代社長は、個性の強いタイプが多い。初のプロパー社長である高木養根は学生運動で投獄された体験をし、反高木の官僚派グループから爬虫類《はちゅうるい》のような目をしていると恐れられた。その次の利光松男は小田急電鉄創業家に生まれ、みずからの不動産を教会に寄付したこともある。敬虔なカトリック教徒として知られた。自宅に遠藤周作が居候していた時期もあり、フランス文学や哲学にも詳しい。

そんなプロパー社長のなかで兼子は、理詰めの経営感覚を持っていると評された。スマートな体形のインテリ。それでいて、鷹のような鋭い眼をし、部下に接する。世紀の統合をなしとげた兼子は、社内で畏怖された。

JAS統合から二年にあたり、兼子は持ち株会社「日本航空システム」を「日本航空」に社名変更した。ピラミッド型のJALグループの組織固めの一環だ。と同時に、この先社員五万人を抱えるグループ全体について、誰がどのような形で舵をとっていくのか、その意思表示をしたのである。ピラミッドのいただきで見降ろすのは、むろん兼子勲だ。

兼子長期政権へ投げられた紙爆弾

ＪＡＳとの統合という〝偉業〟を成し遂げたおかげだろうか。そもそも、兼子の社長在任期間六年そのものが、過去の実力社長たちと比べても格段に長い。役員任期である一期二年で言えば、連続三期も同じ役職を務めたことになる。

任期で言えば、草創期に一〇年単位で務めた天下りの官僚社長を除き、ＪＡＬ社長の就任期間はそうは長くない。初の生え抜き社長だった高木養根は、八一年六月から八五年十二月までの四年半。そのあとの山地進も九〇年六月までの四年半、利光松男が九五年六月までの五年、そのあとの近藤にいたっては九八年六月までのわずか三年しかない。

これに対し、前任の近藤晃が退任し、兼子勲が社長の椅子に座ってからはや六年に達していた。いくらＪＡＳとの統合を成し遂げたとはいえ、それ以上の社長続投は長すぎる。ひょっとすると、みずからそう判断したのだろうか。そこで、兼子のとった道が、社長の椅子をあけることだった。代わって、会長兼ＣＥＯとして経営の舵を握ろうとしたのである。

ちょうどこのころ、日本の産業界にもＣＥＯや執行役員といった欧米流の経営ポストが導入されていた。ＪＡＬもこれに倣《なら》ったわけだが、かつて名誉職だった会長ポストは、すでに鐘紡の伊藤淳二以降、経営の統括責任者という位置づけに変わっていた。

そして兼子は、その会長兼ＣＥＯというポストに座り、その先も政権を維持していこうとする。それが、この時期のトップ人事だ。そうして持ち株会社「日本航空」の首脳人事を固めていった。兼子会長―新町社長―西塚副社長のラインが、ＪＡＬの経営を握るようになるのである。

もとはといえば、労務畑の兼子が社長という経営トップの座に就いたのは、管理企画畑のエース、近藤と営業派の領袖、利光松男が話し合った末の折衷案だとされた。兼子の社長登板そのものが、社内のパワーバランスのうえに生まれた産物でもある。そのため、兼子自身はショートリリーフであり、次の社長ポストは、すぐにどちらかの派閥に転がり込んでくると目されていた。管理企画、営業という二つの派閥にとっては、兼子の社長就任をそう想定していたフシがある。

ところが、その思惑が外れ、思わぬ長期政権に入ったものだから、営業派や管理企画派の焦りを呼んだ。結果、兼子による役員人事が、営業派をはじめとする社内の他派閥から反撃を招く。

実際、兼子は社内の調和より、政権維持を優先した。あるいは、権力に固執しすぎたのかもしれない。兼子は新町や西塚という側近を使い、院政を敷こうとした。JAL社内では、そんな兼子のやり方に対し、管理企画、営業という他派閥の不満が次第に高まり、ついに爆発する。そこには、JAL特有の派閥の論理が働いた。

優秀な分、周囲が馬鹿に見えるのかもしれない。兼子は、次第に過度なワンマン経営ぶりを発揮していった。それがより一層社内の反感を買う羽目になった。そうしてあれほど高かった兼子の評価が、社内で急落していく。

〈日本航空の実情を内外の皆さんに訴える〉

こう題された怪文書がJAL社内にばら撒《ま》かれたのは、JAS統合から一年半後の〇四年五月のことだ。折しも、グループの新たな取締役人事が発表された直後である。文書の日付は五月八日。ここから兼子独裁の側近政治に対し、社内の不満があらわになる。

〈(JALは)従業員5万人を超える企業となり、同時に大幅な人事異動が発令された。先《ま》ず、持株会社の日本航空の次期社長に新町敏行(40年入社)が指名され、兼子勲会長兼社長(35年入社)は代表権を持つ会長職に専念、人事権を握るCEO(最高経営責任者）に就くと宣言した。さらに次期副社長には西塚英和（43年入社）を大抜擢、この3人にJAS専務であった安全推進担当の松本武徳を加えた4人が代表権を持ち、形の上ではグループを率いる事とした〉

文書の差出人は〈日本航空の現状を憂う維新の会〉となっている。あくまで出所不明の怪文書だ。が、幹部社員の多くがこれを読んだ。その影響は計り知れない。文書はこうつづく。

〈CEO自身はさらに持ち株会社の傘下に入る日本航空インター、日本航空ジャパン及JALセールスの御三家は云うに及ばず、JALグループ主要子会社の全ての会長を兼務し、グループ主要各社の社長はおろか全取締役、全執行役員、部長人事に至るまで誰の意見も採り入れずに、CEO自らが決定するという離れ業をやってのけた〉

かなり大袈裟ではあるが、まったく的外れというわけでもない。実際、この役員人事は評判が悪く、兼子の専横ぶりは社内に鳴り響いた。

〈オーナー企業でさえこんな無茶な人事は行わない。ちなみにCEOが有する持株は2万5000株。社長人事発表の記者会見で、CEOは「この二人は私と同じビジョンを共有でき、能力、識見とも優れる申し分ない人物」とその選択理由を説明した〉

と、文書は以下のように口汚くコキおろしている。

〈この二人とは新町敏行と西塚英和の両名である。ここで注意すべき事は両名の実績に触れていないことである。新聞等にも報道されているが新町敏行は貨物畑の出身で「海外の漁業基地からマグロを運んで来た」実績が有る程度。ＪＡＬの収益の根幹は「マグロを運ぶことではない」。ＣＥＯと同じ労務畑出身の西塚英和に至っては「何も無い」のが実体である〉

〈すなわち「次期の社長、副社長を任せるに足る」と考えているのはＣＥＯ一人だけであり、社内では誰もトップにふさわしい等と考えた事も想像した事すらない。そういう人物がこの会社の次期社長或いはその次の社長に就こうとしている。この事に社員は大変な戸惑いと不安を感じている〉

怪文書は兼子人事をこう切って捨てた。学習院大学を卒業しＪＡＬ入りした貨物出身の新町は、社長候補ではなかった。そのため、西塚へのつなぎ役だと目された。西塚は同窓の東大を卒業した兼子の後輩にあたり、労務部長を務めた労務畑のエースだった。文書はこうつづく。

〈改めて申し上げるが、日本航空は5万人を超す超大企業であり、世界のトップを目指す航空会社なのだ。にも拘《かか》わらず、トップ人事はかくの如く、財務に至っては取引銀行等から指摘のとおり剰余金実質ゼロの状況にあり、前期は８００億に及ぶ過去最高の赤字を計上した。そこに求心力のない社長が誕生したら「一体どうなってしまうのか?」。しかも、自分の退任後の影響力を残す為、次の次の社長に子飼いを据える伏線まで敷いてある〉

そして、この怪文書騒動は、予想されたより、はるかに燃え広がるのである。

「兼子さんの独裁ぶりは、本当に目にあまりました。人事についても、本来社長が決めるのは役員選出まで。その下の部長は役員に任せるものだが、彼は誰にも相談せず、部長人事まで自分で決めるんです。会社の行き帰りのハイヤーに人事記録を持ち込んで、草案を練るんだそうです。それを子飼いの西塚(専務)に渡し、彼がその通りに実行する。部長まで兼子さんの意向で決まるので、上から下まで恐怖政治が浸透していました。兼子さんの経営方針に逆らおうもんなら、課長であろうが部長であろうが、すぐに飛ばされる。だから社内には閉塞感が漂い、ものが言えなくなっていったんです」

営業部門にいた利光派の幹部社員から、私がそう不満をぶつけられたのは、まさにこの怪文書騒動のころだ。わけても彼らが問題にしたのは、営業派のプリンス、羽根田勝夫の処遇である。

羽根田はホテル事業を展開してきたリゾート会社「石亭グループ」創業家に生ま

れ、ＪＡＬ入りした。営業派を率いてきた利光松男と同様、親分肌で後輩や同僚の面倒見がいい。そのため、若いころから利光の後継者と目されてきた。剛腕型の経営者といえる。営業派の幹部からは、兼子の次の社長と期待を集めてきた。

だが、その営業派のプリンスは、持ち株会社の人事で冷や飯を食わされる。羽根田はＪＡＳ統合でＪＡＬの中核事業会社の一つであるＪＡＬＩの社長に就任するものの、肝心の持ち株会社における役員の序列ではずっと下に置かれた。本来、社長に抜擢されてもよかったが、それどころか、非常勤の取締役にされてしまうのである。

羽根田は、兼子に社長に指名された新町と同期の六五（昭和四十）年入社組で、年齢も同じだ。つまりダークホースの新町がトップに立ったこの時点で、社長昇格の目が消えたことになる。それは営業派としては、耐え難い人事だった。

その結果、社内が大揺れに揺れていく。先の営業幹部が話す。

「人事の内容を耳にした利光さんの怒りは、凄まじかった。なにしろ子飼いの羽根田さんを体《てい》よくＪＡＬインターへ追いやったわけですから。すぐさま兼子会長に面会を求め、『どういうことなんだ』と怒鳴り込んだそうです。だが、ＣＥＯとして社内の人事権を握っている兼子さんは、いっこうにとりあわない。どこ吹く風とばかりに、まったく聞く耳を持たなかったそうです。それで利光さんは、かなりショックを受け、ふさぎ込むようになったといいます。そんな心労が重なったのでしょう。ついに鬱病になってしまった。会社にも出てこなくなり、自殺してしまいました。元はといえば、利光さんの自殺はＪＡＬのトップ人事が原因ではなかったか、と評判になったものです」

〇四年十一月九日、利光は自宅でみずから命を絶つ。誕生日の二週間前だった。折悪く、ＪＡＬはここから大激震に見舞われる。怪文書騒動だけでなく、期待されたＪＡＳとの統合効果もいっこうにあらわれなかった。〇五年三月期は景気回復によりかろうじて五六〇億円の営業黒字を確保できたものの、七八〇億円のＡＮＡに二〇〇億円も水をあけられる始末だ。

そして、兼子体制のＪＡＬは、運航トラブルに襲われる。それは、経営陣が考えていた以上に重大な出来事だったといえる。このときから乗客のＪＡＬ離れがはじまった。

第四章　ＪＡＬと自民党

就任以来、霞が関の中央合同庁舎にある金融庁の大臣室には、来客が絶えないという。二〇一〇年一月十三日、私が訪ねたときもそうだった。

「いやお待たせしましたな。どうぞ」

前の訪問者を送り出した亀井静香が笑顔でそう手招きし、みずからソファーに腰を埋めた。郵政担当を兼務する金融庁の所管大臣は前年の十一月末、モラトリアム法を成立させたばかりだ。おかげで上機嫌だった。モラトリアム法は、正式名称を「中小企業者等に対する金融の円滑化を図るための臨時措置に関する法律」という。長引く不況のせいで資金繰りに苦しむ中小企業などを救うため、借金の返済を猶予する。

自民から民主へ政権が移った後、政策にもたつくなか、国民新党の亀井だけは素早くこの法律を成立させた。民主、社民、国民新党という連立政権のなかでも、いち早く自民から離れて国民新党の旗を掲げた亀井は、その存在感をますます増していた。

「ＪＡＬの法的整理が決定的になっています。亀井さんはＪＡＬといっしょに会社をやっていますよね。困った事態になりませんか」

そう質問してみた。亀井は平然としてこう答える。

「あそこは、おれがカネを出してつくった。おれがオーナーの会社だよ。日航側にも出資してもらい、いまでも株を持ってると思うよ。株主は日航の子会社かもしれないけど、日航サイドが半分持ってんだよ」

亀井は自民党時代、ＪＡＬと共同出資し、警備会社を設立していた。質問はその件だ。つづいて尋ねた。

「では、こういう事態になって何か対処しなければならないのではないですか。たとえば倒産したら、向こうが出資を引き上げてしまうかもしれないし……」

亀井は笑いながら言う。

「なんで困るの？　引き上げても、うちが（ＪＡＬから株を）買っちゃうもん。うちはカネがあるから。いまは超優良企業になっちゃった。鳩山さんほどじゃないけど、資金量は豊富なんだよ」

政治とカネと航空行政

「地方選出の議員になると、週に一〇回ぐらいは飛行機に乗る。航空会社にとってわたしたちは、お得意様でもあります。だから、ＪＡＬも気を使う。うちもそうですけど、有力議員の事務所には、優待チケットが定期的に届いていました。全額無料のチケットと五〇％割引の二とおりあってね。秘書のわれわれも、そのおこぼれに与《あずか》れるわけです。余った割引チケットを自分の高校のクラス会の景品にしたりね。一等が、九州・北海道の無料チケット、二等がその半額チケットなんて調子でした」

そう打ち明けるのは、自民党の元代議士秘書である。

負債総額二兆三〇〇〇億円を抱えて事業会社史上最大の倒産をしたＪＡＬには、その巨額の負債以上に大きな負の遺産があった。過去のしがらみと言ってもいい。親方日の丸体質と批判されたその〝寄らば大樹の陰〟の企業姿勢を引きずってきた。ついに法的に倒産処理をする結果になった大きな要因もそこにある。ＪＡＬにとって、まず必要なのが連綿と引きずってきた負の遺産の清算だったのは言うまでもない。そして、もうひとつ、ＪＡＬの大きな課題が、政官界との癒着構造である。これもまた、ＪＡＬにとってなかなか解消できない負の遺産といえる。

もともと航空運輸そのものが規制業種であるため、エアラインと政治・行政とは、水面下で深く強く結び付いてきた。路線の開設はもちろん、役員人事から飛行機の購入、運賃設定にいたるまで、政府・国交省が口を出す。

たとえば日本の赤字地方空港でも、航空界と政官業の濃密な関係がしばしば垣間見られ、問題になってきた。全国津々浦々に九七もある空港は、国会議員による地元の選挙対策の一環でもあった。空港をつくってそこに路線を飛ばせば、地元住民が大歓迎する。空港は本体の滑走路工事のみならず、ターミナルビルやアクセス道路、橋の建設、駐車場をはじめとする施設にいたるまで、周辺整備が必要だ。その建設工事を大手ゼネコンが請け負い、地元の建設・土木業者が下請けに入る。

ダムばかりではない。日本の古典的な土木行政のありようが、空港建設にも存在してきた。政治とカネ、そして航空行政という蜜月である。

ＪＡＬに限らないが、航空会社がそんな政官界や土建業界の思惑に翻弄されてきた面は否めない。しかしその一方、政治家に頼んで有利な路線開設にこぎつけたり、経営危機を救ってもらったりしてきた面もある。とりわけ、ＪＡＬは政権与党の自民党政治家と持ちつ持たれつ。そこには切っても切れない腐れ縁があった。政官界との蜜月は、過去ほとんど表沙汰にならずに隠蔽されてきた航空界の〝腐敗〟ともいえる。

先に紹介した割引航空券のプレゼントなどは可愛いものだが、なかにはそれを悪用するケースもあった。

「五〇枚とか一〇〇枚とか、航空割引チケットは定期的に持って来てもらえるので、余った分を後援者にまわすこともできる。また、『なくなってしまいました』と言えば、むこうから飛んできますので、とても助かります。JALの秘書室には、常に三人とか四人とか、派閥や議員ごとに永田町の担当がいました。担当者たちはそれぞれ別々の動きをしていたようで、たちの悪い秘書になると、割引チケットを自分自身の懐に入れる。金券ショップに持って行って換金する奴もいます。それが永田町で噂になり、いっとき割引チケットがストップされた。ほんと迷惑な話でした」

前出の元秘書が、自らの体験談を披露する。議員や秘書による就職斡旋でも、JALは便利な存在だったという。

「JALと政治家との癒着という意味で、最もわかりやすいのが、この就職の斡旋でしょう。有力政治家の事務所には、JALの秘書室が一定の就職枠を設けてくれていました。担当者と仲良くなれば、われわれ秘書の言うこともよく聞いてくれます。私自身、そのおこぼれに与ったこともある。たとえば気に入った飲み屋の女の子をスチュワーデスとして、会社に押し込んだことも一、二度あります。入社試験といっても、そこはかなりゲタをはかせてくれます。要は少々試験の成績が悪くても、身長が高く、容姿端麗であればいい。実は、赤坂のキャバクラで知り合った女子大生がいましてね。その娘も入れてもらいました」

次のような実体験も告白する。

「たまに、『あなたの名前では採用は難しい』と断られることもある。要は秘書の頼みではダメだという。一人、可愛かったけど、まったく成績がなっていない娘がいたのよ。そのときはJAL側から『代議士から直接、うちの担当常務に電話してもらえませんか。先生から連絡があれば、まず大丈夫ですから』などと要請してくる。でも、まさか代議士に『俺の女だから、口を利いてほしい』なんて言えないでしょ。それで、有力な後援スポンサーにお願いし、スポンサーから『いい子だから、JALなんとかなりませんか』と代議士に連絡してもらった。そうして代議士からJALの常務へ電話してもらい、無理やり押し込んだことまであります。あのころは、いろんなことができましたね」

ひところJALのスチュワーデスといえば、憧れの就職先だった。そのため、実際に後援会から議員事務所に口利きを頼んでくるケースは、引きも切らない。しかし、やはり斡旋枠には限度がある。JALと国会議員の事務所のあいだには、年間何人まで、という暗黙の斡旋枠が設けられていた。そのため、有力スポンサーからの依頼にこたえられなくなるケースもあったという。そんなときの対処として、元秘書がさらに次のような策まで明かした。

「どうしてもJALに入れたいときは、別の議員事務所に頼むのです。こうした事務所間の貸し借りは、就職斡旋枠に限らず、よくありました。とくに清和会には、JALに顔のきく代議士や秘書がたくさんいましたから、ありがたかった。運輸大臣をした三塚博先生の事務所などは、その最たるものでした。JALに強いので、就職枠も大きい。それで困ったときには、秘書同士の関係で何度かお願いしました」

政界とJALとの接点は、運輸行政に詳しい運輸族の国会議員に多い。自民党のなかでも、運輸大臣を数多く輩出している清和会とJALの関係が深いのは、そのためだ。かつての三塚博や塩川正十郎、それに自民党時代の亀井静香などは、みな運輸大臣経験者である。

それに加えてJALでは、田中角栄という突出した実力者を頂点にいただいた旧田中派やその流れをくむ旧経世会所属の議員たちへも、パイプ役の担当者を配してきた。あるいは総理大臣経験者に対する一定の気づかいもある。簡単に言えば、運輸行政に影響力を行使できる、ときの権力者たちにすり寄ってきたわけだ。

その一方、議員側も、ＪＡＬを思いのままにするためにいろいろと工夫をしている。

「ＪＡＬの政界担当者は、まるで御用聞きのように永田町や霞が関を歩いていました。彼らが弱い相手は、うるさ型の先生（国会議員）と役所です。議員側はそれをよく心得ていて、その弱味をつくわけです」

別の自民党の元代議士秘書がＪＡＬとの付き合い方の一端を話す。

「国交省なら航空局の事業課長が彼らの最も怖い相手です。局長や審議官、次官などは直接現場にタッチしてくることが滅多にないので、彼らも日常はさほど気にしていません。が、事業課長は路線の開設はもちろん、整備や事故などの運航面にまで細かく航空会社へ指示をするので、いつもＪＡＬは顔色を窺《うかが》っていました。それを政治家はよく知っている。そのため議員側は定期的に接待し、航空事業課長を取り込んでおく。そうしておいて、いざというときに使うのです。たとえば緊急の用があって沖縄に行かなければならないけど、席が空いてない。そんなときでも課長に電話すれば、一発です。日ごろから事業課長と懇意だということがＪＡＬに伝わっているから、議員秘書から直接連絡してもいい。あの事務所をなめたら大変だとなるから。実際に、空港の現場でトラブルが起きてＪＡＬの窓口の態度が悪かったら、事業課長を呼び出してＪＡＬをとっちめさせる。そんなことをよくやっていました。そうすると、どんなときでも席がとれるわけです」

むろん、満席の場合もある。そのときはどうするのか。JALの元空港担当者にこうしたトラブル処理について尋ねてみた。こともなげに、そのカラクリを説明する。

「そういう場合は、席がダブルブッキングしていたことにするのです。そうして政治家用の席を確保する。カウンター窓口または電話で、次の便に振り替えてもらえるお客様を募る。あるいは時間がない場合などは、客にお詫び金を添えて便を代わってもらいます。石垣島などの沖縄の離島で便が少なく、それに乗れないと宿泊しなければならないケースでは、ホテルまで用意して対処します。だいたいそんなところでしょうか」

航空会社からこの類《たぐい》の要請や説明を受けたときは、誰のために席を空けるのか、尋ねてみるのも一興かもしれない。

JALと自民党は切っても切れない。二〇〇〇年代に入ってからは、旧経世会出身の二階俊博や宏池《こうち》会の古賀誠といった自民党の大物たちが運輸大臣を務め、JALへの影響力を誇示してきた。ただし、JALが自民党の食い物にされてきただけかといえば、決してそうではない。

「ANAもそうですが、JALから自民党に派遣されてきた社員もいましたし、なかには社員がそのまま議員の秘書になったケースもあります。海部（俊樹）元総理の事務所には、ＪＡＬ秘書課長から移籍した人までいました。その課長は国会議員になろうとしましたけど、結局、駄目でしたね」

再び元秘書が体験談を紹介する。

「たしかにわれわれも面倒見てもらったけど、彼らもけっこういい思いをしているんだよ。その意味では、お互い五十歩百歩だ。六本木に桜庵という料亭があってね。ちょっと隠れ家みたいな目立たない店で、ＪＡＬの秘書課長のひとりが政治家の接待に使っていました。そこは女子大生のコンパニオンがお運びさんをしていて、秘書課長が見初《みそ》めてしまってね。手をつけたかどうか知らんけど、『ＪＡＬに入れてやるから』って迫ってました。議員や秘書を接待するなんて言いながら、ちゃっかり自分が遊んでいるんです」

まさしく政治とＪＡＬ、航空行政の腐れ縁である。

自民党パイプ役のシンクタンク

「党には、自民党総合政策研究所（自民党総研）というシンクタンクがあります。田中六助元幹事長が提唱し、党本部に設置されました。ここが、産業界と自民党とのパイプ役を担っています。いまも党本部の政務調査会のなかに置かれ、所長は歴代の自民党政調会長が務めてきました。そこに企業の担当者が出向し、政策テーマを研究する。こう話すと、どうということのないサロンのように聞こえるかもしれませんが、自民党三役直属のシンクタンクだけあって、やはりその存在感は大きい」

ある自民党職員がそう話す。設立は一九八二（昭和五十七）年七月。自民党総研は大平正芳のあとの首相、鈴木善幸時代に自民党政調会長だった田中六助の発案でつくられた。「官僚依存や調整型政治から脱却し、党の政策立案能力を高める」という旗印を掲げ、米国のブルッキングズ研究所やフーバー研究所をモデルにした政策シンクタンクを目指したという。

いわば「官から民へ」という民活をスローガンに掲げた自民党総研は、この年の十一月に誕生した第一次中曽根康弘政権にとって、うってつけのシンクタンクだった。国鉄、電電公社、専売公社、そしてJALの民営化を打ち出した中曽根内閣は、この自民党総研を最大限に利用する。

自民党総研は、あくまで政官業の談合色をできる限り排除しながら、独自の政策立案をするというスローガンを掲げてきた。本来は、外交や防衛など、国の根幹政策を研究する場として、たちあげられたシンクタンクになるはずだったという。

だが、実態は違った。談合色を排除するとうたいながら、その実、活動資金を企業側に負っている。いわば企業はシンクタンクのスポンサーでもある。

のちの首相、小泉純一郎は中曽根と同じく行政改革を推進した。小泉内閣では、民間企業のノウハウを政策に取り入れるため、規制緩和に関する各種の委員会を設置する。そうして財界人を政府の諮問委員に加えた。反面、企業はそれを利用して有利な政策を政府に働きかける。そういう場と化してきた。

企業側にとっては、自民党総研の性格もそれに近い。とりわけ有力議員とのパイプづくりに役立つ組織である。実際、自民党総研は、総合政策情報と題したレポートを作成。レポートには「黄表紙」と「赤表紙」の二種類があり、「赤表紙」は緊急を要するレポートとして、首相や政調会長へじかに政策提言された。

その自民党総研は、各業界のリーディングカンパニーの幹部候補社員で組織されている。自動車ならトヨタ、鉄鋼は新日鐵、といった具合だ。メンバーは一業種一社に限定され、航空業界からは、ＪＡＬの中堅幹部が出向してきた。自民党職員がつづけた。

「総研のメンバーは所長である自民党政調会長の外遊に同行します。また、ときには首相の訪米などのときに日米の産業関係レポートを提出することもありました」

職員の給与は会社持ちだが、企業側にとっては、政権中枢とのパイプを築くまたとない機会となるのである。

この自民党総研が国会で問題視されたことがある。原因がJALだった。

御巣鷹山事故翌年の八六（昭和六十一）年四月二十一日のこと。通常国会で参院の決算委員会が開かれた。出席者は運輸大臣だった三塚博や運輸政務次官の亀井静香。そこへ、社長に就任したばかりの山地進が参考人招致された。質問者は日本共産党所属議員の橋本敦だ。

「運輸大臣よく御存じだと思いますが、自民党の総合政策研究所というのがございますね。（中略）その業務は政策的に非常に大事なことをおやりになっておるようでございまして、中長期的政策研究並びに情報収集、幹事長、政調会長のスタッフ機能を持つということであります。（中略）問題は、（中略）そういうようにして政策スタッフ、主任研究員の一人として日航から出向されておるということでございます」（会議録より、以下同）

繰り返すまでもなく、民営化前のJALは政府が筆頭株主になっていた特殊法人である。特殊法人は政治献金を禁じられている。だが、JALは自民党総研で働く社員の給与を負担していた。ゼネコンが選挙を手伝うことと同様、労働も献金と見られるため、政治資金規正法に抵触するわけだ。そこで共産党議員が、自民党という政党のシンクタンクに国営会社が社員を派遣するのはけしからん、と追及したのである。

おまけにＪＡＬでは、その自民党総研への派遣社員について、いったん別組織へ出向手続きをとったうえで、派遣したり、退職扱いにしたりしていた。共産党の橋本は社員名簿で勤務状態を確認したうえで、国会で名簿を手に掲げ、社長の山地を追い詰めた。

「自民党の総合政策研究所へ行くということで嘱託で行くために退職したというのは、これは偽りじゃありませんか。ちゃんと名簿に職員として登載されている。いいですか。しかも住所も日航の社宅にちゃんといる。こういうわけですから、これはどうおっしゃろうとも退職したという事実はこれは事実じゃないということが明白じゃありませんか。社員名簿にちゃんと載っているんですから、いかがですか」

山地はたじたじだった。うつむきながら、ひと言だけ発するのが精一杯だ。

「社宅の件については私も存じませんが、先生が御指摘のようなこともあろうかと思います。ただ、私どもの方としまして総合政策研究所に伺うためには、やはり退職の手続が必要であろうということで退職の手続をとったように聞いております」

山地は煮え切らない態度で、言を左右にする。共産党の橋本は、それを見逃さない。逆に山地の態度に勢いを得て、たたみかけた。

「自民党の方の政策研究所で給与を払っているという事実はこれは私が調べた限りない。日本航空が職員として扱って、社宅にも住まわして、日本航空として給与を支払うという状況であることはこれは明らかであります。先ほど社長は六十（一九八五）年三月に退職したとおっしゃるけれども、退職した事実がこれは偽りなのであって、社員名簿にも社員としてちゃんとあるんですから、退職した事実はないので、依然として日本航空が給与を支払っておる関係にある」

そう言ったかと思うと、左前方にひかえている議員席に視線を投げた。

「したがって、自民党の政策研究所との関係では、無償で労務提供を日航の社員がしているということになる。こうなりますと明らかに政治資金規正法二十二条の三の第二項に違反する事態を漫然と長年続けてきたという、こういう問題になる。こういう関係が正されなくていいのであろうか、運輸大臣の御意見はいかがですか」

そして、追及の矛先を運輸大臣の三塚に向けた。

「橋本委員御指摘のとおりだとすればそのようになるんだと思うんです。しかし……」

そうつぶやく三塚の言葉をさえぎるようにして、橋本が証言台に立ちはだかり、声を荒らげた。

「退職してないんだよ、大臣、これ名簿がちゃんとあるんだから」

なにしろ御巣鷹山の事故から日が浅いだけに、JALの山地も運輸大臣の三塚も分《ぶ》が悪い。三塚は山下徳夫の後任大臣だ。そうして、いったん自民党総研のメンバーからJALが外されることに決まったのである。このときの状況について、再び自民党職員が明かす。

「国営企業が自民党のために出向して働くとはけしからん、と共産党から追及され、いったんJALは自民党総研から外れました。代わりにANAがメンバーに加わったのです。ところが、それではおさまりませんでした。ほとぼりが冷めた二〇〇七年ごろ、改めてメンバーとして復帰させてほしい、と言ってきた。かなり強硬でした。それもそのはず。実はその後ろ盾となっていたのが、古賀誠事務所でした（著者注＝古賀事務所では否定）」

唇亡《ほろ》びて歯寒しという。国会議員たちが困ったときにJALのバックアップをするのは、それなりの理由がある。

亀井ファミリー会社設立の裏事情

御巣鷹山事故と完全民営化。この時期のJALには、二つの大きな出来事が重なり、否応《いやおう》なくその動向が注目された。

〈これが日航式気配り術　「政官」のシガラミにツルも窮屈〉

こんなユニークな見出しの記事を掲載したのは、朝日新聞である。民営化約三カ月前の八七年八月二日付。タイトルにあるとおり、日ごろお堅い朝日にしては、ずい分砕けた記事内容だ。

〈ツルはいかにも窮屈そうだ。飛ぶコースはもちろん、人事までお役所が口をはさむ。永田町にはうるさいセンセイ方もいる。ちょうど二年前にはジャンボ機墜落事故、今年春には会長辞任劇で世間を騒がせ、ますます肩身が狭い〉

記事の目玉は、末尾に掲載されている中元リストである。そこには、JAL社長の山地進がみずからの差出人名で中元を贈っている四〇人の主な顔ぶれが書かれている。これほど政官財各界の重鎮たちがそろうのはめずらしい。あのリクルート事件の未公開株リストに匹敵するかもしれない。

政界では、首相の中曽根康弘を筆頭に、福田赳夫や金丸信、竹下登、安倍晋太郎といった派閥の領袖クラスがズラリ。ほかにも宮澤喜一、後藤田正晴、橋本龍太郎、三塚博、加藤六月、山下徳夫、小此木《おこのぎ》彦三郎、塩川正十郎など、実力者ぞろいだ。

官界の名前はやはり運輸省関係者が多い。なかでも、のちに関西国際空港の社長になった運輸事務次官の服部経治《つねはる》が目を引く。服部といえば、九七年、関空の清掃業者選定をめぐる汚職事件で東京地検特捜部に逮捕されたのは、周知のとおりだ。航空局はむろん、運輸政策局や観光局といった各局の局長から成田や羽田といった空港幹部にいたるまで、リストに並んでいる。

さらに財界から登場するリストの顔触れも、なかなか意味深長だ。中曽根新行革審会長代理としてリストにあがっている伊藤忠の瀬島龍三。また、東急グループの総帥である五島昇や興銀会長の池浦喜三郎は、JALの取締役や監査役という立場でリストに記載されている。池浦率いる興銀が、JALの為替先物予約やハワイのリゾート開発に深く関与していたのは、前述したとおりだ。

変わったところでは、日本船舶振興会の笹川良一や大物総会屋の上森子鉄といったうるさ型の名前もある。JALが上場廃止されるまで個人筆頭株主で、笹川の姪婿にあたる糸山英太郎はまだリストにはない。またマスコミからは、読売新聞副社長の渡邉恒雄をはじめ、政治評論家や出版社役員もリストに載っていた。

たかが中元、と言ってしまえばそれまでだが、JAL社長が直々に贈る中元のリストだけに、やはり注目されたのだろう。ちなみに、リストに名前はなかったが、このころJALの山地に急接近した人物もいる。それが亀井静香である。

もとは、自民党清和会、安倍派の所属議員だ。それまで三塚博など、運輸大臣経験者の陰に隠れて目立たなかった。運輸族議員として頭角をあらわすきっかけは、三塚大臣時代に運輸政務次官を務めてからだろう。いまでいう副大臣にあたるポストだ。自民党総研問題で、ＪＡＬ社長の山地が共産党議員に国会で追及されたとき、亀井はその運輸政務次官として出席していた。当の亀井本人はこのころ、みずからのファミリー企業設立協力をＪＡＬに持ちかける。それが東京・平河町に設立された「ジェイ・エス・エス」という警備会社だ。のちの本人のインタビューでも「おれの会社」と言ってはばからなかったファミリー企業である。

設立は、八八（昭和六十三）年二月。会社の資本金一億円のうち、半分をＪＡＬが出資している。

ＪＡＬにとってこの会社の設立は、御巣鷹山事故から二年半後のことである。完全民営化をひかえたこの間、自民党総研問題が浮上し、つづいて政官界への中元リストが発覚している。まさに、きりきり舞いしながら会社の再生に取り組んできた時期にあたる。

そうして八七年十一月、ＪＡＬは曲がりなりにも念願の民営化を果たす。民営化のわずか二カ月後、亀井静香の要請に基づいて新たに設立したのが、くだんのジェイ・

エス・エスなのである。

むろん、かつての特殊法人だと、営利目的の投資や民間企業への出資については、厳しい制約がつく。まして亀井静香肝煎りのファミリー会社ならば、問題になるのは自明だ。

要するに、JALは民営化を待って、この警備会社に出資したようにも見えるのである。JAL社長の山地進にこの会社設立の経緯を尋ねたことがある。

「あるパーティの席上で亀井さんと会ったとき、警備会社を作りたいので協力してほしい、と相談されました。亀井さんは危機管理のプロなので、こちらも出資に応じました。資本金の残り半分は、亀井さんのところが用意するという話でしたからね。まさか亀井さん本人が会社の代表に就くわけにもいかないので、彼が先輩の元警視総監を連れてきて社長に据えてくれました。私どもは協力しただけで、あそこはあくまで亀井さん主導の会社です」

ジェイ・エス・エスは、いまや成田や関空、新千歳空港など主要な空港警備を請け負っている。空港警備に無類の強みを発揮する危機管理・人材派遣企業だ。

このジェイ・エス・エスは妙な形態をとっている。本来、「ジャパン・セキュリティ・サポート」を略して名付けられているが、他にも似たようなファミリー企業がある。社名の由来はどちらも同じ「ジャパン・セキュリティ・サポート」だが、もう一つはアルファベットで表記される「JSS」。さらには「JASSET」というファミリー企業も存在した。

おそらく意図的に同じような社名にして、分かりづらくしているのだろう。これらファミリー企業同士で、互いに運転資金を融通し合っている。さる〇九年十月、この三社のうちのJSSが、亀井本人に五〇〇〇万円の無担保融資をしていたことが発覚。融資当時の資産等報告書に記載されていなかったとして、疑いの目が向けられた。過去、いわく付きの企業や人物との交流を指摘されながら、うまく切り抜けてきた政治家にしては、上手《じょうず》の手から水が漏れたといったところだろうか。

この警備会社と亀井静香の政治活動は、相即不離《そうそくふり》の関係といっていい。政治資金収支報告書によれば、〇五年から〇八年までの四年のあいだ、「ジェイ・エス・エス」「JSS」「JASSET」のファミリー企業三社から、国民新党などに二八二〇万円の寄付がある。本人も、閣僚を務めた期間を除き、顧問料を受け取り、ひところはこの会社からベンツまで提供されていた。

ちなみに、ジェイ・エス・エスは、かつて亀井が兄弟分と呼んでいたとされる許永中とも、無縁ではない。ある韓国人ロビイストが打ち明ける。

「ジェイ・エスは、海外の日本企業の危機管理を目的に設立したと亀井さん自身も自慢しています。設立の発想は一九八八年のソウルオリンピックだったとも聞きました。許永中にとっては、日韓をまたにかけて活躍していた絶頂期にあたる。許は日韓の裏ロビイストと呼ばれていましたが、向こうでは正式にKOC（韓国オリンピック委員会）の委員にも就任したほどです。亀井さんは、警備会社を設立すれば、ソウル五輪の警備を請け負うこともできるのではないか、と皮算用していました」

いまや主要空港の警備業務を一手に担っている亀井静香のファミリー企業。運輸族の大物議員として、監督下にある航空会社から資金を出させて会社を設立する行為そのものが問題ではないか。本人に尋ねた。

「あれはおれが作ったおれの会社だもん。それがどうかしたの？」

金融担当大臣は、余裕綽々《しゃくしゃく》でそう話しはじめた。

スチュワーデス騒動の深層

「会社の設立は、ＪＡＬの山地さんに話をして決めたんだよ。きっかけはソウル五輪なんか関係ない。ＪＡＬが国際テロ対策の部署をつくる。そのときに手伝ったことからはじまっている。おれは警察時代からそういう仕事をやっているからね。外務省なんかでは、テロに関する情報なんか取れっこない。だから、おれが民間でそうした情報機関をつくるから、それに協力してもらえませんか、と。そういう話です」

あけすけな亀井節が炸裂した。

「酒飲みながらさ、『山地さん、あんたのところは世界の翼だなんて威張っているけど、運んだお客が安全に旅行でき、安全に仕事をするという点で、責任があるんじゃないの？』と言ってやったんだ。ひっかけたわけじゃないけどね、責任ないとは言えないでしょ。そう誘い水を向けておいて、『実は、今度警察庁と外務省から頼まれて、リスクコントロールの会社を作るんだが、おれは金がない。あんた、半分、金を出してくれ』と頼んだんだよ。すると、二つ返事でしたよ。しめしめだ。警察庁が、川合（寿人）さんという警視総監をやった人を推薦したから、社長になってもらったんだ。会ったこともなかったけれど、会社はおれが金出したんだから、おれがオーナーだよ」

警察庁出身の亀井は、警察とのパイプも太い。当初、ジェイ・エス・エスの社長に就任したのが、元警視総監の川合寿人だった。その後、会社の代表は亀井の東大時代の同級生に交代し、役員や幹部社員にも警察庁出身者の名前が並んだ。

現実には会社設立当初、ＪＡＬのほかに残り半分を出資したのは「日本安全保障警備」という会社だ。この会社の社長が亀井の支援者として有名な人物だったことから、亀井の会社という位置づけが定着したのだろう。ちなみにこの社長は、東京電力や西松建設の経営陣とも親しい。〇九年に話題になった西松建設の政治資金規正法違反事件でも、その存在が取り沙汰された人物だ。

話を亀井のファミリー企業に戻す。亀井自身、運輸大臣時代の九四年十一月、この一件を参院運輸委員会で質問されたことがある。

「私が会社の生みの親です」

そう言い、悪びれる様子もなかった。そのあとJALの所有株を除いた残りのうち、亀井夫人が改めて発行済み株式の二五％を取得して大株主になった。それらが、企業の政治利用ではないか、と批判されてきたのである。

いまも昔も亀井本人は、政官業の癒着に対する批判など、まるで意に介さない。インタビュー時にも、身振り手振りを交えながら、平気で話した。

「そうやって会社を作ってね。最初はたいしたことなかったけど、いまでは世界八十数カ国にエージェントを配置して情報を収集しています。いまも二十四時間、リアルタイムでね、その情報を契約している会社に流している。で、湾岸戦争の危機のとき、あの（開戦）日をピタッと当てちゃったんだ。それを朝日新聞の『ＡＥＲＡ』と

NHKが流していたな。すごいリスクコントロールの会社ができたと報道していた。そういう会社を作ったんだよ。おかげで会社は成長してね。ガードマンが一六〇〇人くらいいるかな。あっという間に、航空保安、手荷物検査、ハイジャック対策などで、うちは関空、成田、新千歳の警備をしているトップ企業だよ」

もっともジェイ・エス・エスにJALが資本の五〇％を出資しているとなれば、JAL側にとってはグループ企業といえる。しかし先に触れたように、亀井に経営破綻の影響について尋ねても、どこ吹く風である。

「会社はいまも日航グループが半分の株を持っているけど、いざとなったらこっちが株を引き取ればいいし、（JALが倒産して）こうなっても、いまはこっちに金があるから、何の影響もないね。引き上げても、うちがその株を買っちゃうもん。超優良企業だから。鳩山ほどじゃないけど、資金量は豊富なんだよ」

いわばそんな優良会社のオーナーである亀井静香は、現在、金融庁の担当大臣として銀行を監督する立場にある。一連のJAL債権問題については、政投銀をはじめとする銀行団の債権放棄やつなぎ融資が欠かせないともいわれる。JAL救済に向け、金融機関に借金の棒引きを働きかけたのではないか、という噂も永田町で囁かれていた。その件について尋ねてみた。

「個人的に関係のあることで、おれが口走るわけにはいかないじゃないか。銀行に働きかけるなんてやったら、大変なことになる。そんな馬鹿じゃないよ、おれは。それは自制しないといけない。だから何も言ってないよ」

みずからの企業と政治や行政の垣根について、政治資金問題などは完全にクリアしていると胸を張る。だが、ジェイ・エス・エスの営業活動と政治を完全に切り離すことができるだろうか。少なくとも、過去のＪＡＬは、亀井の政治力に期待してきた。あるいは恐れた。だからこそ、ファミリー企業に付き合ってきたに違いない。

うるさ型で知られる金融相は、かつてＪＡＬに嚙みついたこともある。

「身分の異なるスチュワーデスが混乗して、緊急時の対応においてチームに一体感がとれず、安全上問題が起きるのではないか」

一九九四（平成六）年八月、運輸大臣に就任したばかりの亀井がＪＡＬにクレームをつけ、話題になった。バブル崩壊後、三期連続赤字に陥ったＪＡＬが、リストラの一環としてアルバイトスチュワーデスの採用を決めたときだ。いまではめずらしくもないアルバイト制度で、むろん運輸省も認めていた。だが、そこに真っ向から異議を唱えたのが、亀井だったのである。

「リストラの一環で安全面まで脅かされることがあってはならない」

記者会見でそうまくしたてた。

「これは行政指導だ。言うことを聞かなければ、増便はさせない。安全面を配慮しない企業が、増便などで差をつけられても仕方がない」

まるでアルバイトスチュワーデスが安全をおろそかにするかのような言い様である。

このころ政界は大きく揺れていた。小沢一郎が自民党を飛び出して新生党結成後、日本新党代表の細川護熙《もりひろ》を擁立して内閣を組織したのが九三年八月だ。その細川政権は一年ともたず、羽田孜《つとむ》首相へと衣替えをした。が、すぐに、自民党へ政権が戻ってしまう。九四年六月、自社さ連立による村山富市政権が誕生する。そして、そこで運輸大臣に就任したのが、ほかならぬ亀井静香だったのである。

清和会において亀井は、従来の福田、安倍、三塚といった派閥のなかで埋没してきた。とりわけ三塚の後継者として運輸族のボスの椅子に座るのは加藤六月だと目され、派閥や党における存在感がない。他派閥でいえば、旧経世会の橋本龍太郎が金丸や竹下の次と見られたが、政治的に亀井はまだまだだった。

亀井は、ＪＡＬ社長の山地進にみずからのファミリー企業の設立に協力させながら、中元リストには入っていない。それは、この時点におけるＪＡＬと亀井の関係を暗示しているのではないだろうか。

ＪＡＬ秘書室にいた元重役が、そのあたりの事情を説明した。

「ＪＡＬでは、亀井さんは山地さんより、鐘紡の伊藤淳二さんに近かった、とされていました。ジェイ・エス・エスの設立も表向きは山地さんですが、伊藤さん時代に話が持ち上がり、彼の口添えがあったから協力したのだと思います」

真偽のほどは定かではないが、やはりアルバイトスチュワーデス問題は、亀井の暴走に近いともいえる。伊藤が退陣したあとの山地会長、利光社長時代のことでもある。つまるところ、さほど大切にされていなかったからこそ、スチュワーデス問題などを使い、ここまでブラフをかけたのではないだろうか。

実際、このときＪＡＬは、すでにアルバイトスチュワーデスを募集済みだった。それもあって、大騒動に発展したのである。労働条件は飛行機に乗務した場合が時給一三〇〇円で、地上勤務時は一〇〇〇円。年収にすると二〇〇万円ほどになる。正規新入社のキャビンアテンダントの半分程度でしかない。最長で三年の雇用契約を前提にした募集だ。だが、その人気は意外に高く、一〇〇人の狭き門に二五〇〇人の応募が殺到したという。

アルバイト制度の導入は、走り出していた。この年の五月には、子会社の日本アジア航空が三〇人のスチュワーデスを採用してもいる。JALは応募者の一次面接の日程まで公表していたのである。そんな段階で待ったをかけられたのだから、JAL側はたまらない。

さりとて運輸大臣には逆らえない。長らく、路線の認可を握られ、さらに安全面まで盾に取られているわけだ。あげくJALは、アルバイトスチュワーデス計画における雇用条件を見直し、亀井と折り合いをつけた。ちなみにここからスチュワーデスという呼称は、キャビンアテンダント（CA）、あるいは客室乗務員と呼ばれるようになる。海外ではフライトアテンダント（FA）という呼称が多い。呼び名が変わったのは、看護婦が看護師と改められたのと同じ発想だ。

いったん大きな声をあげてブラフをかけ、そのあとで関係を修復して相手を取り込む。亀井流政治の真骨頂が垣間見られた一幕ではないだろうか。

第五章　クーデター

　ＪＡＬは、御巣鷹山事故というトラウマを抱えながら、低空飛行をつづけてきた。不安定な経営基盤、隠れた負債……。内心、いずれそれらの問題を解決しなければならないことに、重役や幹部社員が気づいていなかったはずはない。優秀な社員ほど、常に問題を先送りする経営陣に対してフラストレーションをためてきた。あげく先送りの繰り返しは、いつしかあきらめに似た社内の倦怠感《けんたいかん》を生んだ。

　ＪＡＬはいつ会社そのものが倒れても、不思議ではない状況が何度もあったが、その都度救いの手がさしのべられ、生きのびてきた。むろんそれは、延命策にすぎず、病はむしろ進行した。

　だが、立ち直る転機が、なかったわけでもない。経営破綻までの一〇年でいえば、その最大のチャンスがＪＡＳとの統合だった。実はそう見る幹部も少なくなかった。

　世界の大手エアラインが倒産や再編を繰り返すなか、ＪＡＬも五万人を超えるメガキャリアになった。身の丈からすると、世界の名だたる航空会社と伍して闘える規模である。

この世紀の統合を成し遂げた兼子勲は、統合ＪＡＬの社長兼ＣＥＯ（最高経営責任者）に就任した。しかし、求心力が高まるどころか、そのワンマン経営ぶりゆえ社内を混乱させる。きっかけはやはり人事問題だった。兼子の人事に反発したＪＡＬの社内では、ひところおさまっていた派閥争いが再燃するのである。

兼子は、新町敏行をグループ総本山である持ち株会社「ＪＡＬ」の次期社長に指名した。学習院大学卒の新町は、エリート集団の管理企画畑でも、野武士集団の営業畑でもない。貨物出身という異例の社長人事として、社内で話題を呼んだ。そして、この異例のトップ人事は、ＣＥＯの兼子が会長に退くにあたって仕組んだ策だというのが、社内の定説になる。兼子が新町をワンポイントリリーフとし、東大法学部卒で、労務部長経験者の西塚英和をその次の社長に据えようとして副社長にした、という説だ。そして、兼子会長、新町社長、西塚副社長という三首脳人事により火のついた内紛が、結局、経営破綻という劇的な出来事で幕を閉じるまでつづく。

この労務畑出身社長の重用に対し、営業と管理部門の役員や幹部社員たちがそろって火の手をあげる。とくに営業部門にとっては、カリスマ的な存在、利光松男の弔い合戦のような様相を呈していた。利光派の元役員が振り返る。

「兼子さんは、ＪＡＳとの統合を機に、利光さんを信奉する営業畑の役員や部長、管理部門のそれを次々と関連会社に飛ばしていきました。そこで、飛ばされた利光派の元役員や幹部社員たちが、営業部門の切り札であるＪＡＬインター社長の羽根田（勝夫）さんを中心に据え、結束していきました。それが、兼子体制に対抗する社内抗争に発展するのです」

かつてジャルパックを考案し、バブル時代にＪＡＬ最盛期を謳歌した利光松男は晩年、不遇だった。バブル時代の責任を負い、会長にもつけなかった。社内では相変わらず営業派の頭目とされてきたが、みずからの誕生日の二週間前にあたる〇四年十一月九日、謎の自殺を遂げたのは前述したとおりだ。ここで権力闘争はいったん、人事権を握る社長の兼子の圧勝に終わったともいえる。

だが、社内で芽生えた兼子への不満は、消えていなかった。そんな矢先、従業員五万人のメガキャリアのトップを、航空トラブルが襲う。それを機に内紛の火が燃え立つ。

問われた「一国二制度」の安全性

あまりに衝撃的だった八五年八月の御巣鷹山事故以来、ＪＡＬに対する世間の目は常に安全性に注がれてきた。その信頼が再び揺らぐのが、九八年六月に兼子体制が発足してからだ。顧みれば、すでに二年目からその安全性に疑問符がついてきたのである。

はじめは二〇〇〇年八月、羽田整備工場で発覚した航空機配電線切断事件だ。B747型ジャンボ機の整備を終え、機内の構造部にある電気系統の最終チェックをしていた最中、途切れた電気配線が発見された。しかも、それは古くなって切れたものではなく、何者かによって故意に切断されていたのである。

事態を深刻に見たJALでは、社内に調査チームを設けた。

「専門知識と能力を備えた社内の犯行である可能性が高い」

調査結果はそう結論される。前代未聞の航空機配電線切断事件といえた。そのせいでJALでは、飛行機の格納庫に監視カメラを設置し、二十四時間の監視体制を敷くようになる。しかし、犯人は見つからない。おまけに、その後も整備に関する事件やトラブルはつづいた。

次は〇三年三月、B747型の機体についた意図的なヘコミが判明する。さらに〇四年二月には、B767型機の貨物室ドアの電気ケーブルが切られていた。これも人為的な切断だと認定されたが、結果的には犯人を特定するにいたらない。折しもこの間、兼子率いるJALは、JASとの統合という大事業に追われた。そこに不祥事が紛れ込んだ。そのため世間でさほどクローズアップされなかった。

しかし、危機の芽は確実に育っていた。そして、JASとの統合により、赤字経営から脱し、世界のメガキャリアへと飛躍すると期待されたJALは、逆に経営責任を問われだす。

「統合後、とくに問題視されたのが、JALとJASで運航や整備のマニュアルが異なる点でした。社内では中国と香港の関係になぞらえ『一国二制度』と呼ばれる始末でした。マニュアルはJALに合わせるように統一されました。だけど、会社の風土が違ううえ、そもそも使用してきた機材が異なっている。それで、いろんな弊害が生まれた。トラブルの背景には、さまざまな要素があったと思います。JALに虐げられたJAS社員の不満。兼子ワンマン体制に対するJAL社内のフラストレーションも、ますますたまっていました。まるで、それらが航空トラブルとして、一挙に噴出していった感じです」

そう振り返るのは、JAL・OBの一人だ。そこから〇五年に入ると、JALの兼子体制を大きな波が襲う。

はじめはOBの決起だった。形の上では、兼子のワンマン経営にたまりかねたOBの愛社精神による直訴だが、社内の不満分子と連動していたと見るほうが正解だろう。

決起したのは平沢秀雄、萩原雄二郎、橋爪孝之といった古参の元専務だった。奇しくも、かつて御巣鷹山事故処理の際、鐘紡から来た伊藤淳二に詰め腹を切らされ、惜しまれて退任した面々である。単なる若手社員の愚痴ではなく、元専務の直訴だけに、その行動には重みがあった。また当人たちにも、経営から離れた際の割り切れない思いがくすぶっていたに違いない。驚いたことに、三人の元専務は告発文書を引っさげ、CEOの兼子に直談判したのである。

文書の日付は〇五年一月十一日。鳥のようにぎょろりとした兼子の鼻さきに突きつけられたのが、〈首脳の7つの大罪〉と題された告発文だった。

〈日本航空（株）取締役会長兼CEO　兼子勲殿〉

と、くだけた口調で次のように書きだされている。

〈兼子さん、現在、日航の経営とは無縁のわれわれが、このような申し入れを行うことには、大きな躊躇《ためら》いがありますが、世界、ならびに日本の航空業界における日航の現状、そして、それに対する内外の評価を見聞きし、言いようのない危機感を覚え、いても立ってもおられず、あえて、この行動をとることにいたしました〉

告発文書は長い。込まれている。A4判コピー用紙五枚にびっしりとワープロ打ちの文字が詰め込まれている。「兼子さん」と呼びかけ、言葉こそ柔らかい。だが、その内容はかなりシビアだ。文書の書き出し部分の一節を抜き出す。

〈兼子さん、最近、近藤晃さんが、前任社長の立場から、あなたに、既に治世が7年にも及び、人心に撓《たわ》みを生じていること、CEOの権限が強すぎて、人がもの言えぬ状態に陥っていることなどを理由に、JASとの統合が軌道に乗った、この際、後進に道を譲り、人心の一新を図るよう、勧めた、と聞きます。それに対して、あなたは、批判があるのは、やっかみから出た一部の人間の意見に過ぎない、自分はまだ暫《しばら》く、経営から離れるわけには行かない、自分の資格と権限において、善処するので、放っておいてもらいたい、と答えられた、と聞きましたが、これは、ほんとうにあった話でしょうか〉

さらに追及はつづく。

〈兼子さん、近藤さんの忠告と勧告は、決して、近藤さんひとりの判断から出たものではない、と思います。既に、鬼籍に入られてしまいましたが、前々社長の利光さんも、死の直前まで、同じ考えを持っていた、と聞きますし、日航社員およびOBの大多数が、口には、出さないけれど、心の中で、思っていることであり、それが判ったからこそ、近藤さんが、あなたに、勧告をしたのだ、と思います。それを、一部の人間の、やっかみから来る発言と退けるあなたは、まさしく、権力の座に永く安住

し、側近の甘言のみに溺れた、「裸の王様」と、言わざるを得ないでしょう〉

そう前置きしたうえで、本題の告発内容〈首脳の7つの大罪〉について、切々と記している。七項目を列挙すると、〈グループ組織・運営体質の欠陥〉〈経営計画の蹉《さ》跌《てつ》、経営の無作為〉〈企業価値の低下〉〈不透明・不公平な人事〉〈労務政策の無策〉〈無駄遣い〉〈対外JALプレゼンスの大幅低下及びリーダーとしての資質と体力に限界〉――。航空運輸業ならではの専門的な事柄も書かれているが、概して間違っているとは思えない。というより、これまでJALが抱え続け、批判されてきた問題体質をみごと衝《つ》いているといっていいだろう。そして、文書は最後に痛烈にこう兼子を批判している。

〈つまるところJALが抱える様々な問題に、このリーダーとしての資質と体力の限界が暗く深刻な影を投げかけている〉

概して怪文書や紙爆弾は、差出人がはっきりしないケースが多い。出所が不明のため、具体性に欠け、事実関係も誤りが多いが、JALの場合は、出所が特定されていることも少なくない。

この三元専務による告発〈首脳の7つの大罪〉の文書もそのひとつといえる。多くの紙爆弾と同様、そこには関係者たちの思惑が入り組んでいる。兼子に退陣要求を突きつけた〈7つの大罪〉。その複雑な裏事情について、総務出身の元重役が打ち明ける。
「兼子退陣要求に署名していたのは、文書に署名した平沢、萩原、橋爪の三元専務だけではありません。実は当初は五人の名前で文書を出そうとしていたのです。署名の順番は、平沢、萩原、河野、稲川、橋爪。営業派の稲川広幸元専務や河野明男元副社長もそこに名前を連ねていたのです。五人のなかで、いちばん熱心に現役やOBに根回しをした橋爪さんが、最後に名前を書いていた。文書の原本を見ると、のちに五人のなかで稲川さんと河野さんの二人だけが抜けて空白になっていて、バランスが悪くなっていました。つまり、いざ告発間際という段階になって、営業派の二人が名を連ねるのを拒否したのです」

河野、稲川の両人は、利光松男が率いた営業一派の中核メンバーだ。なかでも稲川は利光の後継者といわれた羽根田勝夫の先輩格にあたり、いっときは社長候補と呼ばれたものである。

兼子退陣への告発は、最終的に〇五年が明けて間もなく実行されたが、実際は〇四年中に根回しがされていたという。元重役が補足説明する。

「五人のうち、平沢さんは整備出身ですから異質ですが、残る四人のうち、萩原、橋爪の両人は管理企画畑、そこに営業派の実力OBである稲川、河野も加わっていたわけです。いわば労務畑の兼子降ろしのため、日ごろ犬猿の仲である営業と管理企画の両派が手を結んだかっこうです。ところが〇四年十一月、営業派の頭目である利光さんが自殺してしまった。そこで、〈7つの大罪〉告発から営業派が抜けたのです」

結局、文書に残った三元専務たちは、七〇年代から八〇年代初頭にかけ、長期政権を築いた運輸事務次官の天下り社長、朝田静夫時代に重用された幹部だった。次の高木養根時代でも専務として活躍した実力者ぞろいである。御巣鷹山事故後、鐘紡の伊藤淳二会長が、このうるさ型の三人のクビをいっぺんに切り、話題を呼んだ。

「事故に対しては、われわれは責任がない」

そう抵抗したが、道義的責任を問われやむなく退陣する。

その三元専務が今度は兼子に立ち向かったのだから、JAL社内で話題にならないわけがない。だが、先の総務畑出身の元重役によれば、兼子降ろしは、彼らだけの仕《し》業《わざ》でないという。再び元重役による回顧談。

「三専務たちは、ある意味名前を利用されただけでしょう。うしろで糸を引いていたのは、管理企画畑のボスである元社長の近藤晃さんです。近藤さんは兼子さんを後継指名した責任もある。実際に近藤さんは、兼子さんに退陣要求の直談判をしています。その前に利光さんが、本体から飛ばされた子飼いの羽根田の処遇のことで兼子さんと会い、相手にされなかった。そのすぐあとだと思います。『もう身を引くべきではないか』と兼子さんを諭《さと》した。が、利光さんと同じように相手にされなかったらしい」

こうして飛び出した策が、三元専務による〈7つの大罪〉だという。相当に大がかりな仕掛けだ。ここで、利光の死で営業派はいったん兼子追及の矛をおさめたかっこうに見えるが、実際は別の動きをしていた。その件はのちに触れる。

三人の元専務がそろって実名で告発した騒動だけに、その影響は計り知れない。文書は各方面に流れ、当然のことながら、社内の士気は下がるいっぽうになった。JALはいっそうガタつき、そこへ問題の航空トラブルが起きるのである。

三元専務の告発騒動が起きた同じ一月、最初の大きなトラブルが新千歳空港で起きた。パイロットが管制官の許可のないまま、離陸滑走を開始してしまう。言うまでもなく、パイロットが管制の指示に従うのは、航空機同士の間隔を空け、離着陸を安全におこなうためだ。そうでなければ、大事故に発展する。新千歳など人気のある大空港は、数多くの航空機で混雑する。管制官の指示はより重要になる。運よく、このときはパイロットが滑走を慌ててストップした。だが、ひとつタイミングを間違えば、大惨事に発展した危険性が高い。

その航空トラブルはまだまだつづいた。〇四年十二月には、機体そのものの問題が発覚。本来、旅客機の主脚に使用する部品を、誤って国際貨物機に取り付けていたことが判明した。さらに三月に入ると、またも韓国の仁川《インチョン》国際空港でパイロットが管制官の待機指示を取り違えてしまう。とつぜん機体が動き出し、滑走路に進入して騒動に発展する。また同じ月には、非常用ドアの自動作動を切り替え忘れたまま、羽田—新千歳間を運航する始末だ。あげく、福島空港では着陸時に前脚のタイヤ二本が外れてしまい、尻もち事故を起こす。あわや大事故に発展しかねないトラブルだった。

むろん国交省としても、ここまで立てつづけに起きたトラブルや事故を放置できるわけがない。〇五年三月、異例の事業改善命令を発令した。運航停止に次ぐ厳しい行政指導だ。

その責《せめ》を問われたのが、CEO兼会長の兼子である。権勢を誇ったワンマン経営の威勢は、業績回復の兆しもなく、すでに地に堕ちていた。そのうえ三元専務の告発騒動。そこへ、これだけの運航トラブルを頻発させたのだから、もはやCEOとして、会社経営の舵を取るのは許されない。それは監督官庁の国交省だけではなく、社内の大半の意見でもあった。

兼子は社長の椅子を貨物出身の新町敏行に預け、CEO兼会長として権力を行使してきた。労務畑の腹心、西塚英和を副社長に据え、利光亡き営業派の羽根田勝夫や管理企画派を持ち株会社のＪＡＬ本体から遠ざけてきた。社内ではこのトップ人事について、新町をショートリリーフにして忠臣の西塚を次の社長に据えるための布石ととらえられてきた。だが、運航トラブルのせいでその目論見《もくろみ》も泡と消える。

〈本年四月一日より、日本航空インターナショナル（国際線のＪＡＬＩ）および日本航空ジャパン（国内線のＪＡＬＪ）の社長は羽根田勝夫が兼務し、羽田空港国際化を始めとするビジネスチャンスに機動的に対応しうる体制とします〉

ＪＡＳとの統合から二年たった〇五年三月十日付で、ＪＡＬの取締役人事が発表された。このとき兼子自身は、ＣＥＯの座を新町に禅譲《ぜんじょう》する。企業における最高権力の椅子を手放したのである。

相次ぐトラブルの責任を取り、兼子は〇五年四月の人事で、ＪＡＬ本体のＣＥＯから退いた。代わって、営業畑の切り札、羽根田が副社長に就く。貨物畑で目立たない新町社長、営業畑のエース羽根田副社長、労務畑の西塚専務という新体制が組まれた。西塚は副社長からの降格だ。

経営トップの椅子から転げ落ちた兼子は、もはやＪＡＳとの統合を成し遂げたときの輝きを完全に失っていた。それでも影響力を残そうと、会長として残り、西塚の次期社長にこだわった。しかし、さすがに以前のような神通力はない。

ＪＡＳとの統合をなし遂げたかつての権力者に代わり、新たに実権を握ったのは、従来の派閥に属さない意外な人物だった。

社長を操る秘書部長

「お疲れ様でした。ささっ、まあ一献」

やや長めの白髪をきっちり分けた初老の紳士が、カウンターの隣にいる男に酌をする。男は頷《うなず》きながら、丸く大きなグラスに注がれる赤い液体をじっと見ていた。赤ワインが、グラスの四分の一程度まで注がれるのを待つ。白髪の紳士が、手酌したあと、ふたりはお互いのグラスをカチンと合わせる。隣の男が、グラスをグイッとあおりながらつぶやいた。

「おれは、必ず戻って来るからな」

千代田区一番町にある高級日本蕎麦屋「一番町吉田」――。蕎麦好きの大物財界人や官僚、マスコミ関係者やスポーツ選手などが贔屓《ひいき》にしてきた。北九州出身の店主がはじめた人気の蕎麦店だ。

金曜日になると、そこに決まって予約が入った。夕刻七時には、男性三人と女性一人の四人が、白木のカウンターに陣取る。カウンター席には、白髪の紳士が男と並んで座った。いつも隣の男に酌をし、杯を交わす。

四人組は蕎麦を肴《さかな》にし、毎週のように高級ワインを何本もあけた。ときに興が乗ってくると、歌まで飛び出す。

「アカペラで歌うのは決まって安永さんでしたね。陽気な酒で、飲むと、とにかくよくしゃべる。新町さんは常に聞き役でした。会話は、ほとんど仕事の話でしたね。〝おい新町、だからお前はダメなんだよ〟といった調子で、まあ、一方的な説教というか、そんな感じが多かった気がします」

たびたび蕎麦屋で居合わせたという人物がそう言う。そんな光景が、この店でしばしば目撃された。もうお分かりだろう。金曜日に決まってカウンター席に陣取る四人組は、ＪＡＬの幹部たちだ。

白髪の老紳士が、のちに社長になった新町敏行。その隣で新町から酌をされていたもうひとりが、秘書室の安永純雄である。残るふたりも、秘書室に勤務する社員だ。はじめは新聞記者と安永が連れだって「一番町吉田」にやって来た。以来、安永がすっかり店を気に入り、常連になったという。

間もなく新町を連れ、四人で店に顔を出すのが決まりになる。九〇年代から二〇〇〇年代初頭まで一〇年近く、同じメンバーでこの蕎麦屋に通った。

新町がＪＡＬ貨物東京支店長のころからの常連だったという。安永は秘書室の課長だった。いわばＪＡＬの幹部同士が、週末に集まる息抜きに違いないが、やはり違和感を覚える。課長に酌をして仕事の労をねぎらう支店長と、それを見守る秘書室社員――。おまけに支店長は、のちの社長だ。課長の態度と物言いは、あまりにも不釣り合いであり、異様な光景と言わざるをえない。

だが、当人同士はそれをまったく感じていない。新町と安永は、それほど特別な関係にあった。次期社長に酌をさせる安永は、霞が関や永田町と太いパイプを築き、その名前が業界に知れ渡ってきたＪＡＬの寝業師である。兼子退任後、その存在感が急激に膨らんだ。

「安永は生え抜きのＪＡＬ社員ではありません。彼は、その経歴的な弱点やコンプレックスをバネに、社内で成りあがってきた人物です」

安永をよく知るＪＡＬの元重役が説明する。安永は京都外国語大学を卒業後、ハワイ大学に留学。そのままホノルルで就職を決め、日系三世のアメリカ人女性と結婚したという。ＪＡＬに入る前の安永は、しばらくコンチネンタル航空の営業社員として、旅行のセールスをしていた。

「ＪＡＬに入ったのは、ニューヨークの現地採用に応募して合格したからです。しばらくニューヨークの空港に勤務したあと、羽田空港に転勤になりました。しかし、ホノルル出身の奥さんが、日本勤務に反対したとされ、JALを退社してしまう。いったんホノルルに戻ったらしいけど、再びJALに入り直した。もう一度同じように、入社と退社を繰り返して、ついに本社勤務になりました。再々、出たり入ったりしてここまでになれたのは、極めて珍しいケースでしょう。それは英語が抜群にできたからだと社内の多くは言います。だが、彼の真骨頂は日本語の話術でしょう。とにかく、これと思った人物に取り入るその術《すべ》はすごい。はじめはJALの米州支配人が、彼にぞっこんだった」

安永の経歴については、とかく謎が多い。信じがたい話ではあるが、この元重役は正確な経歴がわからないとまでいうのだ。

「もちろん履歴書はあるだろうけど、役員も彼の本当の経歴を知らない。最も親しいはずの新町さんでさえ『実はよくわからないんだ』と言います。秘書になるまで、彼は二回会社を辞めている。一回はJAL本体、一回はジャルパックのとき。三回目に入社したあとはハワイ勤務だったといいますが、ハワイにいたとき、ハワイ路線がリストラになってニューヨークに転勤した。そこで、ニューヨークにいた兼子さん、新町さんと知り合ったといいます。それからジャルパックのアンカレジ支店、羽田空港と転勤になっています。日本では空港労務で組合の分裂工作を担っていたはずです」

こう説明するのは、総務畑の元幹部だ。JAL本社の秘書室に抜擢された経緯について、次のように解説する。

「その後の安永氏を支える人脈は、アンカレジ時代に築いたそうです。かつてアンカレジは、政官界の要人がヨーロッパに行くときの経由地でした。そのとき、JALの担当者として、要人たちに土産を持たす役割を担っていたのが、彼です。そうして人脈をつくっていった。その功績と羽田での労務対策が買われて、秘書室に取りあげられたわけです。しばらくは秘書室の使いぱしりをやってたんだけど、いつしか古賀誠先生の息子と仲良くなっていた。そこから力をつけていきましたね。〇一年の九・一一テロやSARSでJALの経営が悪化したとき、政界に働きかけて政投銀から緊急融資を受けられたのは、安永氏の尽力だというもっぱらの噂でした」

一般事業会社の秘書室は、重役の世話係のようなイメージがあるが、航空会社の秘書室は、その機能が根本的に異なる。社長や重役と直結しているのは当たり前だが、それ以外にも、秘書課長は永田町や霞が関の担当として、社内で大きな力を持つ。

航空界は、路線の開設や機材の導入、運賃設定などが、会社経営にダイレクトに影響する。エアラインは規制業種だからこそ、国交省のエリート官僚や自民党の運輸族議員とのパイプ役が重要な役回りを果たすのである。その根回し役が秘書課長や秘書部長であり、それだけに社内では、絶大な権限を握ることになる。

「わが社の秘書室は、広報室や経営企画室の上に位置づけられていました。秘書室長をやると、まず役員昇格は確実。秘書課長、秘書室次長、取締役秘書室長、常務取締役秘書室長と階段をかけあがるのです。JALのなかで秘書室長や秘書部長は、そのくらい高く位置づけられたポストでした。取締役として、秘書室、総務、広報を統括することもあります」

元重役(同前)はそう話す。中途入社の社員が、なぜそんな重要ポストに就くことができたのか。出世できた大きな理由のひとつが、新町との関係だという。

「ニューヨークの空港勤務時代、本社からやって来る役員たちの面倒を見ていたのが、安永でした。いわゆる接待役です。それで、兼子さんに取り入ったのではないか、という噂もありましたが、大きいのはたまたま新町さんといっしょに働いていたことでしょう。ニューヨーク時代の新町さんは、プライベートな遊びを含め、安永をずい分重宝したそうです。そうして二人は切っても切れない間柄になったと聞いています」

元重役がつづける。

「本社の秘書室に勤務しはじめたころは、兼子さんも安永のことを気に入っていたようです。しかし、ＪＡＳとの合併話が出たあたりからでしょうか、彼を遠ざけるようになったのです。きっかけはよくわかりませんけど、兼子さんが国交省の岩村事務次官と衝突した一件だったのかもしれません。よりによって航空行政のトップである岩村さんと大ゲンカした兼子さんは、業界の集まりがあっても、岩村事務次官に挨拶ひとつしない。安永は、それを取りもとうとして、逆に兼子さんに嫌われてしまったらしい。やがて兼子さんが、『ああいう調子のいい奴はいかん』と言い出し、秘書室における出世街道から外されてしまいました」

麴町の蕎麦屋「一番町吉田」で、安永が新町相手に「必ず戻って来る」と愚痴をこぼしていたのは、そんな本人の不遇時代だったのである。

四人の蕎麦屋通いは、ＪＡＳと統合する〇三年ごろまでだが、とりわけ、頻繁に店へ訪れるようになったのが、九八年からスタートした兼子勲政権時代だという。

〇三年六月、新町はＪＡＬの副社長に就任する。兼子にとっての新町は、子飼いの西塚へつなぐショートリリーフには違いないが、それは次期社長が約束されたことを意味する。

安永はこの機を見逃さなかった。みずからの復権へと動く。蕎麦屋の飲み会は、単なる息抜きではなく、安永復活へ向けた密談だったのである。そうして、当人の言葉どおり、安永は復活した。ある現役の幹部社員が打ち明ける。

「兼子社長と折り合いが悪く、冷遇されていた安永氏は、新町を使ってカムバックできた。とくに〇四年に新町さんが社長になってからは、政策担当の上席執行役員というポストをもらったのです。これはちょうど、航空トラブルが出はじめ、兼子さんの権力が急速に落ちていった時期と重なります。安永氏はそこから、新町社長の後ろ盾を得て我が物顔に振舞うようになっていきました」

〇五年四月、国交省の業務改善命令を機に顧問に退いた兼子に代わり、新町が最高経営責任者に昇り詰める。このとき新町は執行役員のなかで、最上位の上席執行役員というポストを新設、安永がその地位に就く。

おかげで安永は、秘書部長、政策業務室長という三つの肩書を兼務する。曲者《くせもの》ぞろいの歴代秘書部長のなかでも、最も経営に影響を及ぼしたひとりだ。安永は新町社長の懐刀と呼ばれ、ＪＡＬの役員人事にまで口を出すようになっていった。

そしてそれが新たな権力闘争を呼んだ。やがて社内の営業派や企画畑の反兼子勢力が反新町へと変貌し、安永は彼らから不倶戴天の敵と目されていく。そして、数あるＪＡＬ内部抗争のなかでも、会社の命運を決定づけたキーマンとなる。

機能しなかった安全メッセージ

「東大卒が幅を利かすJALにあって、新町さんは学習院出身で、しかも傍流の貨物畑。社内で、『兼子勲の傀儡《かいらい》社長』と見下されていたのは、本人も自覚していたと思います。ところが、航空トラブルで兼子さんが失脚するや、社長として権力を振るいはじめた。その裏にいたのが安永……」

先の現役幹部社員がそう話した。

「本来、社長は人事権を持っている強みがある。役員の配置はむろん、後継社長の指名までできるから、その気になれば強権を振るえるのです。そんな社長の新町さんをそそのかして操ったのが、安永秘書部長でした。安永氏は表には出てこないが、なにしろ上席執行役員というポストまで用意したくらいですから、新町さんは相当信頼しきっていたようです。おかげで他の役員は、社長を後ろ盾にした安永氏の言うことに口を差し挟めなくなっていきました。そうして、JALグループ内で不満がマグマのようにたまっていったのです」

このころのJALは、兼子体制から新町・安永体制に移行していった。長年、管理企画、営業、労務と割れ、権力争いを繰り広げてきたナショナル・フラッグ・キャリアが、新たな社内抗争の火種を抱えたのである。抗争の火種とは繰り返すまでもなく、秘書部長による社長のリモートコントロールだ。

単なる秘書が、どこまで社長を操ることができたのか。具体的に検証できない部分も多いが、少なくとも社内では、「主従逆転現象」という見方が定着していた。

JALのラスプーチン——。そんな秘書部長安永の評判が、監督官庁の国交省にまで轟《とどろ》いた。社内のみならず、霞が関や永田町にまで彼の噂が届き、兼子退陣後の余震がつづく。

だが、外から冷静にJALの社内事情を見ると、ワンマン体制だった兼子への反発が、新町・安永体制の追い落としに変わったにすぎない。おまけに、兼子失脚の原因となった航空トラブルは、おさまるどころか、ますますエスカレートしていった。

〈安全への取り組みについてのCEOからのご報告〉

こう題したメッセージがJALのホームページに掲載されたのは〇五年七月二十日だ。新町が六月の株主総会を経て、正式にJALの社長兼CEOに就いた一カ月後である。

〈これまで、安全上のトラブルに関連して、皆様からJALグループに対する厳しいご批判を頂戴してまいりました。安全はＪＡＬグループの存立基盤そのものであり、社会的責務です。「安全こそがお客さまに対する最大のサービスである」ということを改めて肝に銘じ、日々の安全運航を積み重ねていく中で、お客さまをはじめ広く社会の皆様からの信頼回復に全力を傾注してまいります〉

いかにも新任社長の手堅い挨拶である。なにより、新社長の新町に求められたのが、航空トラブル対策だ。それだけにホームページに掲載された新町のメッセージには、力が入っていた。

〈全社一丸となって、安全意識の改善に取り組んでおります〉

具体的にそう方針を述べている。

〈4月から5月を「緊急安全意識向上運動期間」とし、私をはじめとする全役員が、国内外の各部門、支店、グループ航空会社を訪れ、自らの声で安全確保の重要性を訴え、安全こそがすべての原点であることを再確認するとともに、社員との忌憚《きたん》のない意見交換を実施する「緊急安全ミーティング」を計２２０回実施致しました。

私は、これらのミーティングにおける経営と現場の真剣な対話を通じて、安全に対する社員の気迫と情熱を感じ、ここにこそＪＡＬグループの信頼回復への原動力があると強く勇気づけられました。そして、社員から出されるさまざまな意見や要望を可

能な限り経営に活かすべく、6月に「緊急安全ミーティング・フォローアップ検討委員会」を設置致しました〉

学者や作家をメンバーにした外部の「安全アドバイザリーグループ」まで設置。そのレポートも公表された。

だが、その意気込みとは裏腹に、航空トラブルは却ってひどくなるのである。当時の新聞記事を拾うと、それが如実にあらわれている。とくに秋から暮れにかけ、新聞にJALの不祥事が載らない日が珍しいほどだ。驚いたことに、機体のエンジン取り違えという事態まで発覚する。

〈JAL　左右エンジン取り違え　7カ月間飛行〉

〇五年十二月二十一日付の毎日新聞には、こうある。

〈日本航空のボーイング747型機が、整備点検の際に左右のエンジンを取り違えて設置し、7カ月間にわたって飛行を続けていたことが分かった。同社が委託していたシンガポールの整備会社が設置をミスし、日航は機体を受け取る際に気づいていなかった。この影響で、片方のエンジンの検査間隔が規定時間を過ぎていた。国土交通省は再発防止を指示した。

日航によると、整備会社は2月14日から2カ月間、機体を整備した。この際、四つあるエンジンのうち一番左と右のエンジンを取り違えたという。日航は受け取る際に識別番号を確認せず、4月14日から、国際線で440回の離着陸を繰り返していた。11月14日の定期点検の際にミスに気づいた。エンジンを覆うケースの点検が約200離着陸回数分、遅れた。

同社によると、エンジンの性能は同一で、運航の安全性に問題はないという〉

野球に左利きと右利き用グローブがあるように、ジェットエンジンも左右それぞれの仕様がある。いくら左右の性能が同じといっても、機体を飛ばすエンジンだけに大問題だ。翌日付の毎日新聞には〈航空トラブル　日航の改善策、「なお努力必要」――国交省検査結果〉と題したまとめ記事が載った。

〈日本航空グループで今春以降、運航上のトラブルが続発した問題で、国土交通省は22日、3月の事業改善命令後に同社に対し続けてきた立ち入り検査の結果をまとめた。日航側が新たに運航・客室・整備各部門の社内マニュアル計468件を見直すなどした再発防止に対し「安全への姿勢に改善が見られる」と確認した。しかし21日にもエンジンの左右誤装着が明らかになるなど、トラブルがゼロにはなっていない状況で、同省はさらに監視を続ける〉

記事にはこうも書かれている。

〈立ち入り検査は日航施設7カ所に延べ26日間実施。同社が4月に「安全優先の意識が不足し、経営陣の取り組みも不十分だった」として示した安全点検など改善策の実施状況を調べた〉

航空トラブルは、年末年始にかけ、いっそう際立つ。目立った新聞の見出しを並べるだけでも、その数の多さは一目瞭然だ。

〈日航子会社、脱出装置不備で運航…乗務員が操作法失念〉（〇五年十二月二十九日付読売）

〈日航機　逆噴射作動せず　鹿児島着陸時、整備ミス〉（〇六年一月九日付朝日）

〈日航機、那覇空港に引き返す　酸素量がゼロ表示〉（同年一月二十四日付朝日）

〈日航機　車輪格納できず、新千歳へ代替着陸〉（同年一月二十五日付毎日）

といった按配である。

前述したように、ＪＡＬは〇五年三月に異例の事業改善命令を受けた。翌四月にＪＡＬは、再発防止策を提出している。国交省航空局は立ち入り検査まで実施し、新たな新町体制で、いち早く対策に着手したはずだった。

「安全運航に向け、その姿勢は改善が見られる」

希望的観測が混じっているのか、この年十二月には、国交省が検査結果について、そうコメントした。しかし、それは監督官庁として立ち入り検査までした手前、改善されたと言わざるを得なかっただけかもしれない。

その実、JALはいっこうに変わっていなかった。国交省航空局の事業改善命令や立ち入り検査など、まるで関係ないかのように、十二月に入っても、トラブルがつづいた。それも、いままでの運航トラブルと似たような不祥事ばかりだ。

そもそも事業改善命令から一年も経っていない。なのに、この有様である。これでは監督官庁としても、メンツ丸つぶれで、立つ瀬がない。

当然のごとく、〇六年が明けると、国交省はトラブル防止策の再提出を命じた。もちろんこれも異例中の異例の措置だ。

新社長の新町があれほど強調した安全運航は、まったく機能しなかったというほかない。運航トラブルは客離れを引き起こし、赤字をますます膨らませていく。もはやJALは乗客から見放されていたといえる。

JALには鬱屈《うっくつ》した沈滞ムードが漂うばかりだった。そして、たまりにたまった社内の不満は経営陣に向けて爆発する。それが、かつてないほどの内部分裂に発展するのだが、そこにはマスメディアもひと役買うことになった。

敏腕航空記者の暗躍

《新町と安永に引導を渡したのであるから彼らも牙を剝いてくるだろう。多分あることないこと（ないことずくめであろう）をまた嘔吐を催す品性下劣な文章で怪文書を書き、流すに決まっている。修羅場を何度もくぐり抜けている小生は望むところだが、家族へ迷惑が及ぶのが心配だ》

こんな電子メールが、JAL関係者の元に立てつづけに届いた時期がある。二〇〇五年十月のことだった。メールは題して〈乾坤一擲《けんこんいってき》の勝負〉——。そのほかにも、〈エッセイ記者席「今昔記者気質」〉や〈12社会の設立の狙い〉といった題名のメールも送られてきた。たとえば〈「今昔記者気質」〉には、こう書かれている。

《小生の記者生活は大阪府警から始まった。夜は帳場（捜査本部）回りと夜回りのめまぐるしい取材活動は抜いた抜かれたの連日で、抜かれてばかりの小生は鬼刑事からよく慰められた。帳場回りのひと時を他紙の記者と「じゃんけん競馬」というゲームで費やし、捜査一課長が仕事を終えるのを待った。じゃんけんで勝った分だけ駒を進め、着順を決めるというたわいないゲームだが、そのためにわざわざ競馬新聞を発行し、馬券を売った。原稿はもっぱら駆け出しの小生が書き、それに編集長である産経のサブキャップが赤筆を入れた。ゲームが始まると能弁な読売の大谷昭宏記者（現ジャーナリスト）の実況中継が始まり、いつの間にか捜査一課長もジョッキーとなって走っていた。終われば毎日の鳥越俊太郎記者（同）の冷静なコメントが付け加えられた》

これは怪文書でも何でもない。メールの発信者は、高尾建博という日本経済新聞社の記者である。本人は、大阪で新聞記者生活をスタートさせたのだろう。そのころの古い思い出話をメールにしたためている。それにしても、なぜ新聞記者がＪＡＬの関係者にこのようなメールを送っているのか。それには理由がある。

言うまでもなく、日経新聞といえば、ビジネスマンの愛読紙である。なかでも高尾は、日経産業部の運輸・航空担当のベテラン記者として、航空界ではその名が知られていた。運輸行政問題を取材してきた大物記者だ。メールで、みずからの記者としての歩みを顧みて懐かしんでいる。

《東京産業部に転勤して最初の大事故が１９８５年の御巣鷹山事故である。事故後、中曽根康弘首相（当時）の肝入りで日本航空副会長（直後に会長）に迎えられたのが伊藤淳二鐘紡会長（当時）だった。当初、大向こう受けを狙った伊藤氏の経営手腕にマスコミも喝采したが、やがて自分を批判する本を鐘紡が買い占めたり、利光松男副社長（同）に忠誠を誓わせる念書を書かせたり、社員に秘密の投書を奨励したりして経営は混乱に陥った。ところが夜はホテルを点々《（ママ）》とする肝心の伊藤氏が捕まらない。そこで交通政策研究会（国交省記者会の前身）の経済部記者有志が夜に山地進社長（同）を居酒屋に呼んで、真相と本音を聞く会合をたびたび持った。伊藤更迭というドラマの背後にはこうした大手新聞社・通信社記者の「真実を暴きたい」という志と情熱があった。この有志は今でも時々飲み会を持ち、旧交を温めている》

元来、取材対象であるはずのＪＡＬ関係者に自分自身の回顧談を話して聞かせるとは、かなりめずらしい記者だ。しかも伊藤排斥の片棒を担いだという。もっとも、回顧談程度で済んでいればいい。このベテラン大物記者、何を勘違いしたのか、ＪＡＬグループの内部関係者へ、現経営陣の批判を展開しているのだ。それが、先の〈乾坤一擲の勝負〉である。メールを発信している当の高尾記者本人も、さすがに気が引けるのか、そこは自覚しているらしい。

《情報の管理を徹底する》《他のマスコミ記者には絶対に朝刊メールの存在を明かさない》ように、と次のようにも書かれている。

《情報源が高尾であることを厳しく秘匿する。というのも転送に転送を重ねていると情報の責任・義務感が乏しくなり、いいかげんな扱いになってしまうからだ。いい加減なまま放置しておくと週刊誌に「大手運輸企業ではこんな怪文書が出回っている」

などと書かれかねない》
急いで書いているのか、多少の誤字があるが、原文のまま伝える。
《うぬぼれではなく小生の存在は本人が考えている以上の大きく、恐れられているようである。このメールの存在が表面化することで、ライバル社や役所、他の運輸企業から「やっぱり高尾は大手運輸企業を牛耳っている」、「あそこの企業は高尾の支配下にある」、「日経のこの前の特ダネは12社会から出た」などの風評を立てられては小生や日経記者の日常の取材に大きな支障をきたすほか、小生の存在そのものが疑われてしまう》
ここにある〈大手運輸企業〉がJALを指すのは、言わずもがなだろう。先に宛先はJAL関係者と書いたが、そればかりではなく、航空・運輸・海運各社へも同じものが届いた。メール中の《12社会》とは、高尾記者がごく親しい各社の幹部を集め、命名した親睦会だという。実際のメンバーは、一三社だそうだ。それぞれの会社に二、三人ずつ懇意の幹部がいるため、メール送信の総件数は六〇通近くにのぼったという。
さて、問題の《乾坤一擲の勝負》だ。
《新町と安永に引導を渡したのであるから彼らも牙を剥いてくるだろう》とある《新

町と安永》は、繰り返すまでもない。兼子の後を引き継いだＪＡＬ社長の新町敏行と上席執行役員で秘書部長の安永純雄である。ＪＡＬの経営陣に《引導を渡した》とあるのは、彼らを退陣に追い込む、という意味だ。

大新聞の記者が、民間企業であるＪＡＬの重役人事に口を出す。さらに他社も含めた関係者へ、こんなメールまで送っているのである。さすがにメールを読んだＪＡＬグループ企業の役員も驚きを隠さない。

「ビックリ仰天しました。これは明らかなクーデター計画でしょう。それをれっきとした大手新聞の記者が仕掛けているわけです。ＪＡＬは長年、社内の派閥争いが絶えず、それが小説にまでなりました。まるで、山崎豊子さんの『沈まぬ太陽』の再現みたいですね」

御巣鷹山の悲劇を題材にしたベストセラー小説『沈まぬ太陽』では、熾烈な社内抗争が大きなテーマだ。そこにも新聞記者が登場し、さまざまな社内工作が進んでいった。それを彷彿《ほうふつ》とさせるようなメール騒動である。そして図らずも、くだんの怪しげなメールが、ＪＡＬお家芸の内部抗争を露呈することになる。

《今日14日の日経本紙9㌻の企業1面「経営の視点」を是非、読んでいただきたい。「日航を挑戦者と呼べるか」、「まず社内の閉塞打破から」。整理（著者注＝新聞社で記事の見出しをつける部署）もいい見出しを付けてくれた。久しぶりに航空企業を論評する記事を書いたが、5日の特報といい、今回の「経営の視点」はある意味では小生の記者生命を掛けた記事である》

問題の〈乾坤一擲の勝負〉は、こうはじまる。ご自身が日経新聞本紙に書いた記事を取りあげ、ＪＡＬの新町社長らを攻撃した、と誇らしげに書いている。その題名どおり、いささかオーバーな表現が羅列されている。

《何よりも毎日速報に振り回される他紙も含めた現代新聞記者諸子に「ジャーナリズムとはかくあるべし」のひとつの見本を示したかった》

と、こうつづく。

《多くの善意のＪＡＬ社員には奸賊《かんぞく》、安永（上席執行役員）の悪夢から解き放たれて、「曙症候群」から立ち直っていただきたかった。この記事をよりインパクトの強いものにするため、12社会のメンバーには職場での上司、同僚、部下との会話の中で話題にしていただき、ご批評を頂戴したい》

かなりの自信家である。メールにある本人ご自慢の新聞記事「経営の視点」――。ジャーナリズムの見本になるかどうかは別として、次のように書かれている。

〈改革案実施以前にＪＡＬ経営陣がなすべきことがある。まず社内の閉塞状況を打破することだ。そのためには自らの経営責任を明らかにし、己の保身と権力の増殖に奔走するような幹部は一掃する。痛みを分かち合いながらも社員が希望の持てる人事を断行したうえで、旧ＪＡＬと旧ＪＡＳの融合を図る〉

一見、もっともらしい意見のようにも思える。だが、よく読むと、実に妙な記事だ。こう締めくくられている。

〈そうしなければ、「挑戦者」を宣言して異種格闘競技に挑み、減量の努力を欠いて自らの体重の重さで敗北を喫している元横綱の二の舞いになるだろう〉

ちなみに、これがメール中の〈「曙症候群」から立ち直っていただきたかった〉という意味だ。身長二メートル体重二三〇キロという巨体で人気を博したハワイ出身の第六四代横綱、曙太郎は、角界引退後の〇三年に格闘技に転向し、話題をさらうが、この年の大みそかに、Ｋ－１ファイターのボブ・サップにノックアウトされて以来、連戦連敗した。そこでＪＡＳとの合併で図体の大きくなったＪＡＬを「曙症候群」と揶揄しているわけだ。

《現在、ＪＡＬの社内は10％の賃金カットに大揺れである。九つある組合のうち八労組が新町の記者会見直後、「経営陣の経営責任を明らかにすることが先決」といった声明を発表し、また経営協議会や団交の場で各労組の中執（著者注＝中央執行部）は

新町社長以下、経営陣に机をたたきながら罵声と怒号を浴びせている》
問題の日経新聞の高尾記者は、みずから最大労組「ＪＡＬ労働組合」（ＪＡＬＦＩＯ）の関係者と会ったときのことだとして、メールにこう書く。
《経営寄りと見られている全労（ＪＡＬＦＩＯ）の元委員長と先日国交省でばったり会ったが、「連続トラブルの根本原因の分析もない。また経営理念もないこんな提案はＪＡＬＦＩＯとしても絶対受けられない。これを飲んだら（組合の）現執行部は総退陣で、組織が持たない。新町ではやっぱりだめだ。羽根田（副社長）でいくしかないが、彼を誰が支えるのか」と口から泡を飛ばした》
そうして、追及の矛先は、社長の新町と秘書部長の安永に向けられる。メールにはこうもある。
《日経が特報したら日航社内が蜂の巣をつくくような騒ぎになることは明らかだった。それを狙った面もある》
要するに、敵対するＪＡＬの社長や執行役員のクビを取ろう、と呼びかけるメールだ。新聞紙面やメールを使い、クーデター計画を呼びかけているのである。新町敏行社長派VS.羽根田勝夫副社長派の争い。そこに大新聞の名物記者が一枚加わり、クーデターのお先棒を担いでいるともいえる。このメールを見たというＪＡＬの幹部社員の感想も、そうだ。

「メールを見て、さすがに驚きました。これで、亡くなった利光（松男）元社長の薫《くん》陶《とう》を受けた営業畑のエースである羽根田政権ができるんだな、と。とくに営業の連中は、『先代の兼子勲社長以来、労務畑に牛耳られてきたＪＡＬがこれで変わる』と、大喜びでした」

ことによると、このときのＪＡＬのクーデター計画が現実になれば、ＪＡＬ社内の士気を高めることができたかもしれない。この間、社内では、「兼子勲のワンマン経営」や「新町敏行時代の安永による側近政治」という経営陣に対する悪評が定着してきた。その評判が示すように、ＪＡＬ内部のストレスが大きく膨らんだ。それが一種の改革エネルギーになっていた面も否めない。

ＪＡＬを変えたいという思いは、営業派だけでなく、管理企画派、さらに広報グループにもあった。そこへ航空トラブルがつづき、社内のストレスがますます増幅された。そのストレスが、営業派のボスである羽根田を押し立てたのではないだろうか。

営業派の元幹部社員が言う。

「羽根田さんは強引なところもありますが、やはり頼りがいがある。こういう時期にＪＡＬで経営の舵を取れるのは、あの人ぐらいしかいなかったのではないでしょうか」

新聞記者がクーデター計画にひと役買ったのは、広報グループとの連携によるものである。だが、小説ならいざ知らず、ことはそう一筋縄ではいかない。

《新町と安永に引導を渡したのであるから彼らも牙を剝いてくるだろう》

高尾記者は、みずからメールでそう書いているが、いくら大手新聞の大物記者とはいえ、JALというマンモス企業の経営に関与し、思いどおりに操れるわけがない。

大物記者がひと役買ったクーデター計画。メディアのあり方は別として、それは営業派を中心とする勢力が、権力の奪取を狙った行動だ。しょせん企業経営は社長レースに勝ち残った者に委《ゆだ》ねられる。その観点からすると、必ずしも責められることではない。

問題はそのやり方であり、権力を奪取しようとする人物の能力だ。有り体に言えば、経営トップに座ったときに、その人物が社内における求心力を持ち、経営にあたることができるかどうか。また権力奪取のやり方も、道理が通っていなければならない。そうでなければ、社長レースは自己顕示欲に任せた単なる醜い争いと化す。

JALの場合、社長レースや権力闘争のやり方が、いかにもまずい。社内でろくな議論も闘わせず、怪文書を駆使して競争相手を蹴落とす。そうしたやり方は、いつか必ず外部に漏れだす。まして、マスメディアを使って工作するなんて話は、愚の骨頂権力闘争に加担したメディア側も批判にさらされるのがオチであり、しょせん会社そのものの評判を落とす結果になるだけである。

くだんの日経新聞、高尾記者を訪ねてみた。当時はまだ国交省の記者クラブに所属していたため、合同庁舎内にある喫茶店で向き合ったことを覚えている。なぜ、クーデターのお先棒を担ぐようなメールを関係者に送りつけたのか。そのあたりの事情を聞いてみた。こう答える。

「経営問題や安全問題などで社内に不満がたまっているとは聞いています。僕はいろいろと相談を受けてはいます。ただし、『小田原評定をやってる場合ではない』とアドバイスする程度です。それ以上はかかわっていませんよ」

最初はそう余裕を見せる。だが、くだんの《12社会》に送ったという《乾坤一擲》メールのコピーを見せたとたん、顔色を変えた。こう言う。

「あれはね、誤解されるから、あんまり表に出したくないんだ。(12社会は)大手の運輸業界の広報マンのごく私的な集まりなんです。企業の広報マンに、この点に注意したらどうか、という程度のアドバイスをしてきただけです。JALの件は、まあ僕の見通しとして、書いたあれであって……、その過程で羽根田を担いでいる勢力があるとかね、そういったことを書いた記憶はあります。でも、『羽根田でいくしかない』と書いたのは、あくまでＪＡＬＦＩＯの元委員長の話ですからね」

あくまで自分自身の意見ではなく、第三者の言い分を載せただけだという。かなりもってまわった言い分である。ちなみに、高尾記者に会ったという当の労働組合、ＪＡＬＦＩＯの元委員長に尋ねてみると、こう否定する。

「彼に会ったのは間違いない。だが、私がそんな馬鹿なことを言うわけがない。私は羽根田も新町も駄目だ、と言ったのであって、いまでもそう思っていますよ」

再び高尾記者の弁明。

「たしかに新町と安永に引導を渡したとも書いていますが、表現が適切でなかったかもしれません。彼らはすぐに外部の力を利用しようとして、私なんかも迷惑しているんですよ」

新聞記者まで巻き込んだクーデター騒動。それはたしかにあった。しかし実は、彼らがその行動を起こす前に、もう一つ別の動きがあった。

それは、ＪＡＬ本社のほとんどの幹部社員を巻き込んだ。かつてない空前のクーデター計画が、水面下で着々と進んでいたのである。

第六章　不発に終わった決起

　ＪＲ山手線の浜松町駅と羽田空港をおよそ二〇分で結ぶ東京モノレールに、天王洲アイルという駅がある。ＪＡＬの本社ビルは、その駅に隣接している。通称ＪＡＬビルの役員応接室から眼下を見降ろすと、品川の倉庫群が広がっていた。二〇〇六年二月、私は春先の明るい陽の差すその応接室で、ＪＡＬの九代目社長と向き合った。事前に広報室を通じて申し込んでいたインタビューのテーマが、「経営不振のＪＡＬ再建」である。

　目の前の新町敏行社長にとって、急務の課題が、四月からの新年度に向けた「中期経営計画」の作成だった。

「計画はどうなっていますか」

　その質問に対し、新町はわが意を得たり、といった表情で笑みを浮かべる。事前に用意していた答えを披露した。

「今回の改革の決め手は、経営のスリム化と人事の若返りです。役員の数を減らし、経営をスリム化していく。三月にそれを発表していかなければなりません」

しかし、その声には張りがなかった。

ウリ二つの計画

大幅なダウンサイジング――路線「不採算路線からの大胆な撤退」、機材「非効率機材の早期退役と新鋭小型機材の導入」、人員「運航乗務員を含めた聖域なき人員削減」
バランスシートの健全化
着実な業績回復の実現

二〇一〇年一月十九日、東京地方裁判所に会社更生法を申請した際、JALが打ち出した再建計画である。負債総額二兆三二二一億円。日本の事業会社史上最大の巨額の負債に対し、この更生計画を用いて三年間で会社を生まれ変わらせる。経営破綻処理の受け皿になった半官半民の「企業再生支援機構」が同意し、この再生計画がスタートした。裁判所へ提出する正式な計画の前に作成したJAL更生計画の素案だ。だが、この計画が発表されたとき、違和感を覚えた関係者は少なくなかった。

ＪＡＬにはかつて、これとウリ二つの計画が存在してきた。それが恒例の「中期経営計画」である。毎年、春先になると、発表されてきた。「再生中期プラン」とも呼ばれる経営の立て直し策だ。たとえば、経営破綻まで社長を務めていた西松遙が〇七年二月に発表したのは、次のような中期経営計画だった。

コスト削減による収益力向上――「〇九年度までに四三〇〇人を削減」「〇六年度比人件費を年間五〇〇億円削減」

機材の更新による競争力強化――「旧型小型機ＭＤ-87全機を前倒しで退役」

高収益路線シフトと商品力強化――「国内線一〇、国際線一路線を廃止」「国内線にファーストクラスを導入」

これもまた、三年間の再建計画だ。よくよく見ると、今度の更生計画の素案とよく似ているのである。

ＪＡＬでは、三月の決算期が近づくたび、この再生中期プランが作成された。前年の年末までに計画の概要をまとめ、発表するのが、なかば恒例になってきたといえる。つまり、来たる翌年三月の通年決算で赤字を出しても、この先三年で経営を立て直すから大丈夫だ、という決意表明をしているようなものだ。

新町敏行体制が発足した〇五年も、まさに同じことをしていた。この年の十一月、JALは〇六年三月期グループ連結決算の赤字が決定的になる。この時点での赤字予想額は四七〇億円（最終的には四七二億円の赤字）。二〇一〇年三月期の赤字予想額二六〇〇億円と比べると、さほど大したことはないように思えるが、内情はそう甘い状況ではなかった。

それまでJALでは一年おきに赤字と黒字の決算発表を繰り返してきた。実はそれは、赤字を隠してきたにすぎない。連続赤字を出すと、銀行借り入れに支障をきたすだけでなく、株主に対する配当ができなくなり、クレームがつくのを恐れたからだ。

しかし、この時期のJALはその経理操作さえできなかった。航空トラブルに見舞われ、客離れが止まらない。赤字隠しをする余裕もなかったため、二年連続赤字を覚悟せざるをえなかったのである。その代わり、せめて業績回復の可能性があることを世間にアピールしなければならなかった。これまでにない説得力のある計画づくりを要求されていたともいえる。

そこで新町社長が〇五年十一月七日、「再生ビジョン」を発表した。〇六年春までに作成しなければならない三カ年の再生中期プランの素案だ。

計画の大きな目玉が、人員削減と社員の基本給一〇%カットであり、国際線の縮小だった。ところが、この再生ビジョンが労働組合の反発を招く。そうして、これが新町体制のつまずきのはじまりとなるのである。

JALには、さながら伏魔殿のような恐ろしさが潜んでいた。数多くの利害関係人が会社に巣くい、さまざまな算盤《そろばん》勘定が渦巻いている。日本の政官財それぞれの立場でJALを利用し、不明朗な利権構造の温存を容認してきた。

下手につつくと、どこから鬼や蛇が飛び出すかわからない。JALは、そんな不気味な企業体質を抱えつづけてきたが、体内の膿《うみ》が噴き出しそうになるたび、絆創膏で傷口をふさいできた。そうした体内の膿が栄養となり、巨大な経営赤字という怪物を育ててきたのではないだろうか。

しかし、たび重なる航空トラブルを契機に、体内にため込んできたその膿が、ついに耐えきれなくなり身体から噴き出した。

営業派の反乱

TISHグループ。JAL社内では、営業派の中核メンバーを、利光松男の側近たちの頭文字をとって、「ティッシュグループ」と呼んだ。自殺した元社長の利光を筆頭に、元専務の稲川広幸、元常務の新町光示、そして、副社長だった羽根田勝夫という顔ぶれである。稲川は兼子に退陣要求を突き付けた告発文書〈7つの大罪〉に賛同しながら、利光の死後に署名を引っ込めたとされる元社長候補だ。新町光示はもちろん社長の新町敏行とは別人で、のちに利光が創設したジャルパック社の社長、会長まで務めている。繰り返すまでもなく羽根田は、新町社長追い落としの御輿《みこし》として担がれていた副社長だ。

このTISHグループという名が社内で広まったのは、兼子社長時代のことだ。それが新町時代になり、利光の亡きあとも、抵抗勢力の象徴のように語られていった。兼子時代、告発文書〈7つの大罪〉を手に兼子に退陣要求を突き付けた管理企画派。それにつづき、ついに営業派が動いたのである。そこに新聞記者が飛び入り参加したのは、既述したとおりだ。

反新町の旗頭となった羽根田勝夫は、その生い立ちも小田急電鉄創業家の御曹司だった利光と似ているかもしれない。ラブホテル経営から出発し、全国にリゾート高級旅館を展開した石亭グループの創業一族だ。慶應大学からJAL入りした私大出身者でもあり、ことのほか利光に目をかけられたとされる。

「仕事は非常にできますよ、彼は。だから、この苦難のときに、羽根田にやらせようという動きになってくるのは、分からないでもないんですね。新町ではだめだ、羽根田にやらせようとなってくるのは、むしろ自然かもしれません。馬力はあります。でも、彼はやり方が荒っぽいんです。金の使い方も荒っぽいしね。政治家に取り入るため、パーティ券をたくさん買ったりね。運輸族の二階俊博さんなんかと親しく、国交省の岩村元次官なんかにも、パイプがある。政官界向けの顔は持ってます。動きは詳しくは分かりませんが、利光さんが作った政治家との関係を引き継いでいるんじゃないでしょうか」

元常務による羽根田評だ。

「この時期、羽根田さんがＪＡＬの社長になっていたら、あの会社も変わっていたかもしれません。うちとしても、羽根田社長の誕生は警戒していました」

ライバルのＡＮＡ幹部社員がそう振り返るほどの実力者だ。剛腕だけに、社内の期待も高かったといえる。その羽根田を旗頭にし、営業、総務、広報、そして一部の新聞記者がまとまっていった。攻撃相手は、新町社長のみならず、黒幕と目された秘書部長の安永だ。総務担当の元幹部社員が明かす。

「安永さんと羽根田さんは、ともに酒癖がよくないんです。それで一度、ふたりが激しくケンカをしたらしい。赤坂の飲み屋でね。お互い相当に殴りあったらしい。そのとき、安永さんの眼球に傷がついてしまったそうです。以来、ふたりはいがみ合うようになったと聞いています」

そんな因縁《いんねん》もあったため、羽根田はクーデターの御輿《みこし》として適任だったのかもしれない。当の本人は、どのような動きをしたのだろうか。〇六年の年明け、東京・目黒区内にある羽根田の自宅の玄関先で、本人に直接尋ねたことがある。

このときのJALは、新町社長、羽根田副社長、西塚専務という三代表取締役体制を敷いていた。兼子のCEO退任後、対外的にJALでは、新町社長を中心とする三役のトロイカ体制で運営されていることになっていた。そのなかで羽根田は、社長補佐、統合推進本部副本部長に就任。運航トラブル対策の責任者でもあった。

取材は〇六年一月九日、羽根田が国交省航空局へ出向き、改善策の提出をやり直したばかりのころだった。まずは、航空トラブルや赤字決算について、経営陣の責任をどう見るか。そこを聞いた。

「相次ぐトラブルに対して国交省から、改善策の再提出という異例の要求をされましたが、どうお考えですか」

夜の十時を回っていた。会合の帰りらしく、やや酒が入っていたようだが、酔っている様子はない。羽根田は慎重に言葉を選びながら、あくまで冷静に答えた。

「世間では誤解されていますが、あれは再提出ではないんです。たしかに去年の三月に国交省航空局から事業改善命令があり、厳しく指摘されました。それはもちろん重く受け止めています。しかし、そこには、トラブル原因としてヒューマンファクターという観点が盛り込まれていなかった。その改善点を指摘していただいて、一月九日に出し直した。つまり業務改善策の追加提出なのです」

しかし、前年暮れに航空局がそれまでの改善策で「おおむね大丈夫」と発表したばかりだ。その直後の改善策の提出要求である。やはり、トラブルがおさまらないので、慌てふためいて改善策を練り直させた、と言ったほうがいいのではないか、とボールを返すと、羽根田はこう切り返した。

「最初は国交省としても、人的なミスという視点を欠いていたのではないでしょうか」

そして、いよいよ本題に入る。みずからを推すクーデター計画について、ずばり質問してみた。

「実はJAL社内では、もう新町さんではもたないのではないか、という声があがっています。羽根田待望論が社内で渦巻いているようですけど」

そう問いかけてみた。すると、やや頬をゆるめながら、答えた。

「それはあるかもしれない。けど、私はやりません」

一瞬、目が光ったように感じた。こう言葉をつないだ。

「いまやＪＡＬはどん底に落ち込んだ。やることはいっぱいある、と私は思っています。だから、前途は洋々たるもんだ、と社内で言っているんです。私は私なりの視点から、会社の改善点を仲間には伝えました」

そう話すと、ひと呼吸置く。なにやら考え込んでいる様子でもあった。

「それが羽根田さんに対する待望論になっているのではないですか。新町体制の問題として、裏で操っているとされる安永さんの問題を指摘する声もあり、それらが怪文書となって、国交省の耳にまで達しているのでは」

今度はそう尋ねてみた。すると、やや気持ちを高ぶらせながら、声が大きくなる。

「その問題は、国交省も気にしているのでしょうね。ただし、そんなものは芯を食った話ではない。安永は単なる執行役員ですから、その話はたいした問題ではないのです。派閥抗争なんて、まったくありません。それはくだらない議論なんだよ」

とくに営業派といわれる幹部たちは、羽根田のことを頼りにしている。それを伝えると、羽根田の言葉はますますヒートアップした。

「社外の人はあまり知らんでしょ。私が営業（現場）にいたのは、二年もないんですよ。社内で私が営業派だという人がいるかもしれないけど、利光さんに直に仕えたのは三カ月しかないんだし、全グループ社員にとっては、営業派かどうかなんて関係ない。そもそも待望論なんていうのは、うちの連中が言っているわけでしょ。彼らには言っています。そんな（に）人に頼るな、と。坂本龍馬しかり、吉田松陰しかり、幕末だったら、みな二〇代にして自分たちの足でしっかり立ち、あれだけのことを成し遂げたんです。若い人にはそのくらいの気概を持ってほしいんです」

そこで、最後に聞いた。

「いまの代表者には退いていただいたらどうか、という声もあるが、それをどう思うか」

すると、はっきりとこう言った。

「私も、そこはまったく異論がありません。現に私は、社内でそういう話をしています。もちろん、いまの社長ともその議論はやってますし、役員のあいだでもやっています。企業の立て直しは、つまるところ人事の刷新しかない。もっと若手を登用すべきではないか、という意味でね。そこは、間違いではない」

つまり、新町を含めた代表三役の引責辞任ということか。

「まあ、私も含めてそうです。できる限り（働きかけていく）。ただ、副社長といっても、人事には限界がある。人事を決めるのは、社長でしかないんです。だから、その結果にはしたがう、ということ。社長がやるしかないのです」

あくまで「私の立場では、新町社長を支えていくとしか申しあげられません」と言いながら、代表権のある新町社長、羽根田副社長、西塚専務は総退陣すべきだと明言する。矛盾した発言の裏で、羽根田は決意を固めているかのように見えた。

羽根田の言う代表者三人の総退陣。実際、ＪＡＬには、そのくらいの荒療治が必要だったのかもしれない。みずから代表の座を辞する代わりに、社長にも退陣を求める。つまり刺し違えようという話だ。権力奪取の目的ではないのでクーデターとは呼べないが、代表権のある三役の総退陣となれば、革命的な出来事に違いない。

このときグループ内では、新たな財界人の会長就任まで囁かれはじめていた。それもある種、政権交代計画の一環といえた。

副社長が社長に辞任を迫るという事態。その対応について、社長の新町にインタビューした際、ストレートに聞いてみた。

「羽根田副社長からいっしょに代表を降りよう、と諭されたそうですね」

そう水を向けると、それまでの笑みが消え、顔色が変わった。

「それは、いつのことですか。誰ですか、そんなことを言ったのは。羽根田？　彼がそんなことを言うはずがない」

しかし、ＪＡＬの社長が、その退陣要求を否定すればするほど、なぜか現実味を帯びているように感じた。とともに、会社の抱える病巣がますます深く広がっているように思えてならなかった。

唐突な糸山英太郎の退陣要求

《色々なことがあった一年だった。

原油高・鳥インフルエンザ・イラク政情不安・米国南部ハリケーン・パキスタン地震・中国反日デモ・ローマ法王死去等々、世界から切れ目無く流れてくるニュースには人々を悲しませ不安にさせるものが非常に多かった》

二〇〇五年十二月二十七日付、「ＩＴＯＹＡＭＡ　ＥＩＴＡＲＯ　ＯＦＦＩＣＩＡＬ　ＨＯＭＥＰＡＧＥ」は、こう書きだされていた。題名は〈２００５年の反省ＪＡＬについて〉。ＪＡＳとの統合計画が持ちあがったころから大株主である糸山英太郎はいたくＪＡＬに執心し、みずからのホームページに何度も意見を掲載してきた。

糸山は、少年時代にぐれて放蕩《ほうとう》を繰り返し、何度も警察の厄介になったという。それでも日大卒業後、実父の創業したゴルフ場開発会社「新日本観光興業（現・新日本観光)」を運営するようになり、実業家の仲間入りをする。右翼の大立者だった笹川良一の姪婿としても知られ、その筋とのかかわりもしばしば取り沙汰されてきた。とかく話題の多い人物である。

政界では、一九七四年七月に中曽根康弘の秘書から自民党公認を得て参院選に出馬。三二歳で国会議員となる。糸山陣営の一六〇人近くが選挙違反で逮捕されるという前代未聞の選挙戦では、笹川良一の実弟で糸山の義父にあたる笹川了平まで検挙された。その後、八三年の衆院選で鞍替え当選し、九六年まで国会議員を務めた。八九年には、宇野宗佑政権下の自民党国会対策副委員長に就いたものの、女性スキャンダルが発覚した宇野の辞意を記者団に漏らし、顰蹙《ひんしゅく》を買う。安倍派だった東京都知事の石原慎太郎とは、いまでも昵懇とされる。

総資産は実に五四〇〇億円。投資家としては、中山製鋼所の仕手戦が有名だ。笹川家の力を借り、大物相場師の近藤信男らを打ち負かしたとされる。JALのほか、テレビ東京の大株主でもあったが、投資先と悶着を起こしては、注目を集めてきた。

糸山は新日本観光の会長として「糸山政経塾」を主宰し、東京都港区にある持ちビル「ザ・イトヤマタワー」の一七階に住んだ。〇三年七月には、そのザ・イトヤマタワーの自宅で一六歳の少女を買春した疑いが発覚した。本人は相手が一八歳未満とは知らなかったとして無罪放免になるが、紹介者の元暴力団関係者は逮捕される。

そんな糸山がJALの筆頭株主に躍り出たのは、国会議員時代のことである。自著『ケンカ哲学』(河出書房新社)によると、〈(投資した)きっかけは、国際興業の社主でJALの会長もやった故小佐野賢治さんに勧められたからだった〉(原文ママ)という。

〈小佐野さんは、故田中角栄元首相の〝刎頸の友〟といわれロッキード事件ですっかり悪名を馳せてしまったが、私は昭和の日本を代表する稀代の大実業家だと思っている。甲州商人の発祥の地、山梨県に生まれ、小学校を出ると、自動車部品会社の丁稚《でっち》から身を起こしてホテル、ゴルフ場、運輸、観光、不動産など約40社の一大コンツェルンを築き上げた〉

元衆院議員でJALの筆頭株主だった糸山英太郎

小佐野をこう持ち上げ、〈私が政治家になったときの後援会長でもあった〉と書く。

〈小佐野さんから生前、私は何度となくJALの株を買うように誘われていた。

「糸山君、やっぱり空はロマンだよ。君みたいな若いもんがロマンを持たなくてどうするんだ。これは日本のための投資でもあるんだよ」

小佐野さんは運輸界のドンだった。バス事業を成功させて陸を制し、次は空へと野望を膨らませていた。昭和30年代からJALの株を買い始め、45年には個人筆頭株主になり、取締役会長にもなった〉

糸山と小佐野がどれほどの間柄だったか。それについては定かではないが、糸山にとって小佐野が憧れの存在だったのは間違いないだろう。小佐野がJALの大株主になったのは、事実上の創業者である二代目社長、松尾静磨やその懐刀だった専務の斎藤進との関係があったからだ。とりわけ、戦時中の満州航空出身で、JALの礎を築いた斎藤は、満州浪人たちとの人的なパイプが太かった。ロッキード事件で摘発された右翼の児玉誉士夫や小佐野賢治らとの付き合いがあったのも、そうした歴史的な背景がある。斎藤は組合対策に右翼を使ったとも伝えられる。

自著にあるように、その小佐野から糸山がJAL株を買うよう誘われたのは事実だろう。一九七八年ごろのことだそうだ。このとき糸山は、額面五〇〇円のJAL株を三〇〇円で一〇〇万株購入したという。当初の投資額は三〇億円という計算になる。

〈もちろんその時は、まさか自分が筆頭株主にまでなるとは夢にも思っていなかった。「小佐野のオヤジにあそこまで言われたらしゃあないなぁ。遺言だと思って買ってお

くらいの軽いノリだったのだ〉

小佐野賢治が死亡したのが一九八六年十月のこと。『ケンカ哲学』はこうつづく。

〈小佐野さんが亡くなってしばらくすると、私のところに総会屋といわれている河合大介氏が訪ねてきた。彼は私の旧くからの友人で小佐野さんとも関係があった。その河合氏が、こう言ってきたのである。

「糸山さん、ひとつＪＡＬを助けてやってくれないか。国際興業も苦しいんで……」

要するに、ＪＡＬの株価が低迷していたので、私に「買い」に入ってほしいという依頼だ〉

大物総会屋からの支援要請で、ＪＡＬに投資したのだという。ＪＡＬには、この手の因縁ある株主が少なくない。株主にとって、株価が下がれば損が出るので、買い支えてもらおうとしたのだろう。

小佐野が鬼籍に入ったのは、奇しくも、御巣鷹山の事故から一年あまりあとの出来事である。急落したＪＡＬ株を買い支えたのが、糸山だったのである。そうして「平成７（一九九五）年には１２００万株」（同書）を保有する個人筆頭株主に躍り出る。いっときは生損保や銀行など機関投資家よりも多くの株を保有した。そうして糸山英太郎は個人の大株主として、経営陣に圧力をかけつづけてきたのである。

ＪＡＬにおいて、とりわけ糸山の影響が顕著になったのが、兼子勲の社長時代だろう。二〇〇二年、糸山は個人筆頭株主としてエグゼクティブ・アドバイザーという肩書を得る。和訳すれば、特別顧問だ。当時の持ち株七四五〇万株は、ＪＡＬの発行済み株式のおよそ四％を占めていた。

当人にとっては、保有しているＪＡＬの株が膨大なだけに、株価が気がかりだ。株を買い占めた当時のＪＡＬの株価は、五〇〇円前後だったとされ、投資額は三七五億円にのぼる計算になる。それが、航空トラブルや赤字決算のせいで、その株価は三〇〇円そこそこに急落してしまう。単純計算で、およそ一五〇億円もの巨額含み損が発生していることになるのだ。糸山は経営状態をさぐりながら、どの時点で株を売り払おうか、ころあいを見計らっているのではないか、とも取り沙汰されてきた。

なにしろ、うるさ型の株主である。

住まいのイトヤマタワーには、ＪＡＬの歴代社長が就任あいさつに出向かなければならない。ＪＡＬ社長の糸山詣《もう》では、なかば恒例行事になってきた。ちなみに、会社更生法を申請するまで社長だった西松遙も例外ではない。客室乗務員を連れ、糸山を表敬訪問した姿が週刊誌にキャッチされ、会社の評判を落とした。

糸山詣では、新町のときにもあった。最大労組JALFIOの執行部にいたOBが振り返る。

「新町さんは社長就任早々、イトヤマタワーにあいさつに行きました。そのときの様子が、社内で漏れてきました。なんと、『糸山株主は天皇陛下の次に偉い方だと思っています』と持ちあげていたとか。本当かどうかわかりませんが、それはいくらなんでも褒めすぎだろう、と社内で笑われていました」

その追従《ついしょう》の甲斐あってか、糸山自身も、はじめは新町体制を支える姿勢を見せていた。

《過日、このHPに書いたようにその富を享受した私は圧倒的な勝ち組となったわけだが、唯一JALの建て直しに時間がかかっていることについて反省をしてみたい》

先に紹介した〇五年十二月二十七日付のホームページには、こう書いている。

《昨日、JALの「安全アドバイザリーグループ」が安全への提言をまとめ、新町敏行社長に手渡した。

「組織の硬直化など〝大企業病〟が進行している」と診断した上で、「旧日本エアシステムとの統合など大転換期だけに、全社員の発想の転換が必要」と、意識・組織両面で根本改革を求めた。

役員・社員の古い発想や労使のわだかまりをすぐに捨てて、安全と最高のサービスを提供するエアラインになれと一年言いつづけてきた私にとって目新しさは無い》

運航トラブル発生以降の「安全アドバイザリーグループ」などよりずっと以前から、新町を励ましつづけてきたと言わんばかりだ。特別顧問に就任し、新町体制をバックアップすることにより、JALを牛耳ることができると考えてきたからかもしれない。少なくとも、このときまでの糸山は、新町に同情的だったといえる。

だが、一連のクーデター計画を察知したからだろうか、年が明けると、その態度が明らかに変わる。決定打は、二月六日付ホームページだ。題して《JAL現経営陣との決別　JALはライブドアと同じか》。

《先週来、新聞・雑誌社から取材依頼が来ており、ライブドア事件に関することかと思ったらJALに関するものであった。「どうもJALがおかしい」とのことで、筆頭株主・最高顧問である私の意見を聞かせて欲しいとのことである》

冒頭、こう前置きし、次のように書いている。

《私は、兼子前社長の推薦に依る新町社長の就任、そしてその後の会社経営に関して応援団の1人であったことは間違いない。（中略）しかしながら、現状を見る限り私の期待は見事に裏切られたとしか言えない》

ライブドア事件が発生した折のことだ。堀江貴文の粉飾決算にひっかけ、ＪＡＬが発表した〇六年三月期の四七〇億円という赤字見込みについて、「ホリエモンの行ったことと大同小異である」と痛烈に批判している。さらに側近政治についても触れている。

《メディアの方々、ＪＡＬ社員そして友人から指摘されるのが、社内問題である。それは新町社長が会社運営を執行役員ＹとＨを取り巻きとして行っており、ＪＡＬを非常に風通しの悪い会社にしているというのだ》

繰り返すまでもない。Ｙとは秘書部長で上席執行役員の安永純雄のこと。Ｈは定かではないが、安永の先輩秘書部長、あるいは関連事業担当の執行役員を指すものと思われる。こう辛辣《しんらつ》な指摘をする。

《私は、新町社長の口から「あの人は…派、あの人は…派」との言葉を聞いている。この言葉を聞いてこの人にＪＡＬの経営は任せられないと思った。ＪＡＬ再建に最も重要なことは、全社員が志を1つにして目標達成に邁進せねばならないのに、会社トップがこのようなことを言っているようではまとまる訳がない》

正論ではある。そして、こう締めくくっている。

《はっきりと申し上げたい。ＪＡＬ再建は残念ながら新町社長のもとでは出来ない。

今まで支援してきた私としては断腸の思いだが、新町社長の早期退陣、外国人を含む経営者の下での再建を提案する。(中略)新町社長が居座る場合、次回株主総会での議決権を会社側に与えることはしない。志を同じくする方々にはぜひ行動を共にするようお願いする》

新町社長に対する明らかな辞任勧告である。どのような情報をもとに、糸山がここまで書いたのか。それは確かめようもない。が、このとき新町降ろしの火の手が、真っ赤に燃えあがったのは間違いない。

奇しくも、私がＪＡＬの新町社長にインタビューを申し込んだのは、この糸山ホームページの少し前のことだ。取材テーマは、「止まらない航空トラブル」「告発文書や怪文書騒動」そして、「赤字転落の経営再建」といくつもあった。なかでも、営業派のクーデター計画をはじめとする社内の動揺は、ＪＡＬにとっての大問題である。

実際のインタビューは、糸山の社長退陣要求がホームページに載った翌日。個人筆頭株主にここまで言われたら、社長としても無視できない。そんな状況だったはずである。

社長の動揺

「どうぞ、なんなりと質問してください」

　ＪＡＬ本社の役員応接室で会った新町は、思った以上に腰が低い。整った白髪に、仕立てのよさそうなグレーのダブルのスーツがよく似合う。

「昨日付けの糸山さんのホームページですが、ご覧になりましたか」

　大株主の辛辣な退陣要求をどうとらえているか。いきなり質問してみた。ストレートな問いに対し、本人は明らかに面食らっている。ピンクの混じったチェック地のシルクのネクタイに手をかけ、質問を聞き返した。

「え、ホームページですか」

　ソファーに浅く腰掛け、身を乗り出すようにして私の言葉を確かめようとした。

「ええ、ホームページの記事です。ぎょっとしたんですけど、新町さんはもう退陣しろ、というふうに書かれてますね」

　ホームページのコピーを差し出す。一瞬言葉に詰まったような感じだ。新町はまさに目を皿のようにしてそれを見つめ、ようやく口を開いた。

「（糸山は）私どもの個人筆頭株主ですから、もちろん知ってはおります。節目節目で、ごあいさつや経営の状況をご説明してきました」

新町は糸山英太郎のことを「糸山株主」と呼んだ。こう言葉を絞りだす。

「糸山株主は、いつもホームページに、厳しいことを書かれます。ホームページの中身については、われわれも、きちっと把握しながら頭に入れてやってはおります。けれども、基本的には正しいことをおっしゃっていただいている。確かに株主にとってみれば、非常に厳しい経営決算で、無配ということにさせていただいています。それに対しては、私も責任を感じてますんで、厳しいお叱りはごもっとも。だから、特別に今回厳しい指摘だとは見ていません」

実際、赤字を計上するのだから株主配当などできない。そこについては、糸山も了解してきたはずだ。そのうえで、これまでバックアップしてきたのである。ところが、その態度を急変させ、唐突に退任勧告をしてきたのが、このホームページなのだ。

「大株主といえども、ここまで言うのはどうでしょうか。JALの経営陣は、糸山さんに弱腰すぎるのではないですか。新町さんは社長就任早々、糸山さんのことを『天皇陛下の次に偉い人だ』と持ちあげたそうですが」

そう聞いてみた。すると、ソファーから身を乗りださんばかりに、大きく手を振りながら、否定する。なぜか、急に饒舌《じょうぜつ》になった。

「いやいや、そこまでは言っていません。私が糸山さんに申し上げたのは、『筆頭株主として大切である』ということ。したがってエグゼクティブ・アドバイザー（特別顧問）という位置づけにもなっていただいたわけなんです。糸山株主に関しては、社長に就任した最初の株主総会から、いろんな質問がありました。そのなかでも、『国政に携わった方だし、教育にも熱心で、学校ももっておられる。大きな企業の経営者でもありますので、それは立派な人材、人物であるというふうに思って、私たちはエグゼクティブ・アドバイザーになっていただいた』と説明しました。しかし、畏《おそ》れ多くも天皇陛下の次に、という言葉などは、いっさい使ったことはありません」

ＪＡＬはこのとき再生中期プラン作成の真っ最中だ。大株主とはいえ、そんなときに社長の退陣を口にすれば、どうなるかは自明ではないか。関係者に動揺が走るのは必至である。ひょっとして、社長の退任は既定路線なのだろうか。

「糸山さんの要求にある、ご自身の退陣は、考えられているのですか」

念のため、そう尋ねてみた。が、やはり社長の椅

貨物部門から九代目社長に就いた新町敏行

子を手放すつもりはないと言う。

「糸山株主からは、いつも厳しいご意見を頂戴していますので、これで社内が動揺していることはありません。私自身は、ＪＡＬの再生プランを成し遂げて、軌道に乗せるのが経営責任だと考えています」

新町は、糸山のホームページに対する心の揺れをあらわすかのように、何度も同じ言葉を繰り返した。動揺を押し隠すように、ときおりひきつった笑みを浮かべる。

もともと貨物出身という傍流であるがゆえ、みずから拠《よ》って立つ社内基盤はもろい。それが、すでに崩れつつあった。そのことは本人も察知していたに違いない。そこへ突きつけられたのが、個人筆頭株主からの退陣要求だったのである。

だが、新町にとって、本当にこたえたのは糸山発言ではない。営業派の頭目といわれた副社長の羽根田勝夫による「三役総退陣」の進言に違いなかった。

「代表三役の総退陣もあるのでは」

こう話を振ったとたん、新町は血相を変えた。もはや笑顔を浮かべる余裕はなかった。顔が紅潮し、早口になる。

「そっ、それはない。彼は私をサポートすると言ってくれていますから。それは、事実としてありません」

その動揺は、次の質問をしたとき頂点に達した。

「この件は羽根田さん本人から聞いたのですが……」

新町体制の崩壊

副社長の羽根田担ぎ出しを呼び掛けた新聞記者のブラックメール騒動から当の羽根田本人による三役総退陣要求、さらにうるさ型の糸山英太郎による退任勧告——。このときの新町敏行は、八方ふさがりのように見えた。

「いやいや、それは辞めろ、と言う人はいっぱいいるでしょう。けれども、つづけろ、という励ましもあります。私は信念を持って、この会社のためにやっていきますから、外野の声は気になりません。私は去年、突然株主総会の議長になり、そのときも大変厳しい状況でした。しかし、私はそれらを乗り越えていかなければいけないと思っています」

インタビューで向き合った新町は、繰り返しそう抗弁した。秘書部長の安永に関する風評や怪文書の件をどう考えるか。それについては、こう答える。

「ほんとに残念なことに、何かあると、怪文書のような形で外に訴える風潮が、この会社にあるのは事実です。この風土そのものを変え、企業として生まれ変わらなければならないと思っています。たとえば言われた（安永に関する側近政治）、これは事実じゃありません。彼は会社のために一生懸命仕事をやっているだけ。人事について私は、別に彼ばかりでなく、いろんな人の意見を聞きながら決めている。それを、彼が独断でやってるなんて、ありえないことです。事実じゃありません。捏造《ねつぞう》もいいところですね」

〇五年暮れから〇六年の年明けにかけ、ＪＡＬでは連日、役員面接がおこなわれた。赤字経営からの脱却を目指し、人事の刷新による重役の若返りを図る。それが役員面接本来の趣旨だった。

その面接官は当初、社長の新町と副社長の羽根田のふたりがそろって務めることになっていたという。ふたりの眼鏡にかなった新たな体制づくりをする。そういう方針だったはずだ。

だが、なぜか、役員面接は、新町ひとりだけでおこない、羽根田は面接に加わらなくなる。羽根田が、代表権のある社長、副社長、専務という三役総退陣を主張したのは、そうした役員面接がおこなわれる直前のことだったという。

新町は三役退陣の進言を頑《かたく》なに拒んだ。結果、羽根田は役員面接を拒否したのではないか。面接官の拒否は、退陣を受け入れなかった新町に対する抗議行動だったのではないか。社内でそう見る向きもあった。それについて、新町に尋ねてみた。

「彼は事業統括という立場ですから、たしかに最初は、面接をふたりでやったほうがいい、という話し合いはしました。ただ最終的に、彼がひとりでやったほうがいいと言ったのです。ＣＥＯ、社長として、責任を持ってそうしたほうがいいと。それは、彼との合意の上で決めたことです。だから、羽根田がその件で不満を持っているはずがない。そのあたりは、お互いに意思の疎通ができています」

　はじめは落ち着いて、そう答えていた。

「彼はいままで、事業会社（持ち株会社ではなく、中核運航企業のＪＡＬインターナショナル）の社長をやってきたわけですからね。一連の航空トラブルがあって、経営のけじめをつけた。それで、兼子が退いて、私が社長兼ＣＥＯになり、羽根田が事業会社の社長からＪＡＬ（本体の）副社長になった。そこから、羽根田はＪＡＬの事業統括をしているんです」

　とこうつづける。

「なにも、私でなければ駄目だと言わんがためではない。言ってみれば、この人がい い、この人が悪い、という社内の声はあるでしょう。でも、いまはそういう段階ではないのです。まずは、この会社をどうやって再生していくか。そういうことだと私は思います。いまは私がCEOで社長ですから、まず私がやらなければいけない、ということです。羽根田も、『俺はアシストするから、お前が最高責任でやっていかなければいけないんだ』と言ってくれていますよ」

ところが、問題は兼子体制から新町体制に代わってからも、いっこうに経営が上向く兆候が見られないということではないだろうか。だからこそ、社内で羽根田の担ぎあげ騒動が起きたのだろう。

「いったい誰ですか。羽根田が新町に退任要求をしたなどと言っているのは」

新町は逆にそう質問してきた。そこで、やむなく答えたのである。

「それは羽根田さんご本人です」

新町は目が泳ぎ、言葉を失う。かろうじて低い声で聞き直した。

「いま、な、なんと言いました？　いやいや、それはない」

まるで自問自答するかのように、声がしぼんだ。

「正確に言いますと、私も辞めるから、三人そろって責任を取ろう、と」

そうたたみかけると、さらに聞き返してきた。

「それは、いつ？　羽根田はいつ退任を進言したって言ってました？」

三役の退陣を提案した正確な日時は聞いていない。

「昨（〇五）年暮れあたりかもしれませんが、今（〇六）年に入ってからかもしれません。いつか、とは聞いていませんが」

そう告げると、少しだけ安堵したように、同じ言葉を繰り返す。

「あ、それはない、ないですね。私は人を信頼します。だから、天地神明に誓ってそれはありません」

人を信頼するとは、退任要求を口外しない約束を交わした、という意味だろうか。

「羽根田さんはこういう言い方をしていました。『ここまでトラブルや経営問題で会社がバタついてくると、やはり代表者として責任をとらなければいけない。で、この際だからもう少し若手を登用していくように人事を改めたほうがいいんじゃないか』と社長に進言した、と」

それとも、羽根田が嘘をついているということか。念のため、そうたしかめてみた。

「私は人が嘘をつく、なんていう言葉は使いません。いや、進言の前に、私は逆に彼にも言っているんです。今回の人事には、経営のスリム化と若返りが必要だとね。私自身が、言ってることですから」

社長と副社長のあいだで、真っ向から事実説明が食い違っている。そんな一流企業はあまり見たことがない。もっとも、社長インタビューの直後、広報部から連絡があった。

「羽根田は三役退任要求などしていない、と申しています」

なんとも不穏な動きをする会社である。しかし、事実上、すでに新町に対して社内の人心は離れていた。

このとき新町は、多くの権力者が抱えてきた、不安と錯覚に陥っていたのではないだろうか。もはや拠って立つ権力基盤が崩壊し、長つづきしないことに感づいている。が、それを周囲が打ち消して、安心させてきた。その役割を担っていたのが、秘書の安永だったのではないか。

羽根田本人に権力奪取の意志がないため、いったん営業派副社長の担ぎ出しは失敗に終わる。羽根田擁立に動いてきた当の元役員が、その失敗原因について振り返る。

「羽根田さんを推していた人たちは、いつでも会社を辞める覚悟でことにあたってきました。常に、辞表を懐にしのばせ、ことがあれば、新町に直談判しようと思っていた。そうして羽根田さん自身を説得してきた。いいところまでは行っていたはずです。ところが、肝心の本人が最後までその気にならなかった。結局、みずからトップになって会社を切り盛りしていく決断ができなかったのでしょう。それで三役総退陣なんて話になり、グズグズしていた。そのうち、別の動きが起きてしまったのです」

あげく羽根田自身、あれほどはっきり明言していた「新町への三役総退陣要求」についても、前言を翻《ひるがえ》してしまう。電話でこう伝えてきた。

「私はあくまで新町さんを支える立場だ。だから、三役の総退陣など迫ってはいません。そう訂正してください」

これが新町インタビューの翌日のこと。それからわずか二日後、四人の役員が動く。

もう一つのクーデター騒動が勃発するのである。

第七章　最後の転機

四人の役員は互いに目配せし、社長室のドアをあけた。すると、驚いたことに目の前に、見慣れた白髪の社長が立っている。まるで四人を待っていたかのように、部屋の主に動じた様子はなかった。

「君たちが何しにやって来たのか。私には、もうわかっているんだ」

四人はあいさつする間もなく、いきなりそう言葉を浴びせられた。会話の口火を切ったのは、部屋の主のほうだ。ＪＡＬの社長、新町敏行である。

「わかってるんだよ。責任をとって、私にＣＥＯ（最高経営責任者）を辞めろ、と言いたいのだろう」

日ごろの温厚な社長ではない。面食らった四人組は、たじろいだ。

そろってＪＡＬ本社の社長室を訪れたのは、深田信、岸田清、大村裕康、高橋哲夫の四役員だった。〇六年二月十日午前十一時ちょうどのことである。彼らは、ＪＡＬ

社内でクーデター四人組と呼ばれた。このとき彼らが社長室を急襲した、と報じたマスメディアも少なくない。だが、実は事前にアポイントメントを入れていた。新町にとって四人の訪問は、文字どおり予測できた行動だったのである。待ち構えていた新町は、四人の顔を見るなり、睨みつけた。

「言っておくが、僕はね、何を言われたって、とにかく辞めるわけにはいかないんだよ」

こうまくし立てた。

「社長の椅子にしがみつくわけじゃない。だが、君らにだって責任があるんじゃないか。(国際線を運航する日本航空インターナショナルの)役員なんだからな」

いきなりそう嚙みつかれ、四人は呆然《ぼうぜん》としてしまう。

アポイントが入った段階で、クーデターを覚悟していた新町社長は、先手を打って社長の辞任要求を拒否したのだ。ふいを衝くつもりが、逆になってしまった四役員は一言も口を挟めないまま、呆気《あっけ》にとられていた。

一方的に押しまくられた四役員が、新町社長に対して抵抗を見せたのは、会談の後半にさしかかってからだ。睨みあったまま、おもむろに切り札を取り出した。彼らに賛同している他の取締役やグループ中核会社に勤務する部長たちの署名である。

グループ中核三社とは、ＪＡＬ本体、日本航空インターナショナル、日本航空ジャパンの三社だ。この時点で、部長の署名は五七人に上り、賛同役員は一〇人を数えている。役員の署名数は、中核三社の総役員一九人の過半数にあたるのである。

四人組が手にしていた二種類の署名は、「血判状」と呼ばれた。四役員は社長の鼻さきに、その血判状を突きつけた。

「銀行管理とか、いろんな話まであります。この際、責任論ではありません。そうなる前に思い切って体制を刷新すべきでは……」

きっかけは「再生ビジョン」の失敗

四人組に賛同していた重役のひとりが、クーデターの内幕を明かす。

「四人が動き出したのは、〇五年十一月にＪＡＬ再生ビジョンが発表されてからでした。そこで、一月一日からの社員の基本給（平均）一〇％カットを打ち出したが、新町社長はそれをすぐに撤回し、四月一日からスタートさせる、と訂正したのです。しかし、そのあとも労働組合との話し合いは進まない。このままだと、とてもＪＡＬの再生は覚束《おぼつか》ない、という閉塞感が社内に充満していきました。そうして昨年末から今年にかけ、新町社長によるグループ三社の役員面接がはじまった。そのあたりから、四人が話し合いをはじめていったのです」

きっかけは新町体制の下で発表された「再生ビジョン」の失敗だという。

前述したように、経営不振のつづいたJALでは、例年二月に三カ年の中期経営計画「再生中期プラン」を公表してきた。それに先立ち、前年に素案を公表する。それが「再生ビジョン」だ。新町社長体制では、〇五年十一月にそのリストラ計画を発表した。

再生ビジョンはあくまで素案であり、できる限り早急に、正式な中期経営計画を公表しなければならない。当初、その計画の発表時期を二月と定めていた新町は、発表予定時期を三月二日に先送りし、通常の三年計画から五年計画に変更してしまう。発表の時期を遅らせた原因は、副社長の羽根田勝夫たちの不穏な動きを察知していたからだ。しかし、頭を悩ませたのは、副社長派の造反だけではない。

「賃金の一〇%カットにしろ、今度の中期経営計画を持って、組合を説得していかなければならない。二〇一〇年にいわゆる羽田空港の拡張があり、ビジネスチャンスが広がりますから、そこに向かって成長軌道に移すべく、シナリオを描いていかなければなりません」

新町自身、インタビューでみずからこう話していた。再生ビジョンの中身は社員の賃金カットや不採算路線の縮小などだ。だが、それに労働組合が反発し、計画が暗礁に乗りあげてしまう。新町は、〇五年十一月に発表して以来、揉めつづけているＪＡＬ再生ビジョンの練り直しを迫られていた。

中期経営計画は資金繰りの支援を要請するための計画だ。それすら作成できないとなれば、ＪＡＬは政府や銀行団から見放されることになる。新年度がスタートする〇六年四月までに再生中期プラン（中期経営計画）を作成しなければ、融資を打ち切られるおそれもある。それこそ会社は大変な事態に陥るのだ。

再生中期プランは、いわばＪＡＬにとって墜落しないための命綱だった。安全対策をはじめ、国際路線の赤字解消や航空機の買い替え。このときの中期経営計画では、根本的な経営改革が求められていたが、なかでも「待ったなし」なのが賃金カットだ。しかし、その三月の計画発表まで、すでに一カ月を切っているにもかかわらず、労働組合を説得できていない。いまだ先行きが見えない有様だったのである。

新町にとって、賃金カットの最大の難関が、九つも乱立するＪＡＬグループの労働組合である。

ＪＡＬの労組は、当時九組合まで膨らんでいた。その九労組が、いっせいに反対の声をあげたのである。先鋭的な乗員組合はむろん、常日ごろ御用組合と揶揄されてきた最大労組のＪＡＬＦＩＯにいたるまで、例外なく、新町の打ちだしたリストラ策に抵抗した。おかげで当初、〇六年一月一日から実行する予定だった賃金カットは、四月一日へと大幅な延期を余儀なくされる。

「基本給の一〇％カットといっても、削減できるのは六〇億円程度です。ＪＡＬグループ五万人全体の人件費三〇〇〇億円から見たら、わずか五％のコストカットにすぎません。これでは（〇六年三月期の）四七〇億円の赤字は、とうてい埋まらない。経営陣は、この程度のリストラ策で右往左往しているのですから、先が思いやられます」

経営企画室にいたことのある幹部社員は、そう嘆いた。リストラ計画つまずきの原因は経営陣にある。年末から年明けにかけ、新町たちはろくな組合交渉ももたなかった。それで、組合員を説得できるはずもない。

年末に固めるはずだった再生中期プランは、その発表が二月二十四日から三月にずれ込んだが、その一方で、国交省に対し、いまだつづく航空トラブルの防止策を再提出しなければならなかった。新町は、まさに四方八方から難題を突きつけられていたといえる。

中期再生プランには、社員の基本給一〇％カットのほか、国際線の縮小も盛り込まれた。しかし、どれも焼け石に水で経営改革にはほど遠い、というのが、専門家たちの大方の見方だった。

国際線縮小でいえば、すでに〇五年十月から福岡─ホノルル、成田─サイパンなど、赤字のリゾート路線を中心に六路線から撤退していた。それに上乗せして四月以降に四路線を運休する計画だった。そんな細かい路線の撤退やリストラ計画では、しょせん業績の急回復など望むべくもない。社内の試算でも、路線の再編はせいぜい八〇億円のコストカットにしかならなかった。

そもそもJALは、ANAに比べ、飛行距離の長い国際線の比重が高い。そのため長引く原油高騰による燃料費の高止まりが収益を直撃したという面はあるが、それより燃費効率の悪い機材を使っている悪影響が大きい。ジャンボ機のボーイング747やDC-10などがその代表例で、ようやく機材の改善策に乗り出そうとしていた。が、むろん飛行機を買い替えるには費用がかかる。赤字会社にとっては、かなり苦しい選択なのである。結果、計画そのものが不安視された。

そんな〇六年当時のJALにとって、さしあたって最大の懸案事項が、巨額の転換社債問題だった。二〇〇七年以降、一〇〇〇億円という途方もない借金返済が迫っていたのである。万年赤字の会社が、これだけの重みに耐えられるわけがない。

原因は〇四年四月に発行したユーロ円建保証付転換社債だった。転換社債は、投資家が満期を迎えると、そのまま社債を株式に転換するか、あるいは社債の金額を返してもらえる。その金額を転換価格といい、あらかじめ決められている。通常、投資家は満期を迎えた時点で、会社の株価が転換価格を上回っていたら、株に換える。そうすれば会社側にとっては、株券を印刷するだけで済む。反対に、株価が転換価格を下回れば、投資家に現金をそっくり返さなければならない。JALの場合、その転換価格が四四〇円だった。株価がこれを下回ってしまえば、巨額の借金に追われる羽目になる。

「JALの転換社債はプットオプションという条件付社債でした。満期は二〇一一年ですが、来年（〇七年）一月から二月にかけ、投資家が償還（返済）要求することができる。現在のJALの株価は、せいぜい三〇〇円台ですから、投資家たちは転換価格である一株四四〇円の返済を求めてくるでしょう。つまり、JALの株価がこのまま低迷すれば、一〇〇〇億円の借金を新たに返さなければならないのです」（証券会社のアナリスト）

その場合、銀行から融資を受けるか、または改めて新規に社債を発行することもできなくはない。しかし、そこでネックになるのが、会社の格付けである。

「〇五年十一月、米大手格付け会社であるスタンダード・アンド・プアーズが、JALに対し、異例の格下げをしてしまいました。会社の格付けは、社債の発行など、資金調達する際の金利の目安になる。格付けが下がれば、社債の利払いがかさむ。資金繰りが苦しくなるのです。今回の格下げは決算発表前の異例の措置。それだけ格付け会社も、JALを絶望的だと見ているのでしょう」(外資系証券エコノミスト)

となると、銀行借入れが、唯一残された頼りということになる。が、すでにグループの抱える有利子負債は二兆円もある。その多くを、政策投資銀行をはじめ、みずほや三菱東京UFJ、三井住友などが融資している。頼りの銀行団もさすがに慎重にならざるをえない。JALの管理企画部門に長くいた幹部社員が、このときの窮状を明かしてくれた。

「JALの行内格付けを見直し、改めてグループ資産の査定を始めています。銀行管理ならまだいいかもしれない。それこそ、融資を引き上げる、となったらいっぺんに経営危機に陥ることになってしまいます」

経営問題は、まだまだあった。JALでは、前期の決算で五三四億円もの繰り延べ税金資産を経理処理してきたが、これが実に怪しい代物だ。平たく言えば、これは企業が経費を税務当局に認めてもらえると想定し、戻ってくると見込んだ税金分をあらかじめ資産として経理処理する手法である。経営難の銀行がこれを使って自己資本をかさ上げし、国会で問題になったのは記憶に新しい。

しかし、これはあくまで利益の出ている黒字会社に限って許されている制度だ。先々、税金そのものを払わない赤字会社には、その資産計上ができなくなる。

ＪＡＬがまさにそれだ。四七〇億円の赤字会社の業績が一気に上向くはずもなく、株価の上昇も期待できない。その一方、本社ビルや遊休地をはじめとする固定資産は、次々と売り払ってきた。先のＪＡＬ幹部は、こんな絶望的なことまで話した。

「もはや、路線の切り売り程度では、追いつかないところまで来ているのではないでしょうか。赤字を埋める材料がありません。残る手段は、ＪＡＳとの合併解消かグループの優良事業会社を売却していくことくらいでしょう。たとえば旅行業のジャルパックや商社のＪＡＬＵＸ、ＪＡＬカードなんかです。いま、それらを切り売りすれば会社は立ち直れるかもしれませんが、そうなるとグループの解体に等しい」

あとから考えたら、このとき決断すべきだった。だが、経営陣にはそんな危機感がない。それが、この会社の悲劇だった。社長の新町や副社長の羽根田勝夫とともに、代表権を持っていたＪＡＬ三役の一人、西塚英和専務に、実効性の乏しいリストラ策についてただしてみたが、答えは漠然としていてピンとこない。

「たしかに経営は厳しいですが、厳しいからもう駄目だではなく、それを乗り越えるのが経営です。だから、作成中の中期経営計画をきちんと実行していく、というのが自分たちの責任だと新町も申しております。まだ計画発表前なので一般論しか申し上げられませんが、路線を取捨選択して思い切って撤退していく。賃金カットについては、中期計画の前倒しの骨格として打ち出したわけです。それが一月にできなくて四月にやるのは、賃金協定の破棄を含めて不退転の決意で臨むということです。それでも六〇億円のコストカットにしかすぎませんが、それをやらなければ、うちの会社は見捨てられます」

そう言う割には、やはり緊迫感が感じられない。

「御巣鷹山の事故とは性格が違いますが、これは初めての経験です。安全問題と経営の立て直し、ＪＡＳとの統合による十月の完全一社化、それに加えてお客様のＪＡＬ離れをとめる。それらをすべて乗り切らないと生き残れません」

皮肉にも、その形ばかりのリストラ計画の欠陥をずばり指摘してきたのが、ＪＡＬの労働組合である。正論を指摘されるだけに、経営陣はいつも組合にタジタジになってきた。

ＪＡＬの経営上の問題はいくつもある。が、なによりの課題は経営陣と社員との一体感の欠如ではないか。組合対策もそのひとつだ。労働組合との話し合いが問題になっていながら、経営側は彼らとの話し合いを後まわしにし、遠巻きに眺めている。結果、すべてがバラバラになっているように感じた。そこを社長の新町に尋ねると、こう話した。

「経営と現場の距離、部門間の意思疎通が十分でなかったということはありました。そういうものを一つ一つ埋めていかなければ、経営の一体感は出てきません。それを埋めていくのが、私の大きな責任です」

こうしたＪＡＬの再建計画について、新聞報道などで見覚えのある人は少なくないのではないか。ただし、どれもよく似ているので、いつの計画なのか、具体的な記憶には残らない。

ＪＡＬでは、いつも労働組合を前に立ち往生する。そもそも高度経済成長期ならいざ知らず、いまどき労働組合運動に恐れおののく大企業の経営陣など、そうそういない。なのに、ＪＡＬでは、破綻を目前にしてなお、労使問題に頭を痛めている。それはなぜか。

単純に言えば、最大の理由は運航ストを恐れているからだ。ＪＡＬは国営企業だった草創期から首相フライトのストに頭を痛め、それがトラウマになってきた。

御巣鷹山事故後、ＪＡＬ再生のために乗り込んだ鐘紡の伊藤淳二は、労使協調を旗印にし、運航乗務員や客室乗務員の労働組合運動に肩入れしてきた。それはそれで新たな組合問題を生んだ。伊藤は、パイロットたちの機長組合まで認め、団体交渉権を与えた。それが旧来の経営陣や地上職組合との新たな対立を呼んだ。そうして、常に組合問題で右往左往しながら、元来の放漫経営や労使問題をまったく修正してこなかった会社である。

そして新町体制の下、その労使問題がクーデター騒動の引き金を引く遠因になる。

ストの恐怖に怯える経営陣

「もともとＪＡＬには、六つの労組がありました。鐘紡の伊藤淳二会長がＪＡＬに乗り込んできたとき、経営側に反発しつづけてきた乗員組合などを取り込んだが、労使対立の基本構造は、いまと変わっていません。会社寄りで、ＪＡＬＦＩＯの前身である全労と先鋭的な乗員組合などの五労組です。ＪＡＳとの統合後、その六労組がさらに九つになった。それで、会社側の労務・組合対策はさらに難しくなった面がありま す」

こう語るのは、業界全体で組織されている「航空労組連絡会（航空連）」のある幹部だ。現在もくすぶるＪＡＬの組合問題とは、どういうことか。改めてそこを考えてみる。

かつて九労組は、御用組合と揶揄される組合員一万人の最大労組「ＪＡＬ労働組合（ＪＡＬＦＩＯ）」をはじめ、ＪＡＬ系の組合としては、「日本航空労働組合（日航労組）」「日本航空乗員組合」「日本航空機長組合（機長組合）」「日本航空先任航空機関士組合」「日本航空客室乗務員組合（客乗組合）」。ＪＡＳ系は「日本航空ジャパン労働組合（ＪＡＬジャパン労組）」「日本航空ジャパン乗員組合（ＪＡＬジャパン乗員組合）」「日本航空ジャパンキャビンクルーユニオン（ＣＣＵ）」だ。

ＪＡＬ系とＪＡＳ系という出身会社による違いはむろん、旧民社党系や共産党系といった支援政党の違いから、機長や乗員、整備などの職種別にいたるまで、多種多様な労働組合が存在してきた。わかりやすく分ければ、ＪＡＬＦＩＯが経営寄り、その他八労組が活動的とされる。加えて、その八労組のなかでも、「日航労組」「機長組合」「客乗組合」などＪＡＬ系の五組合と旧ＪＡＳ系の「ＪＡＬジャパン労組」「ＪＡＬジャパン乗員組合」「ＣＣＵ」の三組合では、経営陣に対する抗議行動や運動の激しさに温度差があった。先鋭的とされるのは、やはり、以前からＪＡＬに存在してきた五組合である。

経営側としては、ＪＡＳとの統合後、活発な組合の勢力を拡大させないよう、切り崩し工作を展開した。

「象徴的なのは、〇五年、新たに結成されたオールＪＡＬジャパン労組をめぐる駆け引きでしょう。これで実に一〇個目の労組が誕生した。ここはもともとＪＡＳ系労組としてスタートしています。が、実際はＪＡＬ労務担当者による旧ＪＡＳの乗員組合員懐柔策の一環として生まれた。従って、すぐにＪＡＬの労務担当者がオールＪＡＬジャパン労組を牛耳るようになる。会社側がＪＡＳ系労組の切り崩しのためにここを利用したわけです」

航空労連幹部氏がこうつづける。

「ＪＡＬの労務部では、活発な組合運動を展開するＪＡＳ系乗員組合ＣＣＵの国内線客室乗務員に対し、『オールＪＡＬ労組に移籍すれば国際線に乗せてやる』と誘っていった。その誘いに乗り、旧ＪＡＳの客室乗務員三〇人が移籍しました。会社側は、そうしておいて、オールＪＡＬ労組を最大労組の御用組合ＪＡＬＦＩＯに吸収させてしまうのです。むろんＪＡＳ系の乗員を吸収するための工作です。だが、それまで国内路線ばかりだった旧ＪＡＳの客室乗務員たちは国際線に乗れるので、文句が出ませんでした」

こうしていったんは、元の九労組に戻る。だが、組合側もそれを黙って見ているわけではなかった。再び航空労連幹部氏の説明。

「今度は日航客乗組合が、巻き返しをはかっていきました。狙いはやはり、JAS系客室乗務員たちが所属するCCU。そこに残った彼女たちに働きかけ、JASとの完全統合を果たした〇六年九月、CCUを飲み込んだ。それで九労組が八になったのです」

JAL八労組は、こうした紆余曲折を経ながら、形づくられているのだ。法的整理後には、乗員組合等でもJAL系とJAS系の統合が進み、八あった労組は六になる。つまりJALの経営は、まさに入り組んだ多くの労働組合を抱えながら、労使交渉を繰り返してきた。けれどもそれは、とどのつまり小手先の組合対策にすぎなかった。

JALの経営陣が、なぜこのような複雑な労働組合対策をおこなったかといえば、その背景には度重なる運航トラブルがある。このときトラブルの原因として、国交省から、職場に旧JALと旧JASの社員間の確執があり、一体経営ができていないのではないか、と指摘された。

JALとJASの社内融和を図る。それが対外的なJALの方針として重視されていく。表向き経営側は、社内融和策の一環として、旧来のＪＡＬの職場である国際線にＪＡＳ系クルーを登用したのだろう。と同時に、うるさ型のＪＡＬ客乗組合への対抗策という一石二鳥を狙ったわけだ。

だが、結果は裏目に出た。旧ＪＡＳ出身の客室乗務員たちが、念願の国際線に乗ったはいい。が、皮肉にも、そこでトラブルが発生したのである。典型的なのが成田―ジャカルタ線だ。そこで、乗客の食事を出し忘れて、クレームがつく。客室乗務員はパニックに陥ったのか、あげく、機内食のカートを収納せず、通路に放り出したままにしてしまう。そのまま機体が着陸した。着陸時の揺れ次第では、乗客が怪我をしていたかもしれない。そんなお粗末なトラブルを引き起こしてしまったのである。

この手のトラブルは、明らかに旧ＪＡＬ・ＪＡＳの機内のサービスマニュアルの違いが原因だ。どだいＪＡＬとＪＡＳでは、航空機材も、整備マニュアルも違う。そのため、運航時のあらゆるマニュアルが、根本から異なっていた。それを修正しないまま、労使対策と称して、ろくに訓練もおこなわずにクルーを国際線に乗せてしまった。その結果の出来事が、これである。トラブルが起きて当然。機内食程度ならまだいいが、無理な組合工作の結果、こうしたミスが大事故に発展しかねない。まさに本末転倒の経営姿勢にいきおい批判が高まった。

ＪＡＬでは歴史的な労使の反目をずっと背負ったまま、その労使の確執が経営難に陥るたびに問題になってきた。とりわけ、兼子から経営のバトンを受け取り、クーデター騒動に揺れた新町体制では、この組合問題がいっそう暗く大きな影を落としている。

まさに、社長としての不甲斐なさを物語ったのが、経営改革の第一歩に据えていた賃金一〇％カットだ。再生中期プランの素案「ＪＡＬ再生ビジョン」で、この賃金カットを提示したところ、本来、経営寄りのはずの最大労組「ＪＡＬＦＩＯ」でさえ、反対の狼煙《のろし》をあげた。

「まず会社寄りのＪＡＬＦＩＯ以外の八労組がＪＪ労組連絡会議という事務局を立ち上げ、賃金カットに反対。それは誰もが予想できたことでしょうけど、ＪＡＬＦＩＯまで賃金カットに反対を表明したのには、新町さんもショックだったのではないでしょうか。それは、改革案の中身があまりにお粗末だからです。要するに、リストラ策は賃金カットと国際路線の縮小程度。賃金カットしても、大して経営効果はあがらない。それでいて経営陣は責任を取らない。いくら経営寄りとはいえ、これでは組合員は納得しません」

ＪＡＬＦＩＯの元委員長による指摘は手厳しい。

「それで九つの全労組が、そろって賃金カット反対という事態になったのです。伊藤淳二さんのときに全労（のちのＪＡＬＦＩＯ）がそっぽを向いたのは同じだけど、逆に厚遇しようとした乗員系の組合が彼に賛同した。しかし、このときはＪＡＬのすべての労組が社長に反対したのです。いまだかつてないめずらしい事態でした」

賃金カットなどの労使交渉の際、本来なら、経営陣が九労組を一つ一つ説得しなければならない。だが、新町をはじめ労務担当者は、その交渉を怠った。あげく新町は、組合との賃金協定を破棄し、賃金カットを強行突破するという方針を打ち出す。それが伝わり、組合側はよりいっそう態度を頑なにしてきた。

この当時、会社と賃金協定を結んでいたのは、「ＪＡＬＦＩＯ」と「ＪＡＬジャパン労組」「ＪＡＬジャパン乗員組合」の三労組だ。協定を結んでいるうちの一つ、国内線のＪＡＳ系「ＪＡＬジャパン労組」の坂井雄二中央書記長に聞いた。

「すでに会社側は、〇五年十二月二十七日に賃金協定破棄を事前通告してきました。実際に協定を破棄するには、三カ月前までにそれを通告しなければならない。経営側にとっては、きたる〇六年四月一日の強行策を睨んだ通告です。しかし、これは一方的な不利益変更です。当然、われわれも合意しません。場合によっては提訴、という形になります。実際、ＪＡＬＦＩＯ以外の八労組の会議でも、提訴の検討が必要だという状況になっています。勝算はあると思います。具体的にはやはり会社の出方次第でしょう」

新町の再建計画では、古い機材の更新費として、新たに六八〇〇億円もの設備投資を見込んでいた。それに比べ、賃金カットのリストラ効果は、せいぜい六〇億円程度だ。それなら設備投資を控えるべきではないか、というのが、訴訟に備えた組合側の論法である。法廷闘争、あるいは、ストライキも十分ありえた。ストの可能性について、先のＪＡＳ系乗員組合ＣＣＵの萩原玲子書記長は、こう話した。

「現時点では何とも言えないが、ストライキのための争議権投票をやっている最中です。投票は三月八日まで。春闘は二十三日が山場です。国内線運航会社の日本航空ジャパンとの交渉はすでにはじまっていますが、国際線の日本航空インターナショナルでは、担当重役が造反四人組の大村（裕康）さんなので、交渉はストップしたままです。ストを打つにしてもしなくても、四月一日ギリギリの判断になるでしょうね」

ちなみに、「造反四人組」とは、社長室で新町に退任を迫った四役員のことだ。そのひとりが労務担当重役だったのだから、交渉も何もあったものではない。

さすがに、一万人を抱える最大労組「ＪＡＬＦＩＯ」が、ストライキを強行する可能性は低かっただろう。だが、協定を結んでいる他の二労組がストを実行すれば、飛行機の運航はマヒする。先のＪＡＬＦＩＯ元委員長は、こんな話もした。

「会社側は、ＪＡＬＦＩＯにまで、賃金カットに応じないなら賃金協定を破棄するなんて、脅しをかけている。本来なら、ＪＡＬＦＩＯは賃金カットを飲まなければならない。だがそれを飲めない理由があるのです。他の組合が賃金協定を破棄され、法廷闘争に持ち込めば、会社側の敗訴が濃厚です。となると、ＪＡＬＦＩＯだけが裁判で負けるような要求を受け入れたことになる。仮にそうなると、組合の執行部が総辞任しなければならない。そんなみっともないことはできないから、反対を表明せざるをえないんです。新町さんたちはそんな事情もわからず、単に強硬に迫ってくる。これでは話になりません」

御用組合にしてこうだ。まして、ＪＡＬＦＩＯ以外の組合が、もっと過激になるのは、火を見るより明らかだろう。むろん規則の上では、協定を結んでいない乗員組合などは、就業規則の変更手続きで賃金カットを強行できるが、もっと強硬になるのは明らかだ。かといって、このままリストラ策に手間取り賃金カットすらできない、となれば、世間に対する会社の信用はますます失墜する。

新町は、まさに入り組んだ九つの労働組合という迷路に迷い込んだ。そんな事態に陥っていた。しかし、それもこれも、ここまで組合問題を放置してきた、身から出たサビというほかない。

せっかくＪＡＳと統合しても、逆に運航トラブルの対処に追われ、合併効果も見えない。新町体制になったからといって、黒字転換への決め手は皆無だった。ＪＡＬ首脳は存亡の危機という言葉をよく使ったが、現実にそうだったのである。

しかし、肝心の新町は運航トラブルにより国交省から突きあげられ、もはや大胆なアイディアを打ち出す余力は、残っていなかった。あげく、グループ中核企業四役員だけではない新たな造反劇が幕をあけるのである。

居酒屋で重ねた謀議

「賃金カットひとつできないのはなぜなのか、それすらわからない。要するに、現体制の意思がまったく伝わらない。社内のコミュニケーションが決定的に不足し、不安が増幅されていったわけです。それで、われわれ役員としても、そういう社内のフラストレーションを放置できない。決起すべきではないか、と最初に意見が一致したのが、深田さんたちのグループだったということです」

四人組クーデターに賛同した役員の一人はこう振り返った。四人は、当時ＪＡＬグループのなかで国際線を飛ばしてきた日本航空インターナショナルの取締役たちだった。リーダー格は常務の深田信。もっぱら営業畑を歩み、国際旅客事業担当常務を務めていた。副社長の羽根田側近ともいわれ、将来の社長候補と目されてきた常務である。

二番手が、同じく常務の岸田清だ。パイロット出身の岸田は、運航本部長として、経営会議に参加してきた。残るふたりのうち、大村裕康は労務畑の出身、高橋哲夫は管理企画畑を歩んできた。つまり、四人組はそれぞれ異なる部門に所属してきたことになる。過去、権力闘争を繰り返してきた各派閥を代表する役員が集まっている。JALのお家芸である単なる派閥抗争とは、様相を異にしていた。

「いわば派閥を超えた集団だといえるのではないでしょうか。彼らの行動に賛同してきた他の一〇人の役員たちも、いろんな部署の人たちがそろっていました」（前出役員）

四役員による最初のクーデター計画は、そうしてスタートした。まず四人組が手分けし、JAL本社、JALインターナショナル、JALジャパンという中核三社の他の役員に署名を求めていったという。

とりもなおさず、彼らが決起した最大の要因は、社長の求心力の欠如に嫌気がさしたからだろう。わけても、秘書部長の言いなり、と酷評される新町社長に対する社内の不信は根強い。長年たまりにたまったそうした社内の不満が、一気に爆発した格好だ。

世間を騒然とさせた役員四人組の社内クーデター劇。もっとも実は、その主役は役員たちではなかった。詳しくは後述するが、いきおいよく社長室に乗り込んだ四役員は、新町の凄みに気圧《けお》され、一度はすごすごと引き下がる。それを改めて、舞台に引き上げたのが部課長たちだった。むしろ造反劇で最も大きな力となったのは、一般の管理職たちによる動きである。四人の役員と時を同じくし、部長級の有志たちが、新町降ろしに動きはじめていた。

「社内の閉塞感は、われわれ役員たち以上に部課長たち、管理職が感じていたと思います。どっちが先でどっちが後かは、わかりません。偶然にも、役員とはまったく違うところの問題意識で、似たような危機感を持った部長たちがいたのです。もちろん四役員の指示ではありませんし、連動していたというわけでもない。自然発生的にそういう人たちが署名を集めはじめていました。いつしか、その動きがわれわれ役員のあいだに伝わってきました。部長たちが、独自に集めた署名を持って新町さんに退陣の直談判をしそうだ、という話が漏れてきたのです」

先の役員もそう述懐する。

「伝わってきたところでは、すでに彼らの署名は五〇人を超えているという。だとすると、それこそクーデターになってしまう。それはあまりよくないので、彼らと会って話をすることにしたのです。実際、部長たちは、新町社長に直談判する、と勢い込んでいました。それではことが大きくなりすぎる。そういう話し合いのなかで、『いったんわれわれ役員に、君たちの署名を預からせてくれないか』と四役員が申し入れたのです」

勢い込んで社長室に乗り込んだ四役員が、新町社長の思わぬ反撃を食らったとき、頼りになったのが、この管理職たちの署名である。四人組は、その〝切り札〟を新町にぶつけ、少しだけ押し返した。もっとも、そのあと四役員は彼らの担いだ御輿に座っていただけだった。新町降ろしの要は管理職の社員だ。

ＪＡＬ本社の部長を中心としたその管理職たちの決起もまた、新町がつくった「再生ビジョン」の頓挫《とんざ》が、発火点となっている。

「最初はサラリーマン生活でよくある同僚同士の愚痴でした。ごく平凡で私的な飲み会が、きっかけなのです」

署名集めに賛同した部長が、そう打ち明ける。

「おそらくこの時期のＪＡＬ社内は、そういう飲み会がいちばん多かったのではないでしょうか。会社帰りに一杯やり、愚痴をこぼしあう。あちこちの部署で、経営陣に対する不満の声があがっていた。そんななか、四人の部長、副部長が意気投合した。本気で立ちあがるべきなのではないか、となったのです」

こちらの決起もまた四人組だ。幹部社員が中心になって動きはじめ、最終的に四役員と合流したのだという。多くの幹部社員の証言を元に、ふたつの「四人組クーデター」の一部始終を再現する。

社内に呼びかけた管理職四人は、いずれも五〇代前半だった。四幹部は担当部署がそれぞれ違い、仕事におけるふだんの付き合いはない。直接知らない顔もあった。そんな四人が初めて顔を合わせたのは、新橋の個室居酒屋だったという。

「またかという感じですね、今回の再生ビジョンも。年度の初めに一〇〇億円の当期利益を出すと言っておきながら、フタをあけてみたら、四七〇億円の赤字とは」

話題はやはり、来たる〇六年三月期の決算予想からはじまる。皮算用ばかりで、いっこうに黒字にならない経営陣に対して、みな同じような意見だ。

「ごまかしばかりです。これでは、いよいよ会社が持たない」

うち、ひとりが危機感をあおる。

「でも、われわれも陰で文句を言っているだけではね」

そう水を向けると、思い切った意見が飛び出した。

「もう具体的に動くほかないのでは？　新町体制がつづく以上、会社がつぶれる。それを黙って見過ごすわけにはいきませんからね」

その具体的な動きが、署名集めだったのである。こうなると、話は早い。

「そうはいっても、ある程度の意見が集まらなければ、睨まれて飛ばされるだけでしょう。となると数が必要でしょうね。管理職で五〇人くらい、見識をもった人を集めなければね」

こうして十二月から、四人が手分けして賛同者を募っていったのである。それぞれの所属する管理企画、営業、労務、運航と幅広く声をかけていく。まずは自分自身の職場で働く懇意の部長や副部長、そして機長あたりを一人ひとり、一本釣りしていったという。

この手の決起では、なにより情報漏れに注意しなければならない。隠密行動が原則だ。そのため、一本釣りの対象者は、ＪＡＬ本社勤務の幹部にしぼった。

「久しぶりにちょっとやらないか。今日の夕方、あいてないかな」

そんな調子で、ごく普通の付き合いを装い、親しい幹部たちを誘いだした。待ち合わせは、同僚に見られても誤魔化せるよう、居酒屋を選んだ。とはいえ、話す内容が内容である。やはりあまり見られない場所のほうがいい。JAL本社のある天王洲や品川駅界隈《かいわい》では、人目につくため、密会場所はもっぱら少し離れた新橋の繁華街にした。就業中、個室のある居酒屋をインターネットの検索サイト「ぐるなび」で検索し、予約を入れる。四人がそれぞれひとりずつ同僚を飲みに誘い、口説き落としていった。居酒屋謀議だ。そこに同席したある財務担当部長が話す。

「署名集めがはじまってから、だいぶ経っていたのでしょう。賛同している部長の一覧表を見せられました。こんな人までいるのか、と驚きましたね。部下の信望が厚く、職場のエースといわれる人ばかり。それだけ、みな問題意識が高かったということでしょう。これなら本当にJALを変えられるかもしれない。そう思いました」

クーデターには、秘密保持と同時に、スピードも大切である。四幹部は、それぞれ十二月初旬から毎晩、他の部署の部長と密会を重ねた。なにしろ一対一の密談だから、大変な回数をこなさなければならない。いきおい密会場所も同じ店になりがちになる。そのため途中から個室居酒屋のほか、カラオケボックスなども利用した。こうして彼らは、わずか二週間で五〇人近い部長や機長たちから賛同を得ていったという。計画を主導した当の部長に話を聞くことができた。

「店を予約するといっても、会社のパソコンは使えません。誰が見ているかわからないし、毎日毎日、ぐるなびで検索して予約すること自体が怪しい。どこで話が漏れるかわかりません。苦労しました」

こう言う。

「だから店は個人の携帯電話で予約しました。そうして呼びかけ、賛同してくれる社員を集めた。賛同者とも、みな携帯メールで連絡を取り合うようにしていました。最初、部長職の人たちはあまりメールに慣れていなかった。ところが、いつの間にか、みなずい分すばやく携帯メールを打てるようになった。おかげで、『早打ちでも、もう若い奴には負けない』などと自慢する部長もいました」

奇跡的にも、この間、署名の誘いを断ったのは三人ほどしかいなかった。そのため、情報漏れもなかった。

「会社に対する認識は同じですが、組織の人間として、社長の退陣に関する署名はできない」

そう断られた一人には、情報を漏らさないよう頼んだ。

こうして一月下旬になると、賛同者たちの意気が最高潮に達していく。

「ここまで集まったのだから、新町に署名を突きつけよう」

年が明けた〇六年一月中旬、彼らはそう決意した。このときから、社長退陣に向けた〝血判状〟とみずからの署名を呼ぶようになる。そうして、血判状の存在が、もう一方の四役員に伝わっていったのである。血判状には、実に五七人の部長や次長たちが、みずからその姓名を刻んだ。

前述したように、五七人の血判状はＪＡＬインターナショナルの四役員による署名集めと時期が重なっていた。四役員が一〇人の役員から署名を取り付けたのと同じタイミングだ。

「小耳にはさんだのだけれど、君たちも集まっているらしいね。よければ話をしないか」

ＪＡＬインターナショナルの四役員からそう誘われ、管理職の中核メンバーである四部長たちが合流する。ここで四役員との連合軍が結成されたのである。

「何なら、私たちで社長に直談判しましょうか」

四部長たちの鼻息は荒い。それを、役員たちがいさめた。

「本来なら、署名集めは、俺たちがやらなければならないのに、面倒をかけて申し訳ない。ただし、社長との話し合いは俺たちの役割だから、任せてほしい」

こうして四部長たちが、管理職五七人の署名を四役員に託す。役員たちにとって血判状は、このうえない心強い味方を得た思いだったに違いない。その強力な武器を手に携え、四役員が社長室を襲ったのである。

だが、対峙した相手は、思いのほか落ち着き払っていた。新町と四役員との会談は二月十日金曜日の午前十一時からおよそ一時間半におよんだ。四役員が反転攻勢に転じたのは残り三〇分ぐらいになってからだ。一〇役員と五七管理職の血判状を手に、四人組が新町に退任を迫った。

「安全対策をアピールする観点から、人事刷新を図るべきではないでしょうか」

四役員のうち中心的な役割を果たしていた深田が、新町に言った。

「いったいどういうことかな」

そして、四人組が用意した社長案を提示した。

「たとえば機長出身の岸田さんが社長になれば、安全をアピールできると思います」

しかし、新町は一歩も引かなかった。その強気の理由について、計画に参加した関係者が振り返った。

「新町さんは、事前に安永氏から、強気で行くよう心がまえを諭されていたらしい。人事権を握っているのだから、いざとなれば役員たちを飛ばせばいいと勇気づけられていたようです」

新町は最後まで強気の姿勢を貫いた。すると、逆に四人組は弱気になる。

「君たちが何を言っても無駄だよ」

新町からそう反撃された四人組は、すごすごと引き下がってしまう。そのまま造反四役員が逃げ込んだ先。それは、営業派の頭目とされた副社長の部屋だった。

「さきほど新町さんのところへ行ってきました」

四役員のうちのひとり、高橋哲夫が羽根田にそう報告した。さすがに驚いた羽根田は、ひと呼吸おいて言った。

「まあ、やってしまったものは仕方がない。これからどうするか、それを考えたほうがいい」

社長室訪問後、駆け込んだ先が、副社長のところだったこともあり、四役員の後ろで羽根田が糸を引いていたのではないか、とも噂された。その真偽はさだかではない。

いずれにせよ四役員の蜂起は、いったんこうして腰砕けに終わった。ＪＡＬ管理職のひとりがこのときの深層について語ったことがある。

「実は四役員たちはこのときリストラ対象になっていました。決起したのは、そんな個人的な理由からだったのではないでしょうか。社内では、結果的に腰砕けになったのも、そのせいだと酷評されたものです」

これが〇六年二月十日金曜日のクーデターの顚末《てんまつ》である。

ここでJAL改革の火は、完全に消えたかに思われた。だがやがて、その火がもっと大きく燃え広がるのである。

〈日航幹部50人、社長に辞任要求　業績不振を理由に〉

こんな大見出しの記事が朝日新聞一面に躍ったのは、四人組の決起から五日後の二月十五日水曜日のことだ。一度は、新町が四役員をねじ伏せたかに見えたクーデター劇は、この記事を境に、形勢が逆転する。

〈役員や部長ら約50人が、持ち株会社である日本航空の新町敏行社長（63）ら首脳3人に対し、業績不振の責任をとり辞任するよう求めていることが14日、わかった。社員の給与を削減する提案に労働組合が反発して交渉が難航しているのに加え、幹部から辞任要求が出たことで、経営陣の求心力低下は避けられず、首脳陣の進退問題に発展する可能性もある〉

朝日新聞が四役員のクーデターを大々的にそう報じると、事態は風雲急を告げた。

騒然とする社内

決起から一週間後の二月十七日、再び新町と四役員との会談がもたれた。が、それも進展なく物別れに終わる。新町はあくまで社長の椅子にこだわり、造反組を抑えつけて中央から強行突破を図ろうとする。ここから、どちらも引かない熾烈な攻防が繰り広げられた。

「新町側は引き下がらなかった。自分以外の三役である羽根田勝夫副社長と西塚英和専務の退任で矛を収めさせようとしたのです」

この間の状況について、グループ企業の役員が解説してくれた。

「おまけに、造反四役員のうち、中核の二人のクビを差し出せと迫ってきた。が、そもそもそんな話ではなかった。管理職たちが求めていたのは、新町体制を支えてきた経営陣の総退陣です。そのトップが居残っては意味がない。本来、向こうの条件はすべて突っぱねるべきでした。だが、造反四役員たちは、新町が役員として残ることを了解し、折り合いをつけようとしました。その代わり、新町側近の秘書部長、安永純雄上席執行役員の辞任でどうか、という観測気球をあげた。加えて、新町の親衛隊四人組といわれる連中の退任。そうした折衷案を示した。そんなことをするから、話が面倒になっていくのです」

またしても四人組が登場するので話がややこしい。ＪＡＬにおける新町親衛隊四人組とは、安永秘書部長を筆頭に、土屋文男取締役、広池君夫執行役員、金成秀幸上席執行役員といった顔ぶれだった。安永は言うまでもないだろうが、他の三人について、先のグループ企業の役員は以下のように説明した。

「土屋は経営企画室長として、収支決算を作成する経営計画作成の中心的な役割を担っていた人物。広池は関連事業室長として人事の草案を練り、これまで新町社長に進言してきた。金成は報道担当として安永に可愛がられ、マスコミ対策をしてきた。彼ら四人組が新町社長を操ってきたとされます。仮に新町退任となっても、この四人組が居残れば、新たな御輿を担いで側近政治で社内を牛耳っていく危険もある。だから、この際、新町社長本人より、側近四人組に引導を渡したい、というのが反乱軍の狙いだったようです」

新町にとっては、頼りになる側近たちである。したがって、この要求も突っぱねた。いまひとつ迫力に欠ける四役員では、それを飲ませることができない。事態はいっとき膠着《こうちゃく》状態に陥った。

しかし、この間、社内の混乱は拡大するばかりだ。役員ではなく、管理職を中心とする造反組が、社内メールを駆使し、さらなる署名集めに躍起になる。

〈真のＪＡＬの一体化と再生に向け、管理職も一般職も本当の「声」をあげよう！　そして社会の信頼を得られるよう一刻も早く新たなスタートを切り、総力をあげてＪＡＬ再生に取り組もう〉

管理職の中核メンバーが社内に呼びかけた。すると、新町側もそれを阻止しようと必死になる。驚いたことに、社長みずからそのメールに応戦した。

〈私は、ＪＡＬグループが苦境に立つ今、経営陣がなすべきことは（中略）社員たちに社長退陣の署名を集めて回ることでは断じてない、との確信をもって、その場で辞任要求を拒否いたしました〉

新町陣営はもっぱら、造反組の賛同役員の切り崩しを図ろうとした。それを防ごうとしてメールのやり取りが激化していく。双方が激しく多数派工作をおこなった。そのおかげで、ＪＡＬ本社のパソコンはメールが使えなくなるほど、通信状態が混線してしまった。

一時は新町陣営が優勢に見えたときもある。その大きな力となったのが財界応援団だ。

創業以来、国策会社だったＪＡＬには、政官界だけでなく、財界と太いパイプがある。大株主の企業が会長ポストや社外取締役に就き、経営陣をバックアップしてきた。法的整理にあたり、京セラ名誉会長の稲盛和夫が、〝救世主〟として登場したのも、その伝統の名残りだ。

そうして〇六年のクーデター騒動のときも、やはり財界は社長の支援にまわった。騒動のさなか、そのJALの社外取締役たちに話を聞いてみた。大株主である東急電鉄の相談役だった清水仁は、案の定、造反組に対して怒りをあらわにする。

「現体制反対、社長辞めろと言っているのが、幹部社員の八割だろうが九割だろうが、関係ない。そんな議論をしているより、先にやるべきことが、双方にあるんじゃないか。この際、日本航空のお家芸みたいな争いはやめてほしい。安全対策を基本とした諸計画の立案と遂行に、全社一丸となって取り組むべきです。そのひと言に尽きます」

これはある意味で正論ではあるのだが、その経営陣がお粗末すぎるのでここまでの事態を招いていたのである。また、JAL社外監査役だった、メインバンクのみずほ銀行の前身である日本興業銀行元頭取、西村正雄も露骨に新町を擁護した。

「新町君の肩を持つわけではないけれど、造反役員は不適切だ。これで、会社の信用が落ちるのは、火を見るより明らかじゃないか。新町君はCEOに就任してまだ一年。兼子勲前社長の負の遺産を引き継いでいるだけです。もう一年やらせて駄目なら、責任をとればいい。会社が生きるか死ぬかの瀬戸際で、こんなことをやるなんて、管理職たちはけしからん」

新町の責任ばかりではないという擁護論は、間違ってはいない。かつて西村が率いた旧興銀は、ハワイのリゾート開発をはじめ、JALの海外不動産開発やドルの為替予約など、バックアップしてきた。兼子時代の負の遺産どころか、もっと古い時代からの失敗を引きずっている。そんな思いがあるのかもしれないが、だからといって「もう一年やらせて……」などとかばっている場合でもない。

生来、JALの役員はお公家集団と揶揄される。そのためクーデターと言っても、いざとなると腹がすわらない。現に、最初に社長室に乗り込んだ四役員は、いったん腰砕けに終わった。いきおい、クーデターも失敗し新町側の勝利に終わるのではないか、という観測さえ流れたのである。

だが、JALにとって事態は、財界の思惑やマスメディアの報道などより、ずっと逼迫《ひっぱく》していた。みずほ銀行の西村の言うように、この先もう一年も様子を見るほど、悠長な状況にはなかったといえる。長年蝕《むしば》まれてきたJALの身体は、もはや大きな外科手術を必要としていたのだ。

管理職の血判状は、まさにそれを物語っているのではないだろうか。少なくとも、このとき署名した管理職の多くは、みずからの会社に対する危機感を抱き、行動を起こしたかのように見える。

「管理職の人たちは役員たちとは違っていた。少なくとも、署名に応じた多くの人たちからは、ＪＡＬ改革の熱意が伝わってきました」

賛同者のひとりはそう話した。そうして、いったん閉じかけたクーデター劇の幕が再びあいた。四役員を無理やり舞台にあげたのである。そこで振りあげられた刀は、もはや鞘に戻すことなどできない。形勢は明らかに新町側が不利だった。

実際、朝日新聞の報道を境にし、ＪＡＬ社内で一気に署名集めが加速する。新聞発売当日、その日のうちに一五〇人以上の部長クラスの賛同者が、署名に名乗りをあげた。造反組による署名集めは、すぐに三〇〇人を突破する。

新聞は連日、ＪＡＬの動向を追う。その流れが、新町の社長退陣を決定づけていった。

〈日航　勝者なき内紛　改革漂流〉（二月二十日付日経朝刊）

〈お家騒動　日航はどこへ「内紛やってる場合か」〉二月二十一日付東京朝刊）

〈日航内紛　副社長ら退任案〉（二月二十二日付朝日朝刊）

〈日航内紛　痛み分け人事案浮上／幹部社員ら反発〉（二月二十三日付産経朝刊）

〈日本航空　副社長ら退任で最終調整　社長は続投の構え〉（二月二十四日付東京夕刊）

〈日航社外取締役3人「新町社長続投」当面支持〉（二月二十五日付読売朝刊）

新聞は相変わらず、事態を単純な内紛ととらえていた。新町の続投を容認しているかのような報道まで目立った。しかし、新聞が、「新町社長が退任を固辞」と報じるたび、事態は逆へ逆へと振れた。社長退任要求の署名がますます集まる。そんな皮肉な事態に陥っていったのである。

こうして新町退任の動きは、沈静化するどころか、ますます激しくなっていく。署名は、部長クラスから次長、課長といった中間管理職にまで広がりを見せた。署名集めを以前のように隠す必要はない。公然と展開され、本社だけでなく全国に広がる様相を呈していった。

四役員が社長室を訪問して二週間も経たないうち、集まった署名は当初の五七人からついに三七〇人に達した。前述したとおり、署名の大半がJAL本社勤務の管理職をはじめ、グループの中枢を担う幹部たちである。実にそれは、中枢幹部九割の決起、という異常事態だった。

署名は、さらに五〇〇人でも、一〇〇〇人でも簡単に集まりそうな勢いだったという。署名した管理職三七〇人は純粋な思いがあったに違いない。署名運動の中核メンバーに意見を聞いてみた。

「騒動により、お客様からの不信や混乱を招いたという批判は受けます。組織の一員として、こんなことはやってはならない。こんな事態は、二度とあってはならないし、一生に一度にしてほしい。ただ、頼むからいまの経営陣は責任をとってやめてほしい。それが、まさしく現場の声だったのです。この際、会社の病巣、いやガンは全摘出しなければならない。少しでも残っていると再発しますからね」

そして、こう言葉を補った。

「ちょうど二週間経った金曜の二十四日、要の管理職の人たちによる支援体制が整いました。それで、署名集めそのものは、いったん打ち切りました。地方勤務の管理職からも、『署名させてほしい』という声が聞こえてきます。署名はいくらでも集まりそうでしたが、ずっと断っている状態です」

次の役員人事がどうなるか――。

このころＪＡＬ社内は、その話題で持ちきりだった。なにしろ中枢幹部の九割が新町社長の退陣を要求しているのである。まさしく、騒然としていたといえる。明らかに新町の旗色が悪い。これで社長退陣が決まったかに見えた。だが、そこからも、もうひと悶着あった。

造反の刃《やいば》を突きつけられた新町敏行にとっては、経営の立て直しも待ったなしだ。新町の面前には、クーデターと労使交渉というふたつの刃が突きつけられていたことになる。クーデター騒動は、再生中期再生プラン作成のさなかの出来事である。新町は、みずからの進退と同時に、中期再生プランづくりを迫られ、さらに狼狽していく。新町は、もっとも、混乱は社長側だけではなかった。実は騒動が長引くにつれ、社内で造反四役員の悪い評判が聞こえるようになる。

「新たな経営体制として、岸田が社長に就き深田が副社長になる、という話が飛び交っていました。経営の刷新、という名目でサインしたのに、どうなっているのか。経営赤字の原因は四役員にもあるはずです。要するに自分たちの出世のため、われわれの署名を利用しただけなのか、と不満の声があがりはじめていくのです」

そう憤るのは、署名した次長のひとりだ。

「たとえば労務担当の大村さんは、(最大労組の)ＪＡＬＦＩＯに賃金カット問題で突きあげられていた。それでやむなく決起したと言われました。『新町さんを追及しなければ、労務担当重役として自分自身の責任問題に発展する。その矛先をそらすための決起ではないか』などという風評が広まったものです。労務の人間に利用された形になった。だまされただけではないか、と悪口が飛び交った。また、経営企画の高橋さんは、運航トラブルの責任を取らされそうになったから、だと。そうして、署名をしたなかには、事情を知らなかったので撤回させて欲しい、と言い出す人まで出てきました。本当に、経営刷新と言うなら自分たちも辞表を出すべきではないか、あんなのはクーデターでも何でもなく、学芸会の劇で誰を主役に選ぶか、なんてレベルの話だ、と痛烈な批判をする人までいました」

クーデター騒動の当事者である造反四役員のうち、労務担当重役だった大村が、中期経営計画における賃金カット交渉の責任者でもあったのはたしかだ。四人組のリーダー格だった経営畑の深田やパイロット出身の岸田も運航トラブルの責任は免《まぬか》れない。それでこの際、社長降ろしに決起したのではないか、と社内で噂されたのも、あながち的外れではなかった。

不満の矛先は、署名集めに奔走した管理職にも向かった。とりわけ、旧ＪＡＳ出身の社員が多かった国内線の「ＪＡＬジャパン」では、クーデターを冷ややかに見ていた。ＪＡＳ出身だった本社勤務の課長が話した。

「とくに空港の現場や客室業務関係の人間には、署名集めの声もかからない。無視されている、と怒っています。『俺たちも社員なのに、バカにしている』というのが、旧JAS社員の本音です。しょせんJALインターの一部の人たちがはじめた、〝コップの中の嵐〟だから放っておけ、と辛辣です。社内では、JALインターとJALジャパンの人が同じ部署に混在しているのに、インターの連中は昼からこそこそ会社を抜け出し、話し合っている。これでは、会社がまとまるわけがありません」

署名集めは課長クラスにまで広げようとしたらしい。が、結局、社内の評判が芳しくない。いったん署名を打ち切ったのは、そういう事情もあったのだという。

クーデターは本社管理職の九割の賛同を集め、成功したかに見えた。だが、その実、新町派と造反組は、にらみ合ったまま身動きがとれない事態に陥ってしまっていたのである。造反組のなかでも温度差が出はじめ、統制がとれなくなりつつあった。

「甘ちゃん集団が、本当に妙なことをやってくれたものだ」

心ある社内の幹部からは、そんな冷たい視線が造反組に浴びせられていく。

一方、刃を突きつけられた新町にも、造反組の弱みを冷静に分析できる余裕はなかった。再び前出の次長がこう付け加えた。

「新町社長に責任はないという人がいますが、それは違う。〇五年度、当期利益一〇〇億円というできもしない予測を立て、それに基づいて予算を組んだ。それは兼子時代かもしれないけど、代表取締役として関わっていたのも事実なのです。あげく、この予測に基づき、糸山英太郎さんなどの株主に無理な配当までしている。しかし、案の定、蓋《ふた》をあけると四七〇億円の赤字。いまになって〇六年期の配当はしないといっているけど、遅い。この間、組合側には、利益達成ができなかったら経営責任をとるという約束までしていた。本来、赤字を覚悟し、構造改革をやり遂げなければならないのに、いつもごまかしばかり。責任は十分ある。賃金カットは当然やるべきでしょう。が、その前に責任を取らなければならない。新町社長自身は側近政治で祭りあげられているだけかもしれないが、その側近たちともどもケジメをつける必要があった。そして、こんな混乱を招いた以上、四役員も我々管理職も覚悟はしていたはずです」

この手の権力奪取には批判がつきものだ。成功のカギはつまるところ、それでもなお、この人に経営を委ねるべきだという流れができるかどうか、だろう。求心力などと呼ばれるそのパワーや魅力があるかどうか、に尽きる。しかし、四役員にはそれがなかった。

実はＪＡＬにとって、この四人組のクーデター騒動が、再生に向けた最後の転機だったのかもしれない。

「われわれは黙って沈む船をただ眺めているわけにはいかなかったのです」

このとき取材に応じた役員のひとりは、こう決意を語った。しかし、肝心の造反四役員にしろ、反旗を翻した中核の管理職たちにしろ、経営改革の覚悟が足りなかったというほかない。

クーデター後、傍流だった貨物畑出身の新町敏行からバトンを受け取った新社長には、多くのＪＡＬ関係者が望みを託した。しかし、その前途に立ちふさがる古い壁をぶち破る力はなかった。やがて、それらすべての結果が明らかになる。

第八章　庶民派社長の限界

遺体は、誰もいない真夜中の羽田空港第一ターミナルビルで発見された。通称ビッグバードの一階にある到着ロビー。日中はJAL国内線の到着客で賑わう。その到着ロビーは、午後十一時過ぎの最終便を出迎えたあとは、閉め切られ、静まり返る。二〇〇六年十月二十三日の夜もそうだった。

最終便が到着して一時間あまりが経過していた。日付が変わった零時二〇分、空港警備員がエスカレーターの脇の男子トイレを巡回したときのことだ。すぐに異変に気づいた。いくつかある個室のドアを開け、点検する。そのうち一つだけが、閉まったまま開かない。

何者かが潜んでいるのではないか――。

とっさに危険を感じた警備員は、無理をせず、引き返して応援を呼んだ。間もなく、別の警備員が駆けつけた。いっしょに、隣の個室の壁をよじ登り、壁越しになかをのぞく。そこには、うなだれた男性が座り込んでいる。よく見ると、ぎょっとした。

ネクタイとベルトが首に巻きついている。その両方が、ドアのフックにつながっていた。

「おいっ、そこにいるの。返事しろ」

むろん声をかけても、無駄だ。ピクリともしなかった。

死亡推定時刻は、発見前日の十月二十三日午後九時前後だった。まだ到着客が利用する時間帯での空港内の首吊り自殺である。

元来、国際空港はテロリスト対策などのため、警備が厳重だ。それゆえ、空港施設内の事件は滅多にない。せいぜい、発展途上国の空港で観光客の荷物を狙う置き引きくらいだ。羽田や成田などの日本の基幹空港では、そうした事件もめったにない。空港内の到着ロビーにあるトイレで自殺したケースは、過去例がなかった。それだけに、かなりのニュースのはずである。だが、時事通信が社名を伏せて報じただけで、なぜか新聞やテレビでは、この一件はいっさい報じられていない。

死亡したのは、空港のハンドリング会社「JALグランドサービス」（JGS）職員の道中義美氏（三八＝仮名）。JALグループの空港職員である。

相次ぐ運航トラブルの原因のひとつとして、とり沙汰されてきたＪＡＬとＪＡＳの統合による社内風土の違い。統合計画そのものは〇二年から進められてきたが、システム上の完全統合がなされたのは、〇六年十月一日だ。この日から、それまでＪＡＬ系とＪＡＳ系の会社として分かれてきたグループ内の会社で、その区別がなくなる。双方どの会社にも、ＪＡＬ・ＪＡＳ両方の出身役員や社員が勤務するようになった。双方の系列会社が合併し、一体となった子会社も多い。

空港業務をおこなうハンドリング会社も、そうだった。ハンドリング会社とは、空港のチェックインカウンター業務から荷物の運搬などにいたるまでをおこなう。航空会社にとっては、非常に重要な役回りを果たす子会社だ。

統合決定後のＪＡＬグループでは、そのハンドリング会社が、ＪＡＬ系の「空港グランドサービス（ＡＧＳ）」とＪＡＳ系の「東亜エアーサービス（ＴＡＳ）」にわかれてきた。その両社が〇六年の十月をもって合併し、「ＪＧＳ」として新たなスタートを切ったのである。

四〇歳前の道中は、もともとＪＡＳ系であるＴＡＳ出身だった。幹部社員一歩手前の働き盛りで、ＪＡＬとの完全統合後に新設されたＪＧＳへ転籍となった。トイレでの首吊り自殺は、まさにその直後の出来事だったのである。

「仕事に疲れた。食欲もない」

道中は家族にそう漏らし、みずからの命を絶つ。自殺理由についてはいまもって不明だが、統合の犠牲者だと見る関係者も少なくなかった。

〇六年十月といえば、四人組のクーデターによって、西松遙による新体制が発足してわずか四カ月後である。過去最大の経営刷新によって誕生した政権といえるが、会社の危機が去ったわけではない。一般客が使用する空港ロビーで起きた悲劇を隠し通したのは、そんな苦しい台所事情のせいがあったのかもしれない。

性懲りもなく、何度も何度も経営危機を繰り返すメガキャリア。そんな不本意な批判がすっかり定着したJALにとって、人事刷新を図った新体制はそれまでの経営陣と同じように「背水の陣」と呼ばれた。その言葉自体、相当に使い古された感がある。が、実は本当にこれがラストチャンスだった。

宮廷革命の産物

「西松社長体制は、クーデター騒動で緊急避難的につくられた人事でした。そもそも社長人事自体が、新町派と造反組とが互いに折り合いをつけた結果の産物です。三七〇人にのぼる管理職の血判状を突きつけられ、進退きわまった新町。対する造反組にしても、似たような状況だった。はじめのころはよかったけど、次第に『クーデターの中核メンバーは、自分たちの保身のためだったのか』と馬脚をあらわしていった。そんな双方が歩み寄った結果、生まれたのが西松社長だったのでしょう」

ＪＡＬグループ企業の元社長が、クーデターの裏事情を吐露する。次のように手厳しい。

「社内ではこのときの騒動を宮廷革命などと呼ぶ人がいるが、そのとおりです。クーデターを起こされておきながら、追い落とされた権力者が次のトップを指名したわけです。これで改革などできるわけがない。つまりお互い妥協した結果、新町自身が社長を後継指名したわけです。だから、ＪＡＬが長年抱えてきた根本的な経営問題を改善するどころか、多くの難問を抱えたまま、状況は悪化しつづけるのです。その一つのあらわれが、西松体制発足直後におこなった増資の失敗。これは起こるべくして起きた〝事故〟です」

二月の社内クーデターにより引きずりおろされた新町敏行前社長に代わり、新社長に就任したのが西松遙だ。文字どおりの大抜擢人事である。

「それまでの西松さんは、末席の財務担当取締役でした。金融機関を回って資金調達をする御用聞きのような役割、とでも言えばいいのでしょうか。もちろん社長候補ではなかった。そういう人が、グループに何十人もいる上席の役員たちを飛び越え、いきなり経営トップの椅子に就いた。だから、首を捻る社員が多かったのです。新町さんの傀儡ではないか、とも見られた。これで社内求心力が高まるわけがありません」（前出JALグループ元社長）

〇六年二月からはじまったクーデター騒動は、およそ二週間におよんだ。当初、造反四役員の要求は、新町を含む副社長の羽根田勝夫、専務の西塚英和の三代表の退陣だった。代わって、四役員のうち中心だった営業派の深田信と運航担当だったパイロット出身の岸田清の両常務が、代表取締役の椅子に座るつもりだったとされる。社内では、そう考えられてきた。

これに新町自身が抵抗した。もともと四役員自身は、頑なに退陣を拒んだ新町に対し、最初から弱腰だった。のちの三七〇人の管理職の署名運動があってはじめて、かろうじてメンツを保てた経緯がある。その一方で、クーデター騒動が長引くにつれ、造反組の旗色も怪しくなる。

事態が膠着《こうちゃく》するなか、新町は後継社長の指名権を譲らなかった。むろん形の上では人事権があるのだからそれは可能だが、ここまで追い詰められてなお、人事権の行使を許すとは四役員もだらしない。それにしても、なぜ新町は西松遙を指名したのか。

西松本人は一九四八（昭和二十三）年一月五日、静岡県浜松市に生まれた。いわゆる団塊の世代として、東大経済学部を卒業し、七二年四月にＪＡＬに入社している。同じ東大でも法学部出身の兼子勲や西塚英和と違い、経済学部というところから、歩みを異にしたのかもしれない。もっぱら資金調達を中心とする財務畑を歩んできた。

失礼ながら、かつての利光松男のようなカリスマ性もなければ、兼子勲のようなキレもののイメージもない。西松にはなんとなく朴訥《ぼくとつ》とした田舎くさい印象が残る。

ＪＡＬ本体の重役についたのは、〇五年六月。兼子から新町へＣＥＯのバトンが渡されたときが、初めてである。本体の重役に引きあげたのが、ほかならぬ新町だった。ただし、持ち株会社であるＪＡＬ本体の序列から言えば、社外取締役や監査役を除く七人の重役のなかの七番目だ。いわば、ほとんど目立たない存在といえる。

06年、取締役から十代目社長に抜擢された西松遙

西松はそんな末席の平取だった。それが、ＪＡＬの取締役就任からわずか一年後に社長に就任したのだから、関係者は仰天した。ＪＡＬ社内でも、予想外の抜擢に目を丸くしたが、その分、世間は大胆な

若返り人事として、持ちあげた。

後継指名した新町自身、貨物出身であり、傍流社長はふたり目だ。派閥色を一掃した社長人事と見えなくもない。あるいは、影響力を残すうえで、西松なら与《くみ》しやすいとでも考えたのかもしれない。新町はJALの代表取締役社長兼CEOの椅子を西松に譲った格好だ。それだけに、さまざまな憶測を呼んだ。

そして現に、新町は西松体制発足後、会長ポストにとどまる。代表権こそないものの、意見は言える立場だ。おまけに新町の側近政治を支えてきた秘書部長の安永も、秘書室に居残り、側近執行役員のひとりは取締役に昇格する。実際に、権力を温存した形だ。

では、造反四役員はどうかと言えば、こちらもまずまず責任追及を免れている。四役員の二人の常務のうち、次期社長候補と目されていた深田が中国総代表としていったん海外に避難。残る岸田が専務に昇格して代表権を手に入れる。他の大村、高橋もグループ企業に緊急避難するが、咎《とが》めを受けたわけではない。

世間では、三役の代表辞任を成し遂げた大胆な若返り人事と称賛されたJALの重役刷新。その実、いかにも中途半端に幕を閉じたクーデターだったのである。

あげく西松体制の人事は、新町と造反組との裏取引なのではないか。いつしか、それが社内の見方になる。西松丸は、はじめからそんな暗雲が垂れ込めたなかで飛び立たなければならなかった。

異色の十代目社長

日銀副総裁だった初代の柳田誠二郎から数えて十代目。霞が関からの天下り経営者でもなければ、派閥を背負っているわけでもない。西松遙は、これまでにないタイプのＪＡＬ社長だったといえる。就任間もなく、

「年収を九六〇万円にする」

と発表して話題になった。エリートの匂いをプンプンさせ、鼻もちならない過去の社長とは、一線を画している。社員食堂で昼食をとり、電車通勤までする。異色の「庶民派社長」とでも言えばいいだろうか。傍流という意味では新町と似ている面はあるが、最高経営責任者（ＣＥＯ）だった兼子の顔色をうかがわなければならなかった状況とは、大きく異なる。

西松は、はじめからＣＥＯとして、代表取締役社長に就任している。本来なら、人事権を行使できる立場だ。実際、だらしない経営者という烙印《らくいん》を押された新町など気にせず、ＪＡＬを改革する絶好の機会でもあった。

ＪＡＬ本体の取締役になった〇六年四月、西松は社長就任含みで専務に就任。さらに六月の株主総会で正式にＣＥＯ兼社長になった。相次ぐ運航トラブルによる安全対策をはじめ、社内に九つもある組合対策、さらに赤字体質の改善など、山積している課題に、新社長がどう立ち向かっていくのか。ＯＢ・現役を問わず、関係者の期待を一身に担っていたといえる。その気になりさえすれば、経営の刷新を図ることができたはずだ。

事実、西松自身、心の内では、社長就任当初、自分を社長に引きたててくれ、後ろで糸を引いているとされる前社長一派との決別を決めていたようだ。社長就任間もない〇六年当時、西松本人に会ってアドバイスしたというＪＡＬの重役経験者がいる。

「社内では新町が院政を敷いて西松を操ろうとしているのではないか、と囁かれていました。それで、どうなっているのか、当人に確かめようと思い、彼と会ってみたのです」

そう話した元重役が、おもしろいエピソードを披露してくれた。

「実際に会ったときの西松の印象は、よかったですね。思ったより骨がある。『いまは四人組騒動の余波があるので、人事に手をつけられない。だけど、新町さんには、そう遠くないうちに会長から退いてもらうつもりです』と言う。『そうでなければ、

JALの若返りはできないし、本当の改革にもほど遠い』と、きっぱり態度を表明するではないですか。彼は、機長のリストラや組合問題、さらにこれまで隠しつづけてきた負債などについても、表に出して改革をする、と明言していました。『それなら、われわれもOBとして応援する』と、激励したものです」

新社長の西松にとっての急務が、〇六年三月期の四七二億円の赤字解消と二兆円に迫る有利子負債の縮小だった。西松は、得意の財務、資金調達を駆使し、まずは企業の財務体質改善を図ろうとする。だが、そこでいきなり大失態をやらかしてしまう。

それが、新体制の経営改革における第一歩としておこなう予定だった、二〇〇〇億円の増資だ。大手証券会社幹部が、事情を説明する。

「JALでは、国内線の赤字に加え、〇七年三月末から一〇〇〇億円の社債償還がはじまる。一〇〇〇億円もの社債について支払う余力があるわけがないので、借金の借り換えをしなければならない。西松さんは、三月に社長就任が決まったとき、すでに二〇〇〇億円の株式増資を計画し、これで賄《まかな》おうとしたのです。ただし、増資するとなると、引き受け手も必要だし、株数が増えるので株価が下がる恐れもある。だから、事前に増資計画を意図的に周囲に漏らし、観測気球をあげました。すると、思いのほかに市場は敏感に反応した。とつぜん株価が下がりだしたのです」

もとはと言えば、この転換社債は、兼子勲CEO時代の〇四年四月に発行したユーロ円建保証付転換社債だ。先に書いたように、投資家は転換社債の借金の返済期限である償還期がきたら、株券と交換するか、現金で買い取ってもらうか、ふたつの選択ができる。株券に換える際の一株あたりの価格を転換価格といい、この転換社債は四四〇円と設定されていた。

つまり投資家は、株価が四四〇円を上まわれば株券に換えるが、それを下まわれば現金を受け取る。JALは経営不安のせいで、株価が二〇〇円台に低迷しつづけていたため、投資家たちは当然現金での買い取りを求めてくる。その資金繰りに迫られていたのである。

有り体に言えば、社債の買い取り資金を用意するため、新たに株券を印刷し、それを売って資金を調達しようとした。それが二〇〇〇億円の増資計画だ。しかし、株券の枚数が増えれば、その分、価値が下がる。それを見越して、株主たちがJAL株を売りに出し、株価が急落してしまったのだ。それでは、想定していた増資は難しくなる。

仮に三〇〇円の株が二〇〇円に急落したとする。三〇〇円の株価で一万株を新たに印刷して売りに出せば、三〇〇万円の実入りになる。しかし、株価が二五〇円だと二五〇万円にしかならない。大雑把《おおざっぱ》に言うと、そんなところである。株価が下がると、思っていた資金調達ができないため、増資そのものができなくなるわけだ。

「それで西松さんは、株価の急落を防ごうとし、慌てて増資を否定した。それは株主総会対策でもあります。増資されたら、株主たちは自分たちの所有する株の価値が下がるので、反対するからです。そうしていったんはことなきを得て、社長に就任してはじめての株主総会を乗り切った」

と先の証券会社幹部。ところが、問題は何も解決していない。これでは社債償還のための肝心の資金調達ができず、資金ショートしてしまう。

「そこで、西松さんは禁じ手を使ってしまったのです。株主総会前に否定した増資計画を復活させた。総会が終わったとたん、改めて増資を発表したのです。しかし、こんな市場や株主をバカにした話はない。またしても株価が下がり、それが信用不安にまで広がってしまった。株下げが止まらなくなってしまうのです」

西松は社長就任早々、ＪＡＬ本体の屋台骨を揺るがす大失態を演じてしまった。くだんの増資計画を発表したのは〇六年六月三十日。なにしろ、発行済み株式の三五％にあたる七億株を発行しようとした大計画である。それでいて、株主総会からわずか二日後というだまし打ちのような増資発表だ。もともとＪＡＬ株は低空飛行をつづけてきたが、この増資発表以降、それがよりいっそう顕著になる。株価は増資計画発表後、わずか一カ月の間に三割近くも急落した。なにしろ七月二十五日には、株価がついに二〇〇円を割り込み、一時上場来安値の一九七円に並んでしまう始末だった。

そうして、せっかくの増資計画も、結果は惨憺たるものになる。二〇〇〇億円を予定していた増資計画が、株価が下げ止まらないため、予定を大きく下回る一三八六億円しか資金調達できなかったのだ。ある企業エコノミストは、次のように解説した。

「西松社長による株主総会直後の増資発表は、抜き打ち同然でした。おかげで、増資を発表したとたんに市場の反発を買い、予定していた二〇〇〇億円の資金調達に遠く及ばず、三割以上も資金が足りなくなってしまった。この先、ＪＡＬが資金難に陥るのは目に見えていた。倒産なんて事態にもなりかねませんでした」

ＪＡＬ倒産の危機とアナリストが指摘したのも、あながち大袈裟《おおげさ》とは言えない。

「実は増資の受け皿探しも、かなりきわどいやり方でなんとかしたのです。もはや国内では信用力がなく、増資の引き受け手が見つからない。そこで頼ったのが、外国人の投資家たち。増資全体の六割を海外の投資家に頼み込んで引き受けてもらった。それで、ようやく一四〇〇億円足らずの資金をかき集めたのです」

ＪＡＬの資金調達部門に携わっていた関係者が、このときの増資の状況について、そう補足説明する。青い目に頼った資金調達には、やはり弊害もあった。

「外国人投資家による出資に頼った結果、ＪＡＬでは外国企業籍の株主比率が急増してしまったのです。外国人持ち株が、発行済み株式の二割になった。日本の航空法ではセキュリティなどの関係上、外国人の持ち株比率を全体の三分の一以内に抑えることを義務付けています。そのギリギリの線まで外国人の出資に頼ってしまったということです。これがナショナル・フラッグ・キャリアのすることか、という批判まであびてしまいました」

参考までに、ライバルであるＡＮＡの同じ時期の外国人持ち株比率は、わずか六・七四％だった。収益面でずい分見劣りしているＪＡＬは、こんなところでも、歴然とした差をつけられてしまっていたのである。さらにＪＡＬ関係者がこう言葉を足す。

「国内線では、ＪＡＬがＪＡＳと統合して一挙にＡＮＡのシェアを抜いたはずだったが、実はそこもＡＮＡにやられっ放し。なにしろこのころのＪＡＬは、毎月二〇億円ずつ赤字を垂れ流している始末でした。増資は、そんな赤字体質を改善する方法として、燃費の悪い航空機の買い替え資金にもあてる予定でした。が、その計画も狂ってしまった」

ＪＡＬの十代目社長、西松の船出ははじめから前途多難だった。御巣鷹山の悲劇から二一年目。ＪＡＬの歴代社長と同じく、八月十二日に追悼慰霊式に参列するため、御巣鷹山を尾根伝いに登った。社長としての責務である初登山を前にした増資の大失敗だったのである。

「株主に不快な思いをさせたことをおわびします。正直、うかつでした。ここまで批判を受けるとは思っていませんでした」

この七月二十八日、本人が記者会見でこう謝罪した。記者会見は、株価急落の非常事態を受け、下落に歯止めをかけようとしたものだが、「うかつ」では済まされない。増資そのものが、しょせん付け焼刃の対症療法にすぎないことを自覚しているのだろうか。

「実は社内の一部には、このままトップが経営の舵取りをしていったら、ダイエーのように産業再生機構を使って国有化されてしまうのではないか、という危機感すらありました。仮にこのまま新町社長が続投し、赤字がつづいたらどうなるか。国交省も銀行も黙っていない。銀行管理になれば、それこそ役員は総入れ替え。その前に自分たちで何とかしようという、切羽詰った改革が、本来のクーデターの主旨だったのです」

四人組クーデターに賛同して署名に応じた役員はそう打ち明けた。クーデター騒動の背景には、最悪のシナリオとして、税金の投入による国有化、さらにその上で解体、という道も想定していたという。その現状認識は間違ってはいなかった。だが現実に進んだ道は違った。西松の社長就任当初、アドバイスした元重役がこう指摘した。

「たしかに西松にやる気はあったのだと思います。旧態依然としたＪＡＬ経営との決別を約束してくれました。ところが、何年か経ってみると、いままでと同じ。問題の先送りばかりしている。おまけに、みずから粉飾まがいの為替取引に手を染めているではないですか。あのときの決意はいったい何だったのか。がっかりです」

西松社長もまた、他の歴代経営者と同じく、お粗末な経営の舵取りをつづけることになる。

水面下で進む腐敗の原因

〇六年に発足した西松体制は、前代未聞の増資失敗という嵐のなかを船出した。そこから〇九年の経営破綻発覚まで、大きなトラブルや不祥事の記憶がない、という読者がいらっしゃるかもしれない。波静かで平穏な運航をつづけてきたかのように思われてきたとすれば、それは大きな間違いである。

西松飛行艇はむしろ、絶え間なく激しい雨風にさらされてきた。恒常的な経営不安に襲われていたといっていい。そんな不安定な舵取りにおいて、他のJAL社長と同様、頼りにしてきたのが再生中期プラン「中期経営計画」だ。

〇七年二月六日、JALを率いるようになった西松がはじめて作成する中期経営計画は、経済界の注目を集めた。とりわけ銀行団がその内容に注視したといえる。

〈みずほ・政投銀、日航に2千億円規模融資〉

朝日新聞朝刊の一面トップに、こんな大見出しが躍ったのは松の内が明けたばかりの一月十四日だ。計画発表まで三週間もある。このころから、JALをめぐる新聞の報道合戦がはじまった。

〈日航、600億円融資要請――今期中、社債償還に備え〉

十五日には、日本経済新聞も、次のような記事を載せた。

〈日本航空は二〇〇七年三月期中に日本政策投資銀行など主要取引銀行に対し、六百億円程度の融資を要請する。三月に控える新株予約権付社債（転換社債＝CB）の償還に備える狙い〉

要するに、社債の償還という借金返済のため、六〇〇億円の緊急融資が必要なのだという。銀行団から融資を取り付けられるかどうか。それがJALの生命線だったのである。ＪＡＬと取引のある銀行の幹部が解説してくれた。

「ＪＡＬに対しては、〇七年四月以降、少なく見積もって一八〇〇億円、最大で二〇〇〇億円の融資が必要になると思われます。これらが社債の償還を含めた有利子負債の返済ならびに設備投資に使われる」

先の六〇〇億円と合計で、二四〇〇億円から二六〇〇億円の融資計画だ。いつものようにＪＡＬにとっては、命運を左右するほどの重要な銀行支援だ。にもかかわらず、いとも簡単にその中身が新聞に漏れ、まるで既定路線であるかのように、当たり前に報じられているのである。

銀行融資は、政府系の日本政策投資銀行（政投銀）が鍵を握ってきた。これもいつもどおりだ。政投銀はすでにＪＡＬへ三四〇〇億円近い巨額融資残高を抱えている。そこへ、さらに追い貸しするとなれば、よほどの覚悟がいるはずだが、ＪＡＬはいまだ中期経営計画が固まっていない。肝心のリストラ計画があいまいなまま、計画発表の一カ月近く前から、新聞報道だけが先走っていたのである。奇妙な現象としか言いようがない。新聞社にとっては情報をもらえばそれを書くのは当たり前だが、これほど意図的なリークもめずらしい。

一方、報道を受けたＪＡＬ社内は、これに敏感に反応する。

〈毎日新聞朝刊1面に、「日航　最大3000人削減」の記事が掲載されました。これについて、現時点の正しい情報を皆様にお伝えしたく、ここにメール申し上げます〉

一月十日、こう題された社内メールが、JALの管理職社員宛てにいっせいに届いた。毎日新聞が、中期経営計画の柱としてリストラ策をすっぱ抜いた記事に対し、社内の動揺を鎮めようとしたメールである。差出人は、ヒューマンリソース（人事）担当役員の安中俊夫。こう書かれていた。

〈自然退職以外に、早期退職施策も含め、あらゆる方策を検討中であることは事実です。しかしながら、現時点では、具体的な施策については決定しておりません。（中略）憶測記事とは言え、今回の記事によって職制の皆様に不安を与えてしまう結果となったことは、私も遺憾に思います〉

メールを見たという幹部社員が呆《あき》れかえる。

「メールを読んで、なんだ、そんなこともまだ決まってなかったのか、と拍子抜けしました。三年で三〇〇〇人のリストラなんて、五万数千人もいるJALグループにとっては、自然減に毛の生えたようなもの。もともと新聞へリークしているのは、役員たちでしょう。しかし労働組合への根回しが済んでいない。そこへ、記事が出たものだから組合に向けメールで弁解しただけ。要するに、会社側が新聞社を使って、アドバルーンをあげておいて、組合を牽制し、今度はそれを打ち消す。その繰り返しだから、情報漏れがとまらないのです」

まるでマッチポンプだ。いきおい、この時期のＪＡＬの報道合戦は、なかば中期経営計画前の恒例行事と化していた。

似たようなリストラ記事が、朝日、読売、日経と立てつづけに出る。すると、また社内でひと騒動になる。年明け早々から、ずっとそんな調子だった。

「たまたまこのメールの日から、西松遙社長による役員面接がはじまりました。社長が役員の改選期にあわせ、役員全員に辞表を書かせて受け取る。辞表をあずけている以上、他の役員たちが社長に逆らうことはできない。ＪＡＬでは、そうして歴代社長が取締役全員の生殺与奪権を握ってきた。西松さんもこれにならい、社長が実権を握るために同じことをやった。そのときにもあまりに中期経営計画の中身が漏れすぎる

と話題になったそうです」

さらに、前出の幹部社員がこうつづける。

「それで、西松社長は、辞表のほかに、『いっさい社内情報を漏らしません』と他の役員たちに一筆入れさせていたらしい。あまりに報道が多いので、セーブしようとし

たのでしょうね。でも、それもほとんど効果がなかった。なにしろ、西松さん本人が率先して記者へ情報を漏らしてきたのですから」

実際、この前年〇六年十一月八日には、中間決算発表に先立って似たような報道合戦があったが、それも西松本人によるリークが原因だった。そのリークが問題になる。

「このころ、日経新聞のベテラン記者のアドバイスで、西松さんが新聞記者と頻繁に会うようになった。国交省詰め記者に声をかけ、記者懇親会まで開いていました。それが決算発表直前の四日の日曜。西松社長みずから東京駅近くの居酒屋に記者を集めて懇談会を開き、その裏で記者にリークしていた。某新聞などは、発表前に正確な決算数字の資料をもっていました」(JAL幹部)

JALは〇六年九月の中間決算期、東急電鉄株やJR東日本株などを売り払い、なんとか一五億円の黒字にもっていった。増資の失敗直後の決算だけに、西松はその決算内容を新聞によく書いてもらおうと必死だったのかもしれない。だが、決算発表前のリークは下手をすれば、インサイダー情報の漏洩《ろうえい》にもなりかねない。なぜか、これまではそれが問題になるわけでもなく、当然のごとくおこなわれてきたのだ。

社長が代わるたび、何度も作成してきた中期経営計画。そのリストラ計画の目的は、社長が誰になろうが、不変だ。ごく平たく言えば、資金をやり繰りするための銀行融資を受ける手段である。西松遙がはじめて作成した〇七年から一〇年までの中期経営計画も同じだ。

本来、融資の大前提は、黒字転換可能な経営計画であるべきはずだ。銀行にしてみたら、赤字を垂れ流しつづけるような企業に融資などしたくない。が、かといって政府や自民党族議員の手前、むげに付き合いを断るわけにはいかない。

ＪＡＬから見たら、中期経営計画という形式的なリストラ策さえあれば、融資を取り付けられてきた。極端に言えば、再建策は絵空事でもいい。現実に、計画どおりに経営改善が進んだためしがない。その意味で西松も、過去の歴代社長とさして変わらなかった。これといった再建策の決め手がないまま、巨額融資が既定路線になっていったのも、これまでどおりだ。

喉元過ぎれば熱さを忘れる、のたとえどおり、ＪＡＬはもちろん、銀行も火傷《やけど》に懲りない。マスメディアも、一時的に騒ぐだけだ。

銀行団は、クーデター騒動に揺れつづけてきたＪＡＬに対し、六〇〇億円の緊急融資をし、〇七年四月以降の新年度は、二〇〇〇億円規模の支援策を決めた。その支援の中心が、政府系の日本政策投資銀行なのも、決まりきったパターンである。融資の原資が、郵便貯金などが関係する公的資金なのは繰り返すまでもない。しかし、そうして延命策が繰り返される分、水面下でＪＡＬ体内の腐敗が進んだ。

「政投銀はすでにＪＡＬへ三〇〇〇億円以上の融資をしています。仮に銀行が見放せば、ＪＡＬが倒産するのは明らかです。倒産となれば、その大半が焦げ付いてしまう。ここで巨額の不良債権が発生すると、銀行そのものの不要論が湧き起こり、財務省の立場がない。そこで官邸にいる財務官僚がＪＡＬを所管する国交省や政投銀に働きかけ、融資の計画が進んだと聞いています」

〇七年当時、自民党のある幹部職員がそう話した。水面下の動きだけに真相は見えにくいが、ＪＡＬについては突き放すべきだとの指摘も、すでになされている。

「政投銀の貸付に限らず、社会的意義を考え、政府が介入して融資を仲介する特別な理由はあります。しかし、日本航空にそれはない」

とは、市場競争主義者の慶應大学商学部の中条潮教授だ。

「日本の銀行、かつ政投銀が入ってくるという形になると、シナリオが見えてしまう。みずほや東京三菱ＵＦＪなども融資するが、あくまでお付き合い。銀行団は政府の意向を受け、日本航空を救済する意図が強いのではないか。それは銀行にとっても、利用者である日本国民にとってもマイナスです。日本航空は本腰を入れ、改革をやろうとしているようには見えません。この先、銀行が対応できなくなり、政府任せになる危険性が高い。最終的には改革ができないままに沈んでいってしまう。国鉄のようになって、やっと改革をはじめると、悲惨なことになります。なぜいまの時代に航空会社を救済しないといけないのか。単純な話ですけど、それに尽きます」
まさしくＪＡＬは、予想どおりの道をたどることになる。銀行団としても、融資はするが、銀行管理にして徹底的なリストラを主導していったわけでもない。そこについては、労働組合も同じ意見だ。〇七年の中期経営計画について、日航機長組合にも尋ねたことがある。
「結局、中期計画自体が、日本航空を再生させる内容になっていないんじゃないでしょうか。出てくる施策を見る限り、経営の流れは変わっていない。経営不振の理由の一つが、飛行機の買い過ぎです。まだ使える機材が十分あるにもかかわらず、機材更新が当然であるかのように言われている。もちろん、新しい飛行機を買えば、燃費はいい。でも家計になぞらえれば、借金だらけの家が、車を買い替えるようなものです。プリウスが出たからといって車を買い替えるのですか」（執行委員）
みずからの高サラリーを棚に上げているものの、それはそれで正論といえる。なにしろ西松が作成したＪＡＬの中期経営計画では、二兆円の借金がありながら、最新飛行機を買うため、さらに六〇〇〇億円も借金をするというのだ。高値で買った中古車のローンがたくさん残っている。それなのに、新車に手を出すようなものか。それでいて組合側にとってみれば、経営ミスを労働者に押し付けている、としか映らないのかもしれない。

「設備投資の問題しかり、まさにそうでしょう。たとえば国内線にクラスJを作りましたけど、会社側は『失敗だ』と認めています。クラスJの座席面積は、普通席に比べて約三〇％広い。普通席で二万円の東京〜大阪間なら、三〇％のプラス六〇〇〇円でもいいはずです。なのに、わずか一〇〇〇円高いだけ。五％の価格アップにしかならない。これでは収入が伸びるはずがありません。しかも、そのせいで全日空にお客様が流れてしまった。クラスJ導入の際には、現場の営業や組合は反対した。悪い道、悪い道に進んでしまっているのは、経営能力の問題です」（執行委員）

たしかにクラスJは、ＡＮＡのスーパーシートに比べて安っぽい、と評判が悪い。そうして、社長の西松は、組合側にものも言えず、押されっぱなしになる。

「どだい人件費削減なんて、経営者としては最も安易で手っ取り早いやり方です。でも人を減らすのは、安全とサービスに逆行します。カウンターの人が減ったら、お客様が何か頼もうと思っても困るし、長蛇の列ができる。それを蔑《ないがし》ろにして、ますますジリ貧。負のスパイラルに陥っているんじゃないか」

先の機長組合の執行委員は、まるで西松に相対しているかのように力説した。

「もっと現場の声をよく聞いてくれ、と言いたい。整備の問題は整備、客室問題は客室がいちばんよく知っている。このままいくと、日本航空は本当に駄目になります。(海外などへ外部発注している) 整備体制にしても、自社で愛着を持ってやらなければ、お客様も嫌でしょう。よその整備会社が手を抜くとは言いませんけど、中国やシンガポールとでは技術も経験も違う。これ以上、安全トラブルがあったら終わり。安全には金をかけてくれ、と言いたい。飛行機は耐用年数を超えてまで使えとは言わないけど、きちんとした整備をやって、部品を換えていけば新品状態になっていきます。飛行機を大事に使うことが大切だと思います」

このころＪＡＬでは、人件費削減の一環として海外だけでなく、グループ子会社にも整備を集中させていく。そのやり方も社内では不評を買った。これまでＪＡＬ本体やＪＡＬインターナショナル整備事業部がおこなってきた機体の整備を子会社「ＪＡＬ航空機整備成田(ＪＡＬＮＡＭ)」へ発注。そこから整備関連部署にいた社員をＪＡＬＮＡＭに次々と転籍させた。転籍組の多くは、数の多い団塊の世代だ。一九四七年から四九年生まれの彼らは、大量定年組でもあった。そこでこの際、定年を機に子会社へ移ってもらい、整備を全面委託しようとしたのである。

本体の整備本部員と子会社の社員とでは、給料が露骨に違う。同じ作業をやっているのに、五六歳JAL整備士の月給が七九万円、子会社ではその半分以下の三九万円でしかない。経営側にとって子会社への業務移管は、一見、妙案のように思える。むろん、整備についてもコストを度外視しては経営できない。一概に外部委託がいけないというわけではないが、人間のすることだけにやる気や意識の問題を無視できない。とくに整備士には職人気質《かたぎ》のプライドがある。そこを軽視すると、とんでもないしっぺ返しを食らう。

もともとJALには、自前の整備士を育てようとする余裕がない。ライバルのANAに比べ、その違いは歴然としていた。飛行機の数はANAの一・五倍近くあったのに、大卒採用はANAの七〇人に対し、JALは三〇人程度。JALはその人材不足分を子会社への整備委託でカバーしてきたのだが、現場で働いてきた整備士たちには、重視されていないという不満が残る。

ANA本体の整備士やJAL整備部員などとの年収格差もとうぜん気になる。職人気質の強い整備士にとって、給料は自分自身の技術の評価でもあり、給料が不当に低ければ、当然士気は下がる。それらが航空トラブルに発展してきたのに、さらに外部発注しようというのか——。それが組合側や整備担当者たちの主張だ。あれほど航空トラブルに見舞われたあとだけに、整備士たちの主張に説得力があるのもまた、事実である。

「経営陣は、真剣にトラブルの原因を追究しようとしてこなかったというほかない」

ＪＡＬの現役整備士がそう憤ってみせた。

「これまで役員連中は、セーフティミーティングなんて名目で、整備の現場を視察にまわってきました。ただし、ポッと顔を出して、ひと言ふた言簡単に声をかけて帰るだけ。これで、コミュニケーションが取れた、なんて威張っている。まさしく笑止千万です。整備の現場は、無理なコストカットのせいで、やる気をなくし、技術の低下は目を覆うばかり。二〇〇五年に発覚した左右のエンジンのつけ間違いも、整備の委託を進めたせいです。スタンダードな整備まで人員が足りず、海外の整備工場任せ。一向に進まない経営改革のしわ寄せが、安全に関わる整備部門に及んでいるとしか言えない。救いようがありません」

中期経営計画を作成し、世間に対していかにも大胆なリストラ策だとアピールする。そう見せかけておいて、いざ実行段階になると、現場社員や労働組合の反対にあって腰が折れる。経営者は、それを陰で労働組合のせいにするが、彼らと面と向かって話し合いもしない。結果、なにひとつ経営改革が進まない。その繰り返しだ。

四人組クーデターのあと担ぎ出された西松もまた、運航部門やそれをまとめている労働組合とまともに向き合ってこなかったように感じる。事実、〇七年の中期経営計画では、不退転のリストラを謳《うた》いながら、機長をはじめとする乗員については手をつけていない。組合との交渉を経ず、それでいて整備を海外や子会社に委託しようとするのだから、不平等感が生じる。反発を招くのは当然だ。なぜいつもこうなのか。

人減らしのカラクリ

二〇一〇年一月、会社更生法を申請したJALは、大胆なリストラ策を打ち出したと評された。新聞各紙の論調もおおむねそうだ。グループ五万二〇〇〇人のうち、三分の一近い一万五七〇〇人の削減を断行する、とJALは胸を張った。

ところが、この削減計画について、妙な点に気づく。JALでは、法的整理を申請するついこのあいだまで、削減対象者をグループ四万八〇〇〇人と公表してきた。それが、いつの間にか五万二〇〇〇人と四〇〇〇人も増えているのだ。これについてJALの広報部は、こう説明する。

「増えているその四〇〇〇人は嘱託やパート、派遣の人たちです。これまで発表してきた四万八〇〇〇人は契約社員や一時休業まで含まれていたが、新たに英語やパソコンを教えるために会社に来ている人や清掃のパート・アルバイトなどを加えた人数が五万二〇〇〇人です」

新聞報道では、この五万二〇〇〇人についての解説がなく、あたかも大胆な削減計画だという話が独り歩きしている。しかし、実はＪＡＬ本体の削減目標は、四〇〇〇人に満たない。つまり、一万五七〇〇人という一見大胆な削減策は、従来リストラ対象にカウントしてこなかった四〇〇〇人を上乗せし、その人たちにやめてもらえば、そこまで積み上がると計算した数にすぎない。まるで数字のトリックだ。

これに近い再建計画のトリックは、幾度もある。とりわけ西松体制での計画はひどい。

〈日航再建「背水」の構え　４３００人削減／路線再編で１３０億円改善〉（日経）

〈日航再建４３００人削減　３年で人件費、年５００億円圧縮〉（読売）

西松体制下、もはや恒例行事と化した再生中期プランが発表されたのは、二〇〇七年二月六日のことだ。このときは〇七年から一〇年度までの四カ年度の中期経営計画で、発表の翌七日付の新聞各紙を見ると、再建計画について、こう持ちあげているところが多い。

「踏み込んだリストラ計画だ」

そう話すメインバンク首脳のコメントを載せている新聞まであった。

ＪＡＬは、四年で四三〇〇人という人員削減策を金科玉条のように唱える。だが、これが本当にそんなに評価できるのか。むしろ関係者の声は、一様に厳しかった。

「よく見ると、自然減に近い。グループ五万人のＪＡＬは、平均二五年勤務として年間二〇〇〇人が減る計算です。四年だと八〇〇〇人。採用を少し抑えたら、三五〇〇人くらいは減る。これが自然減のリストラ。そこに、グループ非連結化による八〇〇人をプラスしただけなのが、今回のリストラ策なのです。追加削減の八〇〇人は、この先ＪＡＬが子会社の株を売り、グループから外れるので、社員としてカウントしないというだけ。これをもって、ＪＡＬ史上初の大胆なリストラ策なんて呼ばれている。しかし、逆に子会社がグループでなくなり、外部発注すれば、余計なコストがかかる。人件費削減というが、逆効果になりかねないのです」

そう指摘したのは、ＪＡＬの現役中堅幹部だった。そもそも、これまでのリストラ策とどこが違うのか、という非難まであがる始末だ。幹部社員がつづけた。

「これまでＪＡＬは中期経営計画で、何度もリストラ策を公表してきた。〇四年三月に発表された〇四年から〇六年度までの計画では、今回を上回る四五〇〇人のリストラ策を打ち出し、〇四年から〇六年度の退職給付費用として五七〇億円の人件費を削減できる、と謳っていました。ところが、この間に減ったのは、一九〇〇人にも満たない。自然減以外のなにものでもなく、昨年から今年にかけては、逆に人が増えています」

ＪＡＬでは、毎年中期経営計画を作成しているが、実はリストラ策は、毎度掲げている目標数字にすぎない。〇四年につづく〇五年三月には、〇八年三月までの削減目標として、四五〇〇人から、一四〇〇人を上乗せし、五九〇〇人の削減を見込んでいた。

仮に〇四年、〇五年のリストラが実現されていれば、人員はとうの昔に四万人台になっていなくてはならないはずである。だが、結果はそうはなっていない。〇七年時点の公表ベースで五万一五〇〇人の社員を抱えたままなのである。

では、西松体制でつくった〇七年の計画が、特段異なるリストラ策かと言えば、前述したように、頼みは団塊世代の退職と子会社の売却くらい。早期退職や役員報酬のカットなども打ち出してはいるが、しょせん焼け石に水である。

「これまで西松さんは財務・資金面の担当役員として、中期経営計画のコストカットに携わってきた。なのに、いまになってとつぜん妙案が出るわけがないでしょう。目新しいのは、せいぜいご自身の年収を九六〇万円に引き下げたことぐらい。本来ならゼロにすべきではないかという声もあがっているが、経営を立て直せるなら別に報酬はしっかりもらえばいいのです」

こう言うのは、先の幹部社員である。

「年収九六〇万円にしても、いかにも、取り繕いというほかない。九六〇万円の社長報酬は部長クラスというけど、本社の部長はそんなに低くない。よく聞くと、これは部長が役職定年になり、子会社へ転籍したときの給料だそうです。要は関連会社にいる元部長と同レベルで、『いっそ社長も転籍したらどうか』なんて社内食堂で笑われています」

その他、機材の更新なども、過去の再建策とほとんどかわりばえしない。これをもって、新聞各紙が〈「背水」の構え〉（日経）や〈不退転のリストラ〉（読売）などと持ちあげているのだから、奇妙な現象なのである。

創業以来、JALに対するメディアの監視は一貫して甘い。法的整理にあたり、企業再生支援機構が発表した再生計画についてもそうだ。専門家のあいだでは、二次破綻説まで囁かれている始末だったにもかかわらず、計画を検証するメディアがほとんどない。それゆえ一般には、あたかも順調に再生計画が進んでいるかのように見られてきた。それは誤認という以外ない。

過去、ＪＡＬの再建策がなぜこうまで骨抜きになってきたのか。リストラ計画における最難関が、複雑な労使交渉だという。マスメディアもそう報じてきた。だが、何がどう難しいのか、それについては踏み込んでいない。つまるところ、メディアも及び腰になり、甘いリストラ計画についても、何らチェック機能が働いてこなかったのではないだろうか。

ＪＡＬの再建計画において、本来避けて通れないはずの労働組合問題。それはいったい何だろうか。ＪＡＬはもともとの五労組が、伊藤淳二会長時代、管理職に位置付けられているパイロットの機長組合を認め、六労組になる。さらに旧ＪＡＳとの統合により九つに増えた。だが、問題は数ではない。

会社寄りの最大労組「ＪＡＬＦＩＯ」と本格労組の八組合との色分けについては、先に触れた。もとのＪＡＬ系組合が、「ＪＡＬＦＩＯ」「日本航空労働組合」「日本航空乗員組合」「日本航空機長組合」「日本航空先任航空機関士組合」「日本航空客室乗務員組合」の六労組。ＪＡＳ系が「日本航空ジャパン労働組合」「日本航空ジャパン乗員組合」「日本航空ジャパンキャビンクルーユニオン（ＣＣＵ）」の三労組だった。

前述したように、ＪＡＳとの統合計画を進めてきたこの間、ＪＡＬでは経営陣、組合側双方がＪＡＳ系組合員の切り崩し工作に奔走してきた。典型的なのが、旧ＪＡＳ系のスチュワーデス組合であるＣＣＵに対し、国際線乗務を餌にした一本釣りだった。かたや日航客乗組合がそれに対抗し、ＣＣＵとの合併を果たす。これが、西松体制発足三カ月後の〇六年九月だ。こうして現在の八労組体系になる。これが、まさにＪＡＳとの完全統合を果たした時期と重なる。

ＪＡＬ、ＪＡＳの統合では、グループ内企業の合併による一体化がおこなわれた。だが、それだけではなく、労働組合のあり方にも影を落としているのである。

進まない高給パイロットのリストラ策

「ＪＡＬの再建は難しい話ではありません。グループ五万三〇〇〇人、四〇〇〇億円規模の人件費をどう削るか。一割削るだけで、四〇〇億円、二割だと八〇〇億円が浮く計算になるのですからね」

そう話すのはＪＡＬの元組合幹部だ。経営再建のポイントは人件費の削減に尽きる、というのが、関係者の一致した見解だった。しかし、それができない。この時期、西松が手をつけているのは、年間一％程度の人員削減でしかない。

新町時代に打ち出し、難航した基本給の一割カットは、あくまで基本給の話である。六〇億円のカットは、四〇〇〇億円の総人件費に対し、一・五％ほどの削減にすぎない。それでいて、組合を説得できず、御用組合のＪＡＬＦＩＯにまでソッポを向かれたのは前記のとおりだ。

ＪＡＬにとって、本当に必要なのは、エリート社員の手厚い諸手当にどう手をつけるか。わけても、長年問題視されてきたのが、機長手当である。

「驚きました。経営危機だというのに、あんな待遇だとは」

そう振り返るのは、同じマンション内にＪＡＬの機長が住んでいるというあるファンドマネージャーだ。

「会社が赤字になったので通勤用のハイヤーが廃止されたとこぼしていました。でも、立派なタクシーが自宅に横づけされ、迎えにやって来ています。ここは電車通勤だと羽田空港まで一時間半ぐらいかかるから、タクシー代は片道何万円もするはず。いい待遇ですね」

こうやっかむ。

「しかも毎日ではなく、週に何回かといった勤務です。それでいて、かなりの高給取りでしょう。奥さんが働いているわけでもないのに、去年ベンツの新車を二台も買っていました。一台はＥクラスで二〇〇〇万円くらい、もう一台は小さいタイプですが、大学生の息子用だと自慢していました」

JAL社内からは、次のような声も聞かれる。同期入社の懇親会での話。

「機長や副操縦士は、狭い空間で二人きりの世界ですから、一種の徒弟制みたいなしきたりがある。だから、人当たりのいい副操縦士は、先輩の推薦をもらってすぐに機長になる。一般職は四〇歳で課長ですが、三〇代半ばで機長になる人もいるんです」

とは、四〇前の中堅幹部社員だ。

「JALでは二〇〇六年から全社員の基本給が平均一割カットされました。このあいだ営業の人間たちが、飲み会で同期の機長と同席したとき、その話題になったのです。そこで営業の人間が『家のローンもあるし、子供が私立の幼稚園に通い始めたばかりなので辛い』と愚痴っていたらしい。すると同期の機長が『俺たちパイロットも、一割も給与カットされてるんだったっけ?』って聞き返すのです。つまり、乗務手当が大きいから、基本給がいくらカットされたって気がつかない。痛くも痒《かゆ》くもないんです」

焼け石に水だと酷評され、新町体制であれだけもめた基本給のカットは、四月になりようやく実現した。が、問題は諸手当のほうだ。とりわけ、機長に対し、フライト時間に応じた給与保証をする乗務手当のコストが、JALの経営に重くのしかかってきた。

実は、JAL・JAS統合計画を進めるなか、グループ社内には二つの給与体系が存在してきた。同じパイロットでありながら、旧JAL出身者と旧JAS出身者で給与格差があったのだ。むろんJAL出身の機長のほうが高い給与をもらってきた。その差が機長に対して支給される管理職手当である。

旧JAL出身のパイロットは、機長になると自動的に管理職に昇格する。かつての経営側がスト対策として、乗務員組合からパイロットを引きはがすために与えた制度だ。そのため管理職になった機長たちは、いったん組合から抜けたのだが、鐘紡の伊藤淳二のときパイロットの機長組合を認め、再び組合活動をするようになった経緯がある。

JALのパイロットは、組合活動を認められている管理職という稀有《けう》な立場にあるといえる。機長になれば、その管理職手当が加わり、年収がグンと跳ねあがる。そんな恵まれたフライト賃金保証制度があった。

通常、パイロットは飛行機に乗務するフライト時間に応じて報酬を得る。いわゆる時給だ。管理職になれば実際に搭乗する時間が短くなるという名目で、一定の保証をつけたのがJALのフライト賃金保証制度である。副操縦士までは週に六五時間だったフライト保証が、機長になると自動的に八〇時間にアップする。年にすると、一気に四〇〇万円から五〇〇万円も上乗せされるのだから、ありがたい給与保証である。おかげで、以前はＪＡＬのパイロットに年収三〇〇〇万円プレーヤーが続出していた。年収三〇〇〇万円といえば、上場企業の社長や副社長並みの年収だ。経営危機を迎えた〇七年には、さすがにそこまでの高給取りはいなくなっていたが、それでも二〇〇〇万円から二五〇〇万円の年収は当たり前のようにあった。この人件費が、いかに会社の経営を圧迫してきたか。

「国際的な機長の年収水準はせいぜい一五〇〇万円。アジアの会社なら一〇〇〇万円以下でしょうから、ＪＡＬパイロットの給与は高すぎる。これでは、とても国際競争に勝てません」

こう手厳しいのは、当のＪＡＬの元役員だ。ちなみに、〇七年二月現在の旧ＪＡＬ系機長は一三四五人。うち、日本航空（日航）機長組合の組合員は一二〇〇人ほどいた。三〇〇〇万円は大袈裟にしても、その大半の機長が、二〇〇〇万円以上の年収をもらっている。すでに死語になっている組合貴族という表現は正しくないかもしれないが、機長組合の組合員たちはかなり高給取りであるのは間違いない。

問題はこれがどう経営に影響しているか。仮に二三〇〇万円の年収として、一二〇〇人で一〇〇〇万円ずつカットし、一三〇〇万円に引き下げれば、一二〇億円の経費が浮く。JAL系のパイロットの収入削減だけで、あれだけ苦労した基本給の一割カット六〇億円の二倍になる計算である。

「俺たち、一割も給与カットされてるんだっけ?」

営業部門の同僚との飲み会で、四〇前のパイロットがそう嘯《うそぶ》いていたのも無理ないかもしれない。

JALは、経営が苦しいと政府や銀行に訴え、救済してもらってきたが、削るところはまだまだある。この機長の管理職手当は、もともとスト防止目的の歪な給与体系である。それだけに、問題が多い。たとえばJASとの統合により、その問題が顕在化した。JASには機長管理職制度がなかったため、JALと比べ、パイロットの給与水準が低い。JAL系機長との給与格差が生じてしまったのである。

〇六年十月、JASとの完全統合を果たしたJALでは、西松体制がスタートして間もなく、旧JAS出身機長の処遇をめぐり社内の対立が表面化する。JAS系の日本航空ジャパン乗員組合が、機長の待遇問題で会社側と角を突き合わせる羽目になるのである。

完全統合し、JAL、JASの垣根をなくしたのだから、旧JASの機長も管理職に昇格するはずだ。ＪＡＬでは従来、日航機長組合に管理職組合として団体交渉を認めてきた。経営側はその代わり、スト権の行使だけは拒んできたのだが、そこに問題が生じた。ＪＡL元役員が、説明する。

「乗員組合に所属するＪＡＳ系の機長たちにも、同じようにストを認めない、と拒否したわけです。ところが、もともと管理職でもなんでもなかったＪＡＳ系のパイロットたちは、それに反発しました。そして、スト権ストを打とうとしたのです」

経営側にとって、パイロットのストライキは最悪の事態だ。だからこそこれまでは、運航ストを回避するため、管理職手当を与えてきた。スト権をカネで買ってきたようなものである。しかし、かといって、ＪＡＳのパイロットを新たに管理職にすれば、いっぺんに人件費が増えコストがかさむ。およそ四〇〇人いるＪＡＳ系機長の年収が五〇〇万円ずつ増えたら、それだけで二〇億円のコストアップになってしまう。赤字経営の会社にとって、これはかなり痛い。

運航ストの危険性とコスト増。ストも困るし、これ以上のコストアップにも耐えられない。ＪＡＬの西松は、ふたつの相反する問題に対処しなければならなかったわけである。

一方、実は、ＪＡＳ系の機長たちにも、同じような悩みがあった。表向き、旧ＪＡ

S系の機長たちはスト権ストを唱えている。が、本音を言えば、目の前の管理職手当というニンジンも捨てきれない。そうして双方とも、立ち往生してしまったのである。

本来なら、JAS系機長の処遇問題など、二〇〇六年十月の完全統合時点で決着していなければならない。だが、それが何度も交渉期限が延期されたあげく、問題が先送りされていったのである。ついに、年を越しても、決着が付かずじまいで、さらに一月三十一日とした交渉期限も延期されてしまった。

この機長問題を含め、西松社長をはじめとする経営陣や社内に危機感はあるのか。この時期のJAL広報部に聞いた。

「(JAS出身の)機長管理職制度は、労使双方にとって大きな課題であり、相応の時間をかけ、関連組合の理解を得て実現したい。(〇七年)一月三十一日までに解決にいたらなかったことについては残念ですが、必ずや理解は得られるものと考えています」

こう呑気《のんき》に答える。旧JASの機長も管理職にする方針だという。となると新たな人件費が発生する。いったい機長はいくらもらっているのか、改めて尋ねてみた。

「運航乗務員の平均年収は、(JAL系の旧)日本航空インターナショナルで一九五

四万円、(JAS系の旧)日本航空ジャパンで二〇〇五万円。それほど多くはありません」(同広報部)

運航乗務員の平均年収というからには、パイロットのそれかと思ったが、よく聞くと、「機長、副操縦士、運航機関士、訓練生」の平均なのだという。パイロットそのものの年収を尋ねているのだが、例によって「業種別の収入は開示していません」(広報部)と言うばかりだ。この会社、どうにも誤魔化しが多い。

ちなみにかつて三〇〇〇万円プレーヤーといわれたパイロットの収入は、かなり減っていた。機長の最低時給は一万三〇〇〇円で、副操縦士は八五〇〇円。さすがに〇七年に月間八〇時間保証を廃止し、副操縦士と同じ六五時間に減らそうとした。すると、最低手当は機長が八四万五〇〇〇円、副操縦士は五五万二五〇〇円となる。さらにそれに月額七〇万円程度の基本給が加わる。

八四万五〇〇〇円プラス七〇万円に一二カ月をかけると一八五四万円。それから五%カットされているので、一七六〇万円ほどだ。それにボーナスが加わる。ボーナスは過去、基本給の七カ月分くらいあったが、〇八年の実績は二・〇五カ月で一五〇万円程度だから、機長の最低賃金は一九一〇万円くらいだろうか。形の上では、これがパイロットの最低給与水準となる。

しかし、実はそれだけではない。フライト保証を六五時間に引き下げる代わりに、今度は職務手当を支給。それが月額二五万円から三〇万円になるというから、従来の管理職手当と同じである。パイロットの年収は平均的に見ると、二二〇〇万～二三〇〇万円といったところだろう。これを多いと見るかどうか。世間相場からすると、やはり高サラリーである。

「JAS系の機長が管理職になり、スト権を放棄することで合意した」

このあとJALは、そう新聞発表した。が、実際はそう一筋縄ではいっていない。当のJAS系の日本航空ジャパン乗員組合に聞くと、こう明かした。

「スト権は憲法で定められた労働者の権利ですから、『その行使について、とやかく言われるものではない』という主張は変わりません。ただし、スト権の行使は慎重にやる、と申し上げたことに対し、会社側が『それでは合意の方向に向けて基本的に確認ができましたね』と言い、お互いこれから何らかの解決を図りましょう、となった。それが独り歩きして報道されてしまっているだけです」（副委員長）

つまり、スト権の放棄すらしていないという。いままでは話し合いひとつできなかったが、ようやく、そのテーブルについたという程度の話なのだ。

一方、JAL系の日航機長組合では、「いまは三〇〇〇万円ももらっている機長はいません」（執行委員）と言いながら、話し合いに応じない経営陣への不信感を隠さない。

「（〇七年二月）六日の発表と同時刻の一五時一〇分ごろ、会社から経営計画を受け取りましたが、それ以前には何の連絡もありませんでした。八日の夕刻にやっと組合への説明がありましたが、そこで、開口一番『（西松遙社長が）こういうふうに事前に計画が漏れてしまって申し訳ない』と謝っていました。昔からこうです」

そもそも西松は、〇六年の社長就任以来、ほとんど組合と話し合った形跡がなかった。結局、この機長管理職問題は、ＪＡＳ系のパイロットの大半に適用される。おまけに先の機長のフライト賃金保証もなし崩しになる。それがのちのＪＡＬ経営の足を引っ張っていったのは、言うまでもない。

そこまでして高給取りの機長を抱える必要があったのか。最大労組ＪＡＬＦＩＯの元幹部が指摘した。

「西松社長がこうした労働問題にいっさい手をつけず、機長組合ともろくに話をしていないのは、関心がないというか、交渉が苦手なのでしょう。経営が行き詰ると、とにかく銀行頼み。銀行団から融資を取り付け、急場のピンチを乗り切る。それが彼の経営手法でした」

ＪＡＳとの統合以後、八つの組合を抱え、あまりにも図体が大きくなりすぎたＪＡＬは、何をやるにも方向が定まらない。ひいては、それが社員同士の確執を生んできた。先に紹介した三八歳の空港職員の自殺は、その犠牲者のひとりといえる。

「彼はＪＡＳグループのハンドリング会社、ＴＡＳにいたのですが、十月一日の完全統合後は、新たにできたＪＧＳの事務系の職員として空港に勤務していました。奥さんと小さな子供が一人いるそうです。当日も普段どおり勤務していましたし、職場の同僚たちも、てっきり夕方五時ごろには家に帰ったと思っていました」

こう振り返るのは、ＪＧＳの同僚だ。空港の手荷物預かりやカウンターでのチェックインをおこなうハンドリング会社は、空港業務の要ともいえる。〇六年九月まで羽田空港では、ＪＡＬ系のＡＧＳとＪＡＳ系のＴＡＳが存在し、作業を分担してきたが、十月の完全統合を機に両社が合併し、ＪＧＳが誕生した。ＪＧＳにはさらに子会社があり、全国の空港業務に携わるＪＡＬグループの人員は九三〇〇人もいる。うちＪＡＳ系のＴＡＳ出身者は三二〇〇人と少数派だ。それゆえ肩身の狭い思いをしてきたという。

「不満はありますよ。労働条件が下げられましたからね。もともと子会社にコスト削減を押し付けてきたＪＡＬ系のＡＧＳのプロパー社員でさえ、給料を低く抑えられていました。そのあおりがわれわれＪＡＳ系のＴＡＳ社員にもあり、収入が減りました。月給にして五万円くらい減っていると思います。でも、それより面倒なのが、業務面です。扱ってきた飛行機が違いますから、苦労が絶えない。たとえば飛行機の貨物室を開けるのにも、機種に応じたドア操作の資格が異なる。ＪＡＬのジャンボとＪＡＳのＭＤでは資格が違うのです。それでいて、作業はいっしょにやる。ＴＡＳ出身者は、ＪＡＬ系のＡＧＳの作業基準に合わせなければならなかった。そんな苦労が絶えませんでした」（前出ＪＧＳの同僚）

慣れない作業のため、ミスも多くなる。そのたびにＪＡＬ系の社員に怒鳴られる毎日だったという。「仕事に疲れた」と家族に言い残して命を絶った三八歳の道中義美は、そうした歪な職場の雰囲気に耐えられなかったに違いない。

空港業務をおこなうこうした子会社にも、組合問題が存在する。ＪＧＳの同僚は次のように話す。

「空港窓口の旅客カウンター業務をしていたＪＡＳ系のＴＡＳの女性契約社員たちが、統合により仕事を取りあげられてしまったのです。『カウンターの仕事をつづけたければ、ＪＡＬの孫会社へ転籍しろ』という。仕方なく二〇代を中心に一二〇人の社員ほぼ全員がそこに移りました。でも、労働時間が延びて休みが減るうえ、賃金も下がってしまう。そこで、組合に駆け込んだのです。目下、組合側が待遇の改善要求を突きつけています」

彼女たちが駆け込んだ先は、JAL系のJGS東京労働組合だった。実はJALは、本体の八労組以外にも組合問題を抱えている。グループ子会社にそれぞれある労働組合が活動している。なかでもJGS東京労組は共産党系の先鋭的な労組として知られる。仮にストに突入すれば、羽田空港のカウンター機能が麻痺してしまう。JALグループはそんな子会社の労働組合に対しても、足元が定まらず、ふらついてきた。

それはまさしくJALグループの縮図ともいえる。表向き見えないが、JALはこうした火種をいたるところに抱えてきたのである。慶應大学経済学部の金子勝教授が言った。

「JALは、ズルズルと問題を先送りにしてきた北海道の夕張市と一緒です。数合せのリストラを発表し、泥沼にはまっている。整備士問題にしても、信用を取り戻す抜本策がなく、『削りません』という極めて消極的な策です。まずは客の信用を取り戻し、売上をどう回復させるか、という計画であるべきだが、中途半端なリストラ策の連続で、安全が損なわれた。そこを組合に突っこまれ、身動きが取れないのが現状です。本来、組合は経営をチェックする役割がある。しかし、会社の御用組合を作って、そこに入らないと出世させない、なんて前近代的なことまでやってきた。みな組合のせいにしているけど、根本は経営者の問題です」

ＪＡＬ十代目社長の西松遙は、最後の再建チャンスを逃した。庶民派社長の限界だったと冷評する声もある。社長就任の翌年、〇七年度の中期経営計画で「四年後の一〇年度末に黒字、復配を目指す」と気勢をあげた。

しかし、それは空威張りだったと言うほかない。

第九章　倒産

「本年一月十九日、日本航空は会社更生法の手続きに入りました。会社の経営悪化の原因に関しましては、自民党政権下における政官業癒着構造や航空行政の失態等、さまざまな問題が指摘されております」

二〇一〇年三月十日、参議院本会議の答弁に立った民主党の大久保勉が、ＪＡＬの法的整理問題を議題にした。その瞬間、静まり返った場内から、パラパラと拍手がわき起こる。その拍手の波が大きくなり、自分の足元に届くまで待つ。そして、大久保はよりいっそう言葉に力を込め、答弁をつづけた。

「なかでも(問題は)、同社の純資産金額が、二〇〇九年三月末の一九六八億円から会社更生法適用（申請）後、マイナス八六七六億円と、一年足らずで一兆円以上減少していることです。総資産が一兆七五〇〇億円の企業で、その約六割が減少していることは明らかに異常で、粉飾決算が長期にわたっておこなわれていたのではないかとの、専門家の指摘もあります」

過去、ＪＡＬ問題については、民主党議員が何度か国会でも取りあげてきた。以前は民主党が野党だったこともあり、正確な情報も入らず、あまり注目されなかった。だが、政権交代後は状況が一変する。法的整理というパンドラの箱があいたＪＡＬは、文字どおりその箱のなかがさらされていった。

すでにＪＡＬの舵を握る手は、自民から民主へと移っている。それだけに大久保の答弁には、かつてない迫力があった。

この国会答弁と同じ日、民主党は「日本の空を考えるプロジェクトチーム」というＪＡＬについての勉強会を立ちあげる。そこで、公認会計士の細野祐二を招き、会計上の問題点が整理された。大久保の答弁はプロジェクトチームのその勉強会をもとにした発言だ。

「この会社は、発行済み株式が非常に多い。圧倒的多数が個人株主です。二〇〇九年三月までは二〇〇円以上の株価が付いていたが、今回の上場廃止で、時価総額五〇〇〇億円が一気に棄損したことになります」

民主党プロジェクトチームの勉強会に招かれた細野は、ＪＡＬ問題についてするどく指摘した。上場廃止によりＪＡＬの株券が紙くずになった。五〇〇〇億円は株主が被った実損だが、むろんＪＡＬにおける問題は、それだけではない。蓄積された隠れ負債である。国会で大久保の言った一兆円の差がそれにあたる。細野はそこについて次のように解説した。

「結論から言うと、破綻直前の純資産が一九六八億。その一〇カ月後には、マイナス八七〇〇億だから、一兆円の損が出た計算になる。なぜ一兆円という金額が突然出てくるのか。債務の内訳について、ＪＡＬは機材の評価損で五〇〇〇億円あったと言っています。散々問題になった退職金の債務が三〇〇〇億円、その他二〇〇〇億円です。それは、いままでの決算がどこかおかしかったのではないか、と考えざるをえません。会計処理自体が疑問です。散々問題になってきたのに、正しい、といままで言い張ってきた。これは粉飾決算と考えるのが常識です」

そう断言する。ＪＡＬの粉飾決算疑惑は、かねてより囁かれてきたことではある。だが、与党の勉強会という公式の場でここまで明確に指摘されたのははじめてだろう。

「たとえば機材関連の報奨という日本に特有の会計処理があります。仮に飛行機一機一〇〇億円として、値引きしてもらって九〇億円で買ったとする。ＪＡＬの場合、飛行機を一〇〇億円の固定資産として計上したうえ、一〇億円は利益とみなし、利益を水増ししていたのです。これが何百億円という金額。さすがに〇五年三月以降はやめているが、それまでは三〇〇億〜五〇〇億円を収益として利益計上していた。もしこれがなければ、赤字になっていたはずです」

航空業界ではこの機材関連報奨額をクレジットメモと呼ぶ。飛行機を定価で買ったことにし、値引き分をキックバックしてもらう、というやり方だ。これは航空会社にとって非常に都合のいい制度といえる。

会計士細野の言うように、ある時期のＪＡＬはこの機材関連報奨額を利益計上し、赤字の穴埋めをしていた。だが、それだけではない。そもそもクレジットメモは、その名が暗示するとおり、覚書である。つまり、元来、正式な契約ではないキックバックだから、使い道はどうにでもなる。これが政官界工作費の裏金として、利用されてきたのではないか、という疑念も囁かれてきた。

クレジットメモが〇五年までとなると、兼子勲、新町敏行時代までの出来事だ。つまり、西松遙がＪＡＬ本体の取締役になるかどうか、といった時期にあたる。経営責任という点では、西松の罪は軽いとかばう向きもあった。

しかし、財務担当者としての責任は免れない。なにより、ＪＡＬは、クレジットメモを駆使した経理操作をした結果、航空機を高値で買ってきた。それがのちのち、経営悪化を招く。八七〇〇億円という、クレジットメモを使ったせいで高値づかみしてきた航空機の購入コストが、途方もない巨額債務超過の大きな要因となってきたといえる。航空機の評価損という形で、隠れた債務が表にあらわれたのだ。

詳しくはのちに触れるが、ＪＡＬは航空機をふつうより高値で購入してきた。そのため、帳簿上も通常の時価資産評価より水増しせざるをえない。それが莫大な評価損を生んだ。いわゆる簿外債務問題がこれである。

〇五年当時、この原因となってきたクレジットメモが問題となり、廃止された。ところが、その結果として生まれ、たまりにたまっていた簿外債務は伏せてきた。まさしく、西松にはその責任があるのだ。

「機材関連で五〇〇〇億円の損。機材の評価額は七二三八億円ですから、七〇〇〇億円で買った飛行機が、時価では二〇〇〇億円しかないことになる。簿価（帳簿上の買い取り価格）のかさ上げをずっとやってきたから、こうなっているわけです」

プロジェクトチームに招かれた細野は、ＪＡＬの西松に対し、痛烈な批判を繰り返した。そこから、銀行による救済策にも矛先を向けた。

「日本政策投資銀行などが、（〇九年六月に）一〇〇〇億円を融資した。これは、誰が見ても返ってこないのは分かっていた」

ひた隠す燃油ヘッジの大損

「JALの西松社長が、最も頭を抱えていた爆弾が二つあります。一つは、〇七年末に話題になった貨物運賃の国際カルテル。独ルフトハンザ航空や英ブリティッシュ・エアウェイズなどとともに、カルテルの疑いをもたれた。その課徴金が発生するのではないか、と見られてきました」

そう打ち明けたのは、JALと取引のある金融関係者である。〇七年からの中期経営計画作成中だった時期にあたる。課徴金は数十億規模で発生するため、半期で一五億円、通年で三〇億円の黒字見込みしか立てられなかったJALにとって、かなりの痛手ではあった。

しかし、もう一つの「爆弾」は、それどころではない。金融関係者がつづけた。

「それが燃油ヘッジの失敗です。JALの資金調達部門は、ずっとその損失を明らかにしてこなかった。ところが、ここへ来て、公認会計士からの指摘があり、含み損を計上すべきかどうかで、揉めているのです。すでに一〇〇億円単位の損が出ているのではないか、それがどこまで広がるか、と社内の一部は戦々恐々としているようです」

石油相場は、航空機にジェット燃料を使う航空会社の経営を左右する大きな要因となる。二〇〇一年九月の米同時多発テロ以降、米国とアラブ諸国との対立が深まり、燃油が高騰をつづけてきた。世界のエアラインは、その原油高の煽《あお》りをもろに食らい、四苦八苦してきたのである。

〇六年三月期のJALグループの年間燃油費は三七六八億円。グループ五万人の人件費に匹敵する。二兆円規模の売上の、実に五分の一に相当する。それだけに燃油高は深刻な問題だ。一バーレルにつき、一ドル燃油費が高騰すれば、年間五〇億円の利益が吹っ飛ぶといわれる。途方もない金額といえる。

そのジェット燃料は、原油から精製された油を使う。その原油には、産地によっていくつか種類がある。中東のドバイ原油、米国のWTI、それに北欧の北海ブレントなどだ。それぞれの原油は成分や精製法が異なり、その地域の気候によって市況が左右される。アジアの航空会社は、もっぱらドバイ原油から精製した東南アジアのシンガポール・ケロシンという精油を使う。ケロシンとは精油の意味だ。

高値のつづいたこの原油・精油が、〇四年の夏以降、さらに世界的な高騰を見せた。精製前のドバイ原油でいえば、〇四年八月は一バーレル三九ドル。それが一年後の翌〇五年八月には五六ドルになり、〇六年八月には六九ドルに急騰した。ドバイ原油に連動して相場が動く精油・ケロシンは、それぞれこれに二〇ドル増しといった市況だから、ピーク時の〇六年八月には九〇ドル近くに跳ねあがっている。

二年間で、実に三〇ドルも価格が高騰したのだから、航空会社にとってはたまらない。一ドル五〇億円のコスト高として単純計算すると、燃油費用はそれまでより一五〇〇億円もかかっている計算になる。これでは経営がピンチになって当たり前だ。

もっとも、石油は相場に左右されやすいだけに、航空会社もただ指をくわえて損をしているわけではない。そこまで費用をかけないよう、危険を回避する。それが燃油ヘッジである。航空各社の調達担当者は、原油があがり局面にあると判断すれば、先々使う燃油を予《あらかじ》め買っておく。いわゆる先物買いだ。先物を買ったあとに現物の燃油が高騰すれば、値上がり分を払わなくて済む。この分をヘッジ益として収益に計上できるわけだ。

オイルショック当時、日本全国の家庭がトイレットペーパーを買いだめし、騒ぎになったことがある。それは庶民がトイレットペーパーの値上がりにそなえたわけだ。いつもは三〇〇円で一カ月分の一二ロールしか買わない家庭が、六〇〇円出して二カ月分二四ロール買っておく。二カ月目に入ったとき、一二ロールの値段が二倍の六〇〇円にあがっていたとする。すると、二カ月で九〇〇円かかるところが、六〇〇円で済む。その差額三〇〇円分が得になる、といった感覚だ。

「全日空（ANA）は、四半期ごとに、その先の三カ月分の使用量の八分の一ずつを買うヘッジシステムをとってきた。このやり方であがり局面がつづいていたので、ずい分ヘッジ益が出ていました。しかし、JALは、あがったあとに投機的に買っていた。そのため、思うようにヘッジの効果があらわれず、モロに原油高の煽りを食らった、とされてきました」

とは先のJALの取引先金融関係者の解説だ。

その燃油市況は、〇六年八月をピークに下がり基調に転じた。一バーレル九〇ドル近かったシンガポール・ケロシンが、みるみるうちに七〇ドル割れする。とうぜん下がり基調のせいでANAは大きなヘッジ損を出した。ヘッジをしていなかった分、新聞はJALに好意的な見方をしていた。〇七年一月十六日付日経新聞には、次のような見出しが躍る。

〈相場に応じて機動的に予約するJALの方式が、早めに費用を固定化するANAに比べ恩恵を受ける〉

だが、これは表向きの話であり、現実には逆だった。前出、JALと取引のある金融関係者が打ち明ける。

「ＪＡＬの燃料調達部は、機動的というより、あわてて燃油ヘッジに走ってしまったと言ったほうが正しいでしょう。それどころか、運悪くピークを迎える〇六年夏ごろまでに相当な先物買いをしていたと思われます。結果、ＡＮＡどころではない大損をしているはずです」

世間の評価とは正反対の大損が隠されていたというのだ。いったいどうなっているのか、分析してみると、そのとおりだった。四人組のクーデター直後、西松遙体制で出直しを図った〇六年四月以降、ＪＡＬは駆け込み的に燃油ヘッジを増やしている。それは明らかだった。

もともとは燃油の先物買いをひかえてきたといえる。新聞報道にある「機動的なヘッジ」かどうかは別として、ＪＡＬではある時期を境にし、燃油ヘッジのやり方を大きく変えている。

燃油のヘッジ率は、兼子・新町体制下の〇五年四月の時点では、年間使用量の一七％にすぎなかった。それが、一年後の〇六年四月には、いきなり七五％に急増する。驚いたことに、年度初めに、年間使用量の四分の三もの先物買いをしていることになる。

そして、この年の中間決算期である十月時点では、ヘッジ率が八九％と上昇。さらに一四％も買い増ししているのだ。これが四月から九月にかけてのこと。つまり半年で、年間使用量のおよそ九割を先物買いしていることになる。その時期がいかにも悪い。〇六年八月、石油・精油市況がピークを迎えた、まさにそのころなのである。

「シンガポール・ケロシン市況で見ると、年間使用量の七五％から八九％へと一四％も買い増しした時期が一バーレル九〇ドル近くに高騰していった時期にあたる。明らかな高値づかみです。このときに年間使用量の一四％も買っていたら、どうなるか。現在（翌〇七年）は、そこから二〇ドル下がっています。一ドル五〇億円の差損として、一四％かける二〇で、ざっと一四〇億円の損という計算になる」

そう明かしたのは、調達部門にいたＪＡＬ幹部だ。

しかも、そのあとの〇六年九月中間決算期の報告によれば、ＪＡＬはこの時期、来たる〇七年度分の使用量の四一％まで手当てしている。このまま市況が安値で安定すると、計算上、なんと六〇〇億円を超えるヘッジ差損になるのだ。調達部門幹部はこう説明する。

「二〇〇七年度分については、まだ経理処理する必要はなかったが、〇六年度分について、ＪＡＬでは十月以降さらに残りの一一％をヘッジしている。つまり、〇六年度分を一〇〇％買っている。しかし、市況は十月からさらに下がりつづけていましたから、これも高値づかみしている可能性が高い。損が広がっていたのはたしかでしょう」

JALは燃油があがり基調だった時期には、先物買いをしていない。逆にピーク時から下がり局面にかけて、一生懸命先物買いをしているのだ。むろん、ヘッジはあくまで相場によって左右される賭けだから損得は付き物だ。が、素人目にもお粗末に見える。

西松の責任

〇六年九月中間決算の発表時にあたる十一月初旬、当の西松は、なんとか資金をやりくりし、通年で三〇億円の黒字を確保すると言った。そこにはヘッジの損など、想定にない。もしくは、隠しとおすつもりだったのかもしれない。

過去JALでは、ヘッジの損得について、いっさい公表してこなかった。従って、その状況もほとんど報じられていないのである。いったい、どうなっているのか。

当事者たちに聞こうと、燃油ヘッジを担当する調達部の副部長と調達部長の自宅を訪ねた。すると、部長、副部長とも、顔が引きつっていた。

「広報を通してくれ。そうでなければ答えない」

どちらも煮え切らない。では、調達部に代わって答えるはずの広報部はどうか、といえば、事情が飲み込めていないのか、ほとんど答えにならない。

「ＪＡＬでは、二〇〇六年夏以降、いくらで燃油のヘッジをしたのか。高値で先物の燃油を買い、大損しているのではないか」

そうストレートに聞いたが、木で鼻をくったような答えしか返ってこない。

「決算期中、ないし個別の一定期間における平均レートは開示しておりません。本年度は、いまのところヘッジ損はありません」

そもそもヘッジの損得は、隠すような性格のものではない。アメリカン航空など海外のエアラインは、ホームページのアニュアルレポートにしっかりと記載している。

「いまのところとは、どういう意味か。では、得をする可能性はあるのか」

と念を押してみた。すると、こう訂正する。

「ヘッジ損がないというのは、二〇〇六年四月から九月までのことです。十月以降は、(十月から十二月までの)第３四半期の決算前なので、個別開示はしていません。得した、損したというのは申し上げられない。ただ本年度の九月までは、損をしていないと聞いています」

それは当然だ。要するに、この年の九月まではほぼ右肩上がりに燃油が上昇していたのだから、損があるわけがない、問題はこのころに買った先物の燃油価格がのちに下がっていることである。やはり十月以降は、大損しているとしか思えなかった。

ＪＡＬの燃油ヘッジに関しては、他にも疑念が持ちあがっていた。先に、原油や精油は、地域によって種類が異なり、ＪＡＬはドバイ原油を精製したシンガポール・ケロシンというジェット燃料を使っていると書いた。ところが、ＪＡＬ広報部では「ヘッジには、北欧産の北海ブレントという原油を指標価格にしている」のだという。ある大手石油会社の調達担当部長が、そのおかしなやり方について、疑問を呈する。

「このようなヘッジの場合、自分たちが燃料として使っているシンガポール・ケロシンか、せめてその原油であるドバイ原油の指標で取引するのが常識です。現物の燃油取引をしている分、値動きをつかみやすいからです。なのに、わざわざ馴染《なじ》みのない北欧の北海ブレントでヘッジをするとは、どういうわけでしょうか。その意図はわかりませんが、本当にそうだとしたら、危険を回避するヘッジではなく、投機行為としか言いようがありません」

そしてこんな話までする。

「だから、その話はあやしい。ＪＡＬの中間決算では、〇六年四月の今期初めに一バーレル六八ドルで、年間使用の七五％をヘッジ買いしたとしている。四月から九月までのケロシンの平均価格が八四ドルだったので、安く買えた、とあたかもヘッジで大儲けしたかのように言っています。しかし、仮にヘッジの中心が北海ブレントならどうか。この時期ブレントの価格は、六一ドルから七〇ドル前半を行ったり来たりしている。六八ドルで買ったとすれば、大儲けどころか、損をしている可能性だってある。まして、それが十月以降もつづけていたとなると、完全に損をしています」

万が一、そうやって誤魔化し、決算処理して有価証券報告書を作成していたとすれば、投資家や株式市場を欺く犯罪行為ではないか。そう問い詰めてみても、JALの広報部では、こう言うばかりだった。

「仮に得をしても損をしても、それは決算時に燃油費として入れ込んでいます。それを個別に開示する必要はないと考えます」

つまるところ、損得を決算処理せず、燃油費という費用にまぶし込んでいるだけだというのだ。これを世間ではドンブリ勘定という。その器は、四〇〇〇億円規模の燃料費という巨大なブラックボックスなのである。

「JALの燃油ヘッジは調達部の副部長任せで、独断で決めていると聞いています。米投資証券のゴールドマン・サックス（GS）からJALへ転職してきた人物で、ヘッジのプロだという触れ込みでした。しかし、GSに聞くと、システム畑にいてトレーダーではなかったらしい。実際は、プロでも何でもなかった」

再び調達部出身の幹部氏が次のような物騒な話をする。

「その燃料調達部の副部長の上役は部長ですが、責任者は財務担当重役だった西松さんなのです。副部長がGSからスカウトされて一〇年以上、ずっとJALのヘッジを独断でやってこられたのは、西松さんのおかげでもあったはずです。しかし、どうにも成績があがらない。そこで、二〇〇六年夏には、ANAのヘッジ担当者にやり方を教えてくれないか、と相談したといいます。それで、思い切ってやってみたところ、大やけどをしたのではないでしょうか」

燃油ヘッジは、複雑な金融のデリバティブ取引だ。担当者が独自のノウハウをもっていなければならないのは言うまでもない。その専門分野の担当者が、ライバル会社のアドバイスを受けて大失敗をするとは、マンガのような話である。先の元幹部はこう言う。

「本来なら、財務畑の西松さんは、ヘッジをチェックする立場でした。この極端な燃油ヘッジは、彼が社長になってからはじまった行為でもある。報告を受けてやらせていたかどうか、まではわからないが、最大の責任者であるのは間違いない」

実際、ヘッジの失敗は、西松社長の責任問題に発展しかねなかった。野党時代、J

ＡＬ問題を国会で追及してきた民主党参議院議員の峰崎直樹も指摘した。

「本来、燃油ヘッジは価格を決めて先物予約をしておくわけですから、損得はあり得る。しかし、投機的なヘッジで失敗したというなら、当然その損は決算ごとに確定していかなければいけません。その損失を燃料費の市況のブレ、という表現で誤魔化せば、一部の関係者以外はまったく気付きません。先物と現物で指標が違うということであれば、燃料別で区分会計のような形で経理処理されているのかどうか。ＪＡＬの会計士が精査した上で、その責任の所在を追及していかなければいけない。そうした会計処理を開示しないまま、政投銀ら三行からの融資が実行されれば、銀行の責任を問われかねません」

燃油ヘッジについては当時、〇七年二月一日発売の「週刊文春」にも書いた。「緊急レポートＪＡＬ『存亡の危機』」と題した特集記事だ。記事が出たとたん、ＪＡＬは敏感に反応した。

〈一部週刊誌に掲載された当社の燃料調達に関する記事について〉

そう題されたメールが、ＪＡＬ社員のパソコンにいっせい送信されたのは、雑誌の発売当日だ。メールには〈記事へのＱ＆Ａ〉として、次のように書かれていた。

〈Ｑ１：06年度４月時点での燃油ヘッジ率が75％は投機的な調達ではないのか。

A1：ヘッジ会計上の有効性に配慮し、ジェット燃料調達価格と十分に相関のある手段でヘッジをして安定を図っていますので、投機ではありません。
Q2：JALの燃油ヘッジは場当たり的に買っているのか。
A2：原則として3年前から段階的にヘッジを行なっており……（以下略）〉
一問一答による想定問答集メールである。実はメールは、実際に営業現場で使うために用意されたものだという。そこで、営業部門の中堅幹部社員に事情を聞いてみると、こう話した。
「JALでは、航空券の販売について、大半を旅行代理店に任せています。その代理店が、週刊文春の記事を見て『JALは近ごろ、代理店の利益を削ってチケットを売らせている。自分たちが燃料調達で大損した分のツケをこちらに回しているのではないか』と騒ぎ出したのです。とくに大阪の代理店からのクレームが激しい。代理店にはチケット売上に応じたキックバック（報奨金）があるが、経営難でそれを少し削ってきた。そこを衝いてきて、『JAL本体が自分たちでこけておいて、それをケチるとは何事か』というわけです。そんな苦情にどう対応すればいいか、対処方法を示したがこのメールです」
メールの末尾で、JAL側は次のようにも弁明する。

〈なお、本日、証券取引所に対して、添付の通り事実関係の報告をしております。ヘッジ効果は「損益」ではなく、「費用の変動リスクの抑制」として認識しており……〉

証券取引所へ記事の説明に行くこと自体、大変珍しい。しかしその説明もまた、曖《あい》昧《まい》すぎる。燃油ヘッジで損をしたとも得をしたとも答えていない。まるで、釈明しようとして墓穴を掘ってしまっているかのようだ。むろんこんなメールでは代理店も納得できるわけがない。いきおい騒ぎはしばらくつづいた。

為替予約失敗の再現

御巣鷹山事故後の八六年から九六年まで、ＪＡＬでは長期ドル先物予約の損失が判明し、社内で大問題になったことがある。二〇〇〇億円を超える大穴は、航空機の購入価格にまぶし込まれ、隠蔽されてきた。その隠れた負債を現在にいたるまで引きずってきたといえる。

手元に、〇九年六月三十日現在、ＪＡＬグループの航空機一覧がある。退役した旧型のＢ７４７‐２００型、Ｂ７４７‐３００型の六機を含めて全二七九機。そのうち、ＪＡＬが所有してきたのは、五分の三の一六六機だ。なかなか買い替え資金が用立てられず、残り五分の二の一一三機は、リースで賄っている。

そのＪＡＬ機のなかで、財務的に問題になるのが、古いジェット機の資産評価だ。象徴的な例をひとつあげるとすれば、Ｂ７４７−４００型機だろう。Ｂ７４７シリーズは、ジャンボの愛称で知られ、かつて日本で最もメジャーなジェット機といえた。日本仕様の特注機として、トイレや座席間隔を狭めて五二〇人乗りを実現。不幸にも御巣鷹山事故に遭ったＪＡＬ１２３便のＢ７４７ＳＲ−１００型機はあまりに有名だ。そのジャンボが、２００型、３００型へと新しくなり、八〇年代後半には４００型が登場する。御巣鷹山の惨劇を経験したＪＡＬが、改めて九〇年代に社運をかけて買い求めたのが、このＢ７４７−４００だったのである。

飛行機マニアのあいだでダッシュ四〇〇と呼ばれる。デビュー当時の二〇年前は、クラシックジャンボと区別された旧型の７４７に対し、ハイテクジャンボと持て囃《はや》された。飛行機マニアにとっては懐かしい名機だ。

最新鋭のハイパワーエンジンとコンピューター制御により、胴体や主翼の空気抵抗を低減し、航空機関士が搭乗しなくてもいい。おかげで従来のコックピット三人体制が操縦士のみの二人で済み、人員削減できるとされた。ＪＡＬでは、これがもとで労働組合による人員削減問題が浮上。反対要請を受けた会長の伊藤淳二と利光松男らの対立を生んだ。そんな因縁もある。

しかし、そんな花形のダッシュ四〇〇も、時代の流れには逆らえない。二〇〇〇年代に入り、スリーセブンと呼ばれるB777が台頭し、かつての名機が時代遅れの産物と化す。

そして、このことにより、隠されていたJALの大問題が浮き彫りになる。二〇〇〇億円の為替先物取引の失敗である。

御巣鷹山事故翌年の八六年、一〇年という異例の長期為替予約をしたJALは、まさに円高のさなか、安くなる一方だったドルの先物買いに走る。あげく大損した。だが、航空機を高く買うことにより、決算上は誤魔化してきた。まさにそれがB747のダッシュ四〇〇だ。燃油ヘッジ問題とまったく同じ構図である。

「もちろん、この時期には、ライバルのANAもダッシュ四〇〇を買っています。でも、JALよりは、かなり安かったはずです。その差がいまになって、如実にあらわれています。JALは、ダッシュ四〇〇を一機五九億三九〇〇万円と資産評価しているが、ANAは二〇億円程度。実はそれでも評価は高すぎる。実際に会社更生計画でダッシュ四〇〇を売ろうとしたところ、八億円から一〇億円にしかならない。その程度しか価値がない機材を、大幅に水増し評価しているわけです。ANAは大半をスリーセブンに買い替えた。だが、JALはこれが多いから大変でした」（JAL元幹部

社員）

つまり、飛行機の評価損が莫大な簿外債務になっているのである。JALはこのダッシュ四〇〇を四一機も所有してきた。一機あたりおよそ六〇億円という水増し自己査定しているわけだから、仮に時価を一〇億円としてそれを差し引けば、評価損は一機五〇億円になる。これに四一機をかけると、簿外債務は、実に二〇五〇億円にのぼるのだ。かつての為替予約による損と同じ二〇〇〇億円規模の隠れ債務だ。それが、ついこのあいだまで問題にされず、隠されていたことになるのである。おまけに、こうした古い機材の水増し評価はダッシュ四〇〇に限った話ではない。

日本の会計制度では、水増し評価による含み損を、すぐに決算処理しなければいけないわけではない。ゆえにこれをもって直ちに粉飾決算とはいえない。ただし、もしJALがこうした古いジェット機を売れば、すぐさま損失が発生する。たちまち資金ショートしてしまうため、売るに売れない。そんな状態をつづけてきたのである。限りなくグレーな財務処理だ。

本来、これら古い機材は燃費が悪いので使いたくない。ゆえに、飛行機がだぶついて余り気味で、休み休み使っているのが現状だ。そこへ、リストラ計画で路線を縮小すれば、飛行機はますます余ってしまう。だから、路線の縮小も思い切ってできない。そんな現実もある。

燃油ヘッジ問題は、このときの状況によく似ている。燃料ヘッジに失敗した二〇〇六年から数えて三年後、JAL経営陣は、ようやくこの大損を認めた。

〈繰延ヘッジ損益　二〇一八億一六〇〇万円〉

有価証券報告書にそう明記したのである。

むろんこれは燃油ヘッジの損ばかりではないだろうが、損失は〇七年当時、当方が予測した一四〇億円や六〇〇億円をはるかに上まわっていた。かつて問題になった為替差損に匹敵する二〇〇〇億円規模のヘッジの取引損を出していたのである。

となれば、少なくとも〇七年、〇八年の決算では、この大損を誤魔化してきたことになる。その点も、為替予約の損失のときと似ている。そうして、恒例の中期経営計画を作成し、銀行から融資を受けてきたのが、西松遙率いるJALだったのである。

二〇〇七年から一〇年までの四カ年度を想定した、そのJALの中期経営計画は、お粗末極まりない。〈人件費削減と配置の見直し〉〈航空機の更新と不採算路線の廃止〉〈商品力の強化〉〈関連事業の見直し〉が四本柱だ。具体的な収益改善策は、①三年間で四三〇〇人を減らし、さらに賞与や退職金の削減によって五〇〇億円、②台場の「ホテル日航東京」をはじめとする七ホテルで七五〇億円の売却益、③路線の再編で一三〇億円、それに④例の国内便ファーストクラスで四〇億円、⑤商社ＪＡＬＵＸなど子会社の売却で一〇〇億円、といった収入の試算をしている。

四年間でざっと一五〇〇億円の収益改善策となっている。その実これではヘッジの損も賄えない。年間にすると、四〇〇億円足らずの改善効果にすぎないのだ。この年九二〇億円の最高益をあげているライバルの全日空（ＡＮＡ）に比べると、収支は天と地ほどの差がある。

もともとＪＡＬの中期経営計画は、絵に描いた餅、というより、骨抜きの再建計画である。目玉の四三〇〇人の人員削減は、グループ五万三〇〇〇人の八％あまり。三年で割ると年間の削減率は三％にも満たない。自然減に毛の生えたような策とよくいわれるが、自然減に極めて近い。別のＪＡＬ幹部社員が指摘した。

「ホテルの売却ひとつとっても、二八〇〇億円で売却したＡＮＡとは大違いです。ＪＡＬは、エートスキャピタルという米ファンドに台場の日航ホテルの土地建物を二五〇億円で売却しているが、経営権は買ってくれないため、安く買い叩かれている。この先、ＪＡＬは改めて施設をファンドから借り、ホテルを運営しなければならない。つまり、大家のファンドへ店子のＪＡＬが高い家賃を払うわけです。その分ＪＡＬのホテル経営は、経費がかさんで苦しくなるのです」

本来、リストラは経営の足を引っ張る無駄な部分を削《そ》ぎ、本業に回帰するための策だが、これでは本末転倒。その他、グループ子会社の売却にしても、似たような状況なのだという。

「子会社のＪＡＬＵＸは、空港の売店経営や機内販売、ボジョレー・ヌーボーをはじめとするワインの輸入などを一手に担ってきました。一部上場の優良企業です。しかし、これまでＪＡＬの連結収益に貢献してきた黒字企業を手放すだけではない。ここの株を売ることにより、今後は機内販売の仕入れなどの手数料をＪＡＬＵＸへ支払わなければならない」

目先のキャッシュ欲しさに、ホテルを叩き売り、優良子会社まで手放しているというのだ。貧すれば鈍するというが、あまりにも場当たり的ではないか。そもそも、この程度のリストラ計画ではとても経営の再建はおぼつかない。

ＪＡＬは日本政策投資銀行やみずほコーポレート銀行などにこの中期経営計画を提出した。それに対し、銀行団がいとも簡単に融資を決めているのだから、摩訶不思議というほかないのだ。

続・JALと自民党

「亀井さんは、あまり会社に来たことはないですけど、ジェイ・エス・エスを設立したころでしょうかね。頻繁にこちらに接触するようになってきたのは。もとはといえば、あの会社の設立は亀井さんが伊藤淳二さんと組んでやっていた話だと理解していました。亀井さんは、警備会社のスタッフも集めていたから、伊藤さんがJALから排斥されて困っちゃったんですよね。それで、『はしごを外されては困る』と、その陳情を受けたのが山地（進）さんと利光（松男）さんでした。僕はそれをそばで見ていて、なるほど、それもそうだな、と思った記憶があります。あそこは、単なる警備会社ではなく、海外領事館の警備も担おうとして設立された会社だったんです。ですから、警察の若手ノンキャリたちを退職させて、スタッフにしていた。そこまで行っているのに、伊藤さんがいなくなったから駄目とはいかない。何とかしなければいけない、となって山地さんたちが後を引き継いだわけです」

JALの常務経験者が内輪話を明かす。ジェイ・エス・エスは、運輸族議員の代表格でもある亀井のファミリー企業であり、いまも空港警備などを手掛けている。それだけに、亀井本人とJALとの関係も何かと注目されてきた。政界におけるJAL応援団のひとりでもあった。
「ジェイ・エス・エスには、本社から出向という形でうちからもスタッフを三人くらい出していたんです。人件費として当時で六〇〇〇万円くらい出していたけど、総合的に判断すれば、これぐらいやってもいいんじゃないかな、という部分もありましたね」（前出元常務）
ＪＡＬにおける政界との窓口が秘書室であり、何人もの永田町担当者がいた。とりわけ、新町時代に権勢を振るった秘書部長の安永純雄と古賀誠事務所との関係などは知られるところだ。自民党元幹事長の古賀は、あの吉田茂の流れをくむ保守本流の宏池会に所属した。同郷の筑豊田川郡出身で名幹事長とうたわれた田中六助を師と仰ぎ、のちに名門宏池会を率いた。幹事長や運輸大臣を歴任した自民党運輸族の実力者だ。ＪＡＬは長年この古賀誠を味方につけてきた。
たとえば前述したように、ＪＡＬと自民党とのパイプのひとつとして、「自民党総合政策研究所（自民党総研）」があげられる。古賀の師、田中六助が創設したシンクタンクだ。自民党三役のひとり、政調会長がその自民党総研の会長となって、民間企業からの出向者を募り、ともに政策を立案してきた。企業側にとっては、政権与党の実力者たちと直接話ができるまたとない組織である。

といっても、どこでも出向できるわけではない。原則一業種一社、各業種のリーディングカンパニーが、幹部候補生を自民党総研に送り込んできた。むろんナショナル・フラッグ・キャリアのＪＡＬも、航空界を代表して加わっていたわけだ。

ところが、それが問題になった。前述したように、政府が出資する特殊法人にもかかわらず、政党のシンクタンクに社員を出向させるのはけしからん、と共産党議員から追及される。そうして出向社員を引きあげ、ＡＮＡがその間隙をぬって社員を送り込んだ経緯があった。ナショナル・フラッグ・キャリアのＪＡＬにとっては、屈辱的だ。

民営化後、ＪＡＬはずっと自民党総研への復帰を願い出てきた。だが、あくまで出向社員は一業種一社という原則がある。ＪＡＬ社員が自民党総研に復帰すると、ＡＮＡが退かなければその原則が崩れる。いきおいＡＮＡが猛反対した。他の企業メンバーたちにとっても、同じことが起きる危険性がある。同業他社の手前、ＪＡＬの自民党総研復帰には反対の姿勢だった。

それを覆したのが、ほかならぬ古賀誠事務所だったという。

「やはり古賀事務所のお墨付きは絶大だった」

とＡＮＡの幹部社員が悔しがる。

「自民党の事務局には納得してもらっていたはずですが、さすがに古賀事務所の名前を出されると、引き下がるしかありません。古賀誠先生は、航空行政には、それほど絶大な力がありましたから」

古賀事務所の威光は、ＪＡＬのみならず航空業界全体に及んできた、といっても過言ではない。それを如実に物語る出来事がある。北九州市の新興航空会社「スターフライヤー」とコンサルタント会社との不透明な取引がそれだ。問題が浮上したのは〇九年七月のこと。すぐさまスターフライヤーに調査委員会が設置され、四カ月後の十一月に調査結果が公表される。

「〇五年から〇九年まで、コンサルタント業者を含めた六社と四〇〇〇万円の不適切な契約が結ばれていた」

そう発表された。実は、そのコンサルタント会社が、古賀誠のファミリー企業なのである。長男の誠一郎が社長を務めてきた「アネスト」という会社だ。古賀は文字どおり、目の中に入れても痛くないほど、誠一郎を可愛がってきた。現夫人とのあいだにできた三〇代のひとり息子である。誠一郎は古賀事務所で秘書を務めていた時期もあり、航空界にその名前を轟かせてきた。

「古賀先生のご長男は、ＪＡＬの秘書部長だった安永さんと親しく、国土交通省にも頻繁に出入りしていました。紫色のサングラスをかけて役所にやって来るので、妙に目立っていましたね。父親の威を借りているのは間違いありませんでした。それとももう一人の後ろ盾がJALの安永さんだった。だから誠一郎、安永ともに役所としては無視できない存在だったのです」

とは、国交省の現役官僚だ。霞が関で「衆議院議員古賀誠　長男」と印刷した名刺まで持ち歩いていた。それだけに、官僚たちもタジタジだったという。

古賀事務所では、先の自民党総研へJALが復帰した口利きについて「初耳だ」と否定する。また、長男のコンサルタント会社についても、「古賀事務所とは関係ない」と言った。だが、やはりそんなはずはない。当のスターフライヤーの米原慎一社長に、そのあたりの経緯を聞いた。

「くだんの企業（アネストのこと）とは、委託契約書ひとつ交わしていませんが、会社との取引に古賀先生の影響がなかった、といえば嘘になります」

そう憤りを隠さない。

「関係があったのは、堀高明スターフライヤー前社長のときのことです。彼はJAS出身の永田町担当者で、古賀さんとは昔からの知り合いだったらしい。当社で羽田—北九州路線を飛ばすにあたり、国交省に根回しが必要だったという。そこで旧知の古賀先生に相談したらしい。なんでも、その過程で、ここ（アネスト）を起用したそうです。堀前社長によれば、航空業界で最も有力な先生だから、根回しした結果、北九州に便を飛ばせるようになったんだという。しかし、それだったら正々堂々と古賀誠代議士にお願いすればいい。事実が発覚したあとには、口利きしてもらうために（コンサルタント会社に）金を払う必要はなかったではないか、と苦言を呈しておきました」

航空会社にとって、地方空港と東京の羽田空港を結ぶ路線はドル箱路線である。それだけに路線の獲得競争が激しい。新興エアラインが、新たな路線を開設するためには、自民党族議員に頼る以外にないという発想がまかり通ってきた。再びＪＡＬ元常務に説明してもらった。

「古賀さんの息子は、ちょくちょく会社に来ていた時期がありましてね。女の子を連れてやって来ていました。もともとお父さんの秘書をやっていたんですけど、トラブルを起こして親父さんが古賀事務所を辞めさせたと聞いています。でも、実子ですから、ほっとくわけにはいかない。そこで、個人事務所を持たせ、運輸や建設関係のコンサルタントをやってきました」

後援会長の敷地にそびえる日航タウン

この古賀誠と並んで、自民党運輸族の大物議員として有名なのが、二階俊博代議士だ。こちらは田中角栄が率いた木曜クラブに所属し、頭角を現した。かつては、現民主党幹事長の小沢一郎側近として、活躍してきた政治家だ。運輸大臣や経済産業大臣を歴任し、業界ににらみを利かせてきた。昨今では、JALだけでなく関西国際空港（関空）との関わりも根強く取り沙汰されている。

「最近の運輸族議員といえば、なんといっても二階さんと古賀誠さん。まるで二人は兄弟みたいにすみ分けをしていて、古賀さんの方が兄貴分みたいな立場でした。小泉内閣ができたころから古賀さんの力がぐんと落ち、二階さんの勢いが増しましたね」

とは、国交省の元キャリア官僚だ。

「二階さんは、運輸業界に対していちばん影響力を持っているんじゃないでしょうか。このあいだ（二〇〇七年）、運輸ＯＢの藤野公孝参議院議員を選挙に担ぎ出したのは、二階さんだといわれています。国交省では、次官経験者が選挙本部の事務局長を務めるのが、運輸出身官僚選挙の恒例になっています。藤野さんのときは、黒野さんが事務次官をやめたあと、事務局長として奔走していました。岩村さんもそうです。両人は航空局長経験者でもありますので、運輸族議員との付き合いも深い。選挙も二階さんのテコ入れで、やっていると言われたものです。それほど二階さんには力がある」

その地元和歌山県には、九四年の関空オープンに合わせて建設されたJALのマンモス社宅があった。和歌山のシンボルとして知られる紀ノ川沿いに、城下町が広がるその市街地からも、それがよく見えた。栄谷の高台にそびえる二棟の高層住宅が目を引く通称、日航タウンだ。

もとは何の変哲もない雑木林の土地だった。バブル当時、そこにニュータウン建設計画を立てたのが、JALである。広大な敷地に五棟の一四階建高層住宅を林立させ、テニスコートやショッピングセンターをそなえた近代住宅街を建設しようとした。

計画そのものは、バブル崩壊後に縮小され、予定していた五棟のうち二棟だけが建設された。八九平米3LDKのファミリータイプのマンション棟と四一四部屋の独身寮の二棟が、計画として残る。市街地から見あげるふたつの大きな建物がそれだ。いずれも一〇階建の高層住宅で、一〇〇億円の建設費をかけたという。その日航タウンを訪ねると、入口付近で立派な管理棟が出迎えてくれた。奥へ進むと、テニスコートやグラウンドが見えてくる。以前は何の変哲もなかった単なる雑木林がハイグレードな住宅街に変貌していた。

実は、このもとの土地を所有してきたのが、二階俊博の地元関係者である。二階俊博後援会「俊友会」の会長だ。

ＪＡＬは関空で働く社員向けの住宅として、ここを建設したという。だが、とてつもなく不便だ。電車で通勤しようと思えば、南海本線の紀ノ川駅から泉佐野で乗り換えなければならなかった。ざっと、一時間半くらいかかる。

「ふつうに考えたら、寮は空港対岸の泉佐野あたりにつくるのではないでしょうか。あのあたりなら、土地はいくらでもあるのだから。それなのに、わざわざ紀伊半島を南下し、和歌山港に近い栄谷につくる意味がわからない。しかも、あの社員寮は山の上にあって、紀ノ川駅を使うにも、とにかく不便。それで、会社側がわざわざ通勤バスまで仕立てたほどです。そうしてようやく社員たちは、一時間ほどかけて通っていました。まるで集団疎開みたいだ、と社員は不満タラタラでした」（元幹部社員）

むろん意味がないわけではない。日航タウンの敷地の所有者が二階後援会の会長だったことは先に書いたが、この人物は県議時代から二階を支援してきたとされる設計業者でもある。そして、建設計画が決まったのが、二階本人が運輸政務次官のころだ。

政務次官は、族議員として力をつける登竜門とされる。二階事務所や後援会からの口利きがあったかどうかは不明だが、JALの経営陣が、ここを寮にした理由はそのあたりの事情から容易に察しがつく。少なくとも、将来、運輸族議員のドンにのぼりつめる二階俊博に対する気づかいがあったのは、間違いあるまい。

JALは、この大物議員を無視できない。それどころか、積極的に近づいていったといっていい。

関西における二階俊博の威勢は、それほど強い。関空はもちろん、地元和歌山にあるもう一つの南紀白浜空港で二階およびその関係者は、大変な扱いだ。南紀白浜空港はJALの羽田便が細々と飛んでいる典型的な赤字地方空港である。

もともとは、JASが乗り入れていた一八〇〇メートル級の小さな空港だった。それを二〇〇〇メートル滑走路を備えた新しい空港として、つくり変えようと誘致したのが、ほかならぬ二階自身だとされる。JALの空港担当者が明かす。

「もとの空港はいまの空港の近くにありましたが、まったく違う場所に新しい滑走路をつくりました。その理由は、これまでの小型機から中、大型機に対応できるようにするというもの。それを推進したのが二階さんでした。二階後援会は、南紀白浜空港に二八〇人乗りの大きなエアバス製A300型機を飛ばせという。そのためにわざわざ滑走路をつくりかえた。A300型機の離着陸には、滑走路の端まで行ってクルッと向きを変えるターニングパッドがなければならない。それを設置し、チャーター便でA300を飛ばしたのです。そのときの空港の騒ぎは、大変なものでした。羽田から二階後援会一行を乗せるチャーター機がやってきたのですが、空港職員総出でお出迎えしたものです」

年間利用者が一五万人ほどしかいない南紀白浜空港では、従来、一五〇人乗りのMD-90型機クラスが飛んできた。というより、それで十分対処できる。むしろそれ以上の大型機だと、ガラあきになり、航空会社の赤字が増えるだけだ。加えて、滑走路そのものの構造的な問題もあった。南紀白浜空港の脆弱《ぜいじゃく》な地盤は重量のあるA300の離着陸に適していない。そのため、恒常的に使用するには、頻繁に滑走路を補修しなければならないという。

「だからA300が飛んだのはそれ一度きりです。あのときは後援会の方が大挙して空港に来られ、出発式をやった。日中友好記念と称して、二階さんが中国へ飛び立っていったのです。帰りは関空に戻ったのでよかったけど、行きは、A300用にコンテナを積む機械を伊丹から持ってきたりして、大変でした。そうして皆で二階さんを

送り出したものです」（前出ＪＡＬ空港担当者）

ＪＡＬの空港職員は選挙にも駆り出されてきたという。そこまで厚遇しても、ＪＡＬにとって南紀白浜路線は大赤字だ。搭乗率は五〇％台である。

南紀白浜―羽田路線は、ＪＡＬの大きな荷物になってきた。そのため経営がおかしくなるたび、真っ先に減便や運休候補に挙がってきた。だが、それもノミネートされるだけ。大物運輸族議員の手前、路線そのものは、切るに切れないというのが現状だ。

「二階さんに対する気の使い方はそれほどすごかった。二階さんが空港を利用するとなれば、前日から空港内は大忙しです。休日の土日でも、出勤してお出迎えしていました」（前出ＪＡＬ空港担当者）

ＪＡＬに対する運輸族議員の落とす影は予想以上に大きい。念のため、日航タウンの地主だった二階の後援会長に話を聞いてみたところ、こう釈明する。

「二階先生との付き合いはありますが、ＪＡＬに土地を売ったのは県庁を通して話があったからで、先生とは関係ありません」

だが、ＪＡＬと自民党族議員との不可解な関係が、連綿とつづいてきたのは間違いない。ある自民党の元代議士秘書はこう指摘する。

「たとえば五年ほど前、航空機のリース問題でJALが窮地に陥ったことがあります。経営不振のJALは、新型航空機を購入できず、ずっとリースしてきた。そのなかでリース航空機に対する会計基準の見直しを迫られたわけです。厳密な国際会計基準に照らすと、JALは七〇〇〇億円の新たな負債を抱える羽目になり、倒産してしまう。そこで、国交省と財務省に根回しし、会計基準の見直しを抑えることに成功しました」

長年、自民党政権の下で延命してきたJAL。だが、史上最大の倒産を機に、ようやくその腐れ縁が明るみになりつつある。

スター社長に迫った造反役員

朝、都営バスを降りてくる。オフィスへ入る西松遙。日本航空のCEOだ。彼は社員食堂で一般社員といっしょに列に並び、ランチをとる。

「そんなにおかしいですかね。アイ、ドント、ティンク、ソウ。ソウ、ストレンジとはね……、と思いますけど。はっはっ」

西松はインタビューに笑顔でそう答えていた。

二〇〇八年十一月、米CNNが放送したニュースシーンである。JAL社長の西松が、会社の前に止まる都営バスから降り、社内に入るところからそのニュース特番ははじまる。社内の会議の様子や社員食堂での風景を映し出し、その合間に社長インタビューを入れる、といった構成になっている。

ニュースの主旨は、ビッグスリーと呼ばれる米三大自動車メーカーの首脳らとJALとの比較だ。これが放送されるや、インターネットユーザーのあいだで西松が評判を呼び、世界中で話題になった。番組のナレーションは、政府に公的資金を要請しようとデトロイトから豪華なプライベートジェットでワシントンに乗りつけたビッグスリー首脳と比べ、日本のフラッグシップ・キャリアのトップはなんとつつましやかだろうか、と西松を絶賛した。

〈世界のトップテンに入る国際航空会社JALの社長の倹約姿勢は、多くの米国民に驚きをもって評価されている〉

CNNニュースのナレーションはそう付け加えた。ニュースのなかで西松は、ビッグスリーのCEOたちが破格の報酬を得ている件について、意見を求められる。

「日本では、トップと社員の賃金格差は小さい。企業がお金ばかり求めると経営は失敗する。それを私たちはバブルの時代に学んだ」

そう胸を張る。CNNニュースでは、〇七年の年収がJALのパイロットよりも低い九万ドル（九六〇万円）だと報じた上で、西松がつづけた。

「早期退職した社員たちは、私とだいたい同じ年代です。私も彼らと痛みを分け合うべきで、給料を減額した」

CNNニュースは、インターネット上の動画共有サイト「YouTube」を通じて世界中に流れ、日本にも逆輸入された。それをテレビや新聞が改めて報じ、西松は一躍、時の人となる。

番組からさかのぼること八カ月前の〇八年三月期、JALの決算は三年ぶりに一七〇億円の黒字に転換していた。五月の決算発表で赤字経営から脱出させたということも手伝い、西松の評判がうなぎのぼりになる。四人組のクーデターのあと社長に就任して以来、当人にとって、もっとも華やいだ時期だった。

だが、その実、足元の現実は違った。JALの経営は、改善するどころか、蝕まれたままだ。西松の栄華は半月ともたなかった。

この年の十月、米国発のリーマン・ショックがJALの西松を襲う。世界中の企業をなぎ倒してきたその暴風雨に、いたるところが朽ちかけている会社が耐えられるはずもなかった。そうして奇しくも、西松が「日本の名経営者」とマスコミで持て囃されていたさなかの〇八年十二月初旬、ＪＡＬは翌〇九年三月期の赤字転落が決定的になる。赤字額は実に六三一億円。リーマン・ショックの影響というだけでは、説明がつかない泥沼の経営状態に陥っていた。

繰り返すまでもなく、西松はクーデター騒動のあと、財務の専門家として、経営の立て直しを約束して登板したリリーフ社長だ。〇六年の中期経営計画発表から三年にあたるその再生プランを達成できなかったことになる。本来、三年の中期経営計画は五年計画に延長されていたが、社内が黙っていなかった。とりわけ西松追及の先頭に立ったのが、前社長新町の親衛隊だった。

「黒字は、ＪＡＬにとって必達条件だったはずです。再生プランの〇九年三月期の黒字達成が困難な以上、引責辞任すべきでしょう。そうして国の支援を仰ぐのが、得策ではないでしょうか」

新町派と目された関連事業担当取締役をはじめ数人の重役が、西松社長に退陣を迫った。三年前の四人組クーデター騒動の再燃か。それを聞いたＪＡＬの幹部たちは記憶が蘇ったという。

むろん、会社の状態については、西松本人もわかっている。実際、引責辞任の一歩手前までいったようだ。

「もう限界だよ。辞めたい」

周囲にそう弱音を吐くようになっていた。そんな弱気な社長の辞意を抑え込んだのが、国交省だったという。ＪＡＬの元幹部社員が話す。

「時期は正確にはわかりませんが、このころ西松さんが投げやりになっていることが、国交省に伝わったと聞きました。しかし、国交省としては突然辞められても策がない。それで、続投を促し、本人も気を取り直したそうです」

結局、事態は三年前の再燃にまでは発展しなかった。年が明けると、西松社長は、続投を決意したという。

「真の公約は五カ年計画なんだ。二〇一一年度に配当できなかったら、潔く辞める」

ここからＪＡＬ経営陣は、国交省と連携して新たな策を練った。もともといた国交省の天下り組、縄野克彦副社長を退任させ、新たに黒野匡彦成田国際空港前社長をＪＡＬの会長ポストに迎え入れる案が浮上する。黒野は航空局長経験者の元運輸事務次官という航空界の大物だ。ＪＡＬにとって、その元実力次官がいれば、頼りになる。西松には、そうした計算が働いた。

ただし、そんなことでＪＡＬの経営状態が変わるわけもない。それはむろん国交省にしても百も承知だ。

そこで二〇〇九年が明けてから、航空局が手を打ちはじめる。最初に浮上した案が、一部で報じられたANAとの合併だ。やがて合併後の「JANA」という社名候補まで漏れていった。〇九年の春以降、合併後の社名「JANA構想」が漏れ、それが報じられてきたその裏には、こうした背景がある。

しかし表向き関係者が一笑に付したこの「JAL・ANA合併構想」は、絵空事ではない。現実に、〇九年春には航空局サイドからANAの首脳に接触があった。だが、ANAにしてみたら相手の経営状態がどこまで傷んでいるのかさっぱりわからない。合併話に乗るはずもなかった。共倒れになることを恐れたANAは、その提案を頑なに拒んだ。

そして、JALはますます窮地に立たされていく。〇九年三月期の赤字発表だけではない。年内には、二〇〇〇億円の借り入れ返済が迫ってくる。春ごろには早くも翌一〇年三月期の大幅赤字まで確実視されていた。西松をはじめ国交省航空局の脳裏には、「破綻」の二文字が浮んでは消えたに違いない。会社を救うためには、ANAとの合併に代わる手を打たなければならなかった。なにより、浮上のきっかけになる材料を世間に見せなければ、信用不安を招きかねなかった。そうして国交省が次に模索したのが、米デルタ航空との提携だ。

実はのちに話題になった外資との提携は、ＡＮＡに合併を断られた〇九年春あたりから持ち上がった話である。

資本提携によりデルタ航空から五〇〇億円の出資。さも新たな計画であるかのように、新聞がそう報じた。だが、その程度ではとても間に合わない。それどころか仮にデルタ航空との提携が実現しても、出資は早くて年明けだ。解決策というにはほど遠かったのである。

コスト改善のために新型飛行機を購入すると言いながら、借金返済に追われ、機材の更新は一向に進まない。西松の描いた再生プランは、しょせん絵に描いた餅に終わり、財務体質が改善されるどころか資金繰りはますます悪化した。

経営不振の要因は何か。ＪＡＳとの統合と前後し、双方の旅行会社が合併してできたジャルトラベル北海道初代社長の瀧内洋は、リストラによる営業力の低下だと指摘した。

「トラベル北海道でいえば、〇四年のＪＡＳとの統合後、従業員二七〇人で年間二五〇億円を売り上げていました。ＪＴＢを抜こうと三〇〇人三〇〇億円を目指したものです。しかし兼子、新町、西松の下、年々人員がカットされ、いまは売上一〇〇億円を切っています」

ＪＡＬは再生プランの中で早期退職を促し、リストラを進めてきた。そのため営業拠点の規模を縮小してきたのだが、それがあだになっているという。

「反乱四人組の高橋さんあたりが、『インターネットでチケットを買ってくれるから、営業マンなんて要らない』と言い出した。グループの関連旅行会社は要らないと。それでジャルパックも、ジャルツアーズも、企業体力が弱体化していったのです。明らかなリストラの弊害が出ています」

ちなみに、瀧内の話す「高橋」とは、〇六年の四役員クーデターで新町敏行社長に退陣を迫った高橋哲夫のことだ。いったん子会社に左遷されたが、西松体制の下で本体の経営企画室長に昇格する。中期経営計画づくりの責任者であり、国交省との交渉窓口である。

一方、営業畑の瀧内は西松と同期の一九七二年入社だ。西松社長就任時、同期一六人の有志で「西松社長を支える同期会」を結成した。会社再建に役立つなら、と、〇七年六月、管理職の早期退職を受け入れて退社した。その後、二〇〇九年になって年金の減額通知が届き、愕然《がくぜん》としたという。再び瀧内がつづける。

「早期退職は非常に心苦しいけれども、年金制度を維持するいい会社にするためです、と西松は管理職の説明会でそう話していた。わずか二年前の説明だったのに、手のひらを返したように今度は半分にするというのです」

周知のとおり、JALは六月、政投銀をはじめとする銀行団から一〇〇〇億円の緊急融資を受けた際、リストラの一環として社員とOB九〇〇〇人に対する企業年金の減額策を提示した。これにより、社長の西松は八八〇億円の特別利益の計上を予定した。みずから血を流すことを名目に、年末までに一〇〇〇億円の追加融資を見込んだのである。ところが、ことはそう簡単には運ばない。

唐突に年金の減額を通告されたOBたちは大反発する。七月、年金減額に対し、三〇〇〇人を超える反対署名をインターネットで集めた。ひところ大騒ぎになったJALの企業年金問題である。当の「JAL企業年金の改定について考える会」の代表世話人である元客室乗務員の福島隆宏も、怒り心頭に発していた。こう話す。

「まさに寝耳に水でした。〇九年五月十二日付で、西松社長から手紙が届いて初めて知ったのです。で、『手紙だけでは何も内容がわからないから、説明を聞ける場を設けてくれないか』と申し入れました。が、向こうは『まだ具体的な減額案が決まっていない』の一点張り。退職後の生活の糧を勝手に減らすと決めておきながら説明もしない。これで納得しろ、というほうが無理です」

ここでも労使交渉と似たような交渉下手が顔を出す。年金と企業経営のあり方には、一概に語れない複雑さがあるが、対象者への事前説明もないとは呆れるばかりだ。こうして年金減額策が立ち往生しているうち、西松はついに四半期で九九〇億円という史上最大の赤字に直面する。この年の八月のことだ。そこから国交省とＪＡＬが有識者会議を設置し、迷走していく様は前述したとおりである。

そして、政権交代という日本憲政史に残る出来事により、ＪＡＬの環境は一変した。このとき民主党で長年、航空行政の欺瞞《ぎまん》を追及してきた参院の峰崎直樹は、大胆にこう指摘した。

「前原大臣がこれまでのしがらみを断ち切られ、（ＪＡＬ再生タスクフォースのメンバー）五人の再建専門家によってＪＡＬの経営にメスを入れていただくことは、大変評価できます。ＪＡＬに簿外債務のあることは間違いなく、債務超過に近いと考えています。この先、経営を立て直していくにあたっては、法的整理や破綻法制を視野に入れていくことも必要だと考えています」

さらにこう踏み込んだ。

「ＪＡＬを食い物にしてきた航空行政の実態も問題です。霞が関の天下り先として、二八六ものＪＡＬの関連企業がある。地方空港を次々とつくっていった無駄もある。そもそもアジアの航空界におけるメガキャリアのあり方そのものを検討する必要もあるでしょう。国際線が日本に二社あるのは異常かもしれない。新たなビジネスモデルを検討する転機なのかもしれません」

戦後の航空行政を一身に担ってきたナショナル・フラッグ・キャリアに、もはや往年の輝きはない。創業以来、苦難の道を余儀なくされたともいえるが、なにより一貫した自助努力の欠如が今日にいたった根本原因であるのは、疑いようがない。

窮地に陥るたび、自民党の運輸族議員や国交省が手を差し伸べ、救ってきた。それはJALが政治家や行政側にとって、都合のいい会社だったからでもある。狭い日本の国土に一〇〇近い空港を建設し、採算を度外視して飛行機を飛ばしてきた結果ともいえる。そこにある凭《もた》れ合いの構図は何度も浮かび上がってきた。が、誰もメスを入れようとはしなかった。

そして、いままで拠って立ってきた存在基盤が崩れ去り、JALはかつてない未知の路線を歩みはじめる。

第十章　翼は腐っていた

「われわれは、役員の手を借りない。それより、やる気のあなた方の力を貸してください」

天王洲にあるJAL本社で「JAL再生タスクフォース」の主要メンバー五人は、幹部社員たちを前に、こう宣言した。国土交通省の新大臣、前原誠司が、「チーム前原」を結成したのは、〇九年九月二十五日だ。中核メンバーは、旧産業再生機構の高木新二郎元委員長を筆頭に、サブリーダーの冨山和彦や奥総一郎ら五人。うち四人が産業再生機構時代にダイエーやカネボウなどの再建に携わった経験を持つ。

結成記者会見を開いたチーム前原の五人は、早々から派手なデモンストレーションをおこなった。午後一時、会見したその足で、JAL本社に乗り込んだ。以来、企業再生のプロとして、会計士など一〇〇人の大部隊を編成し、この五人とその実働部隊が、JAL本社の会議室に陣取った。そこへ各部署の部課長を呼び出しては、聞き取り調査を開始した。土曜日曜もなく、ＪＡＬの財務内容を徹底的に洗い出す。その作業をひと月ほどつづけた。

ＪＡＬは〇九年夏、事実上の経営破綻が明らかになっている。三月期の六三一億円の赤字決算発表を経て、六月には日本政策投資銀行などによる一〇〇〇億円の緊急融資を受ける。そして八月、四月から六月までの第１四半期の決算発表で、九九〇億円というＪＡＬ創業以来の大赤字が判明する。ここからＪＡＬの危機説がヒートアップした。

ＪＡＬについて関係者の対処は、この〇九年夏を境に大きく転換したと言っていい。巷間言われるように、その変化は政権交代がきっかけかもしれないが、ある意味でもはや支援も限界だった。破綻処理は必然だったとも言える。

八月に国交省の肝煎りで発足した「日本航空の経営改善のための有識者会議」（有識者会議）までは、いつもの問題先送り策だった。自民党や国交省による救済策でしかなかったのは、疑いようがない。その「有識者会議」が行き詰りを見せる。すると、当のＪＡＬ社長があわてて前原にすがる。

「チーム前原」結成の前日、ＪＡＬの西松遙みずからが、「産業再生法」による公的資金投入の要請を国交大臣の前原に申し入れた。駆け込みの公的資金要請だ。新聞報道によると、このとき西松は具体的な金額までは提示していないとなっていた。が、事実はそうではない。

「西松社長が密《ひそ》かに打診していた公的資金の額は、五〇〇億円。もちろんこれでは到底足りない。いわば債務超過を穴埋めするためのタネ銭として要請してきたのです」

ある政府関係者がそう打ち明ける。要は税金で当座の赤字を埋めてもらえば、あとは自分たちで会社運営する、と虫のいい話をしているのである。

しかし、破綻処理という路線は、自民党政権時代、国交省がJAL救済の最後の賭けに失敗した時点で決まっていた、と言っていい。それが、〇九年八月に国交省が立ち上げた「日本航空の経営改善のための有識者会議」の頓挫だ。その救済策について、新大臣に就任した前原は宣言した。

「有識者会議を白紙に戻す」

そこから「JAL再生タスクフォース」を旗揚げし、実質的な破綻処理に入る。旧産業再生支援機構の幹部たちを呼び寄せたいわゆる「チーム前原」だ。

JALの再建計画をつくるという名目で結成された。そこには「再生」という冠がついているものの、その主眼は、経営破綻しているJALのあと始末をどうつけるかである。破綻処理に乗り出したという意味にほかならない。

もとより、破綻処理といっても、会社を解散するというわけではない。長年にわたり、まとわりついてきた汚れや腐敗を掃除し、JALを身軽にするということだ。そのうえで、できることなら再生する。先決なのは負の遺産の一掃である。

この時点で、JAL社内をはじめ、当の関係者たちすら気づいていないかもしれないが、もはや単純に会社を再建できないほど、JALの経営は傷み、惨憺たる有様だったと言える。

そもそもJALは、三カ月で一〇〇〇億円近い〇九年第1四半期の赤字を発表して以降、資金ショートばかりがクローズアップされてきた。当座の資金繰りをなんとかすれば立ち直るかのような報道すらあった。だが、もう一つ、重大問題が持ちあがっていた。債務超過問題である。

九月に入ると、それが世間にも知られていく。経産省が有価証券報告書を元に「日本航空の経営危機について」というレポートを作成。JALが公表してきた表向きの数字を国際会計基準に沿って分析したレポートだ。もとより事態はよりいっそう深刻なのだが、債務状況の大枠をつかむには、これで足りた。そして、公表ベースの有利子負債八〇〇〇億円を検証した結果、債務超過が判明する。年金の積立不足などを加えると、それが一兆四三〇〇億円に膨らむ、と断じたのである。

債務超過の原因は資産の水増し評価だ。先の政府関係者は、次のように言った。

「簡単に言えば、ＪＡＬの純資産二〇〇〇億円に対し、隠れた債務が大きすぎるということです。実は八月の段階のＪＡＬ側の説明だけで、それがわかってきたのです。飛行機機材の過大な資産査定による含み損二五〇〇億円を含め、隠れ債務が四五〇〇億円もあるのです。西松社長もこれを認めていました。そのうえで、公的資金での援助を要請してきたのです」

つまり、この時点で四五〇〇億円の隠れた負債から純資産を差し引いた二五〇〇億円の債務超過として認定されていたのだ。経産省レポートは別として、債務超過額はのちに九五〇〇億円と認定されるので、これでもかなり甘い数字だと言えるが、もはや政府として、それを放置できる状況ではない。さらに政府関係者はこう言葉を足した。

「それで、駆け込み的に、西松社長が債務超過の二五〇〇億円の穴埋めのため、まず政投銀から五〇〇億円を出資してもらいたいと言ってきたのです。政府系銀行出資というお墨付きがあれば、あとは何とかするという。債務超過のうち残り二〇〇〇億円の穴埋め分は、自分たちで調達できる、とも言っていた。しかし、それはまさしく皮算用としか言いようがない。それで債務超過状態が解消できるわけがない。すると、いくら追加融資というミルクを補給しても砂漠に水を撒くようなものになります」

むろん、こんなことを許したら、それこそ自民党政権時代と同じだ。おまけにJAL側が純資産だと評価していた二〇〇〇億円も、劣化している危険性がある。

新大臣はこの安易なJAL提案を蹴った。それは、もっともな話だった。

すでに財務省や政府の一部は、現実を冷静に分析していた。そうして前原は有識者会議を白紙に戻し、新たに「チーム前原」による破綻処理に踏み切ったはずだ。周知のように、JALの命運は、チーム前原からさらに、企業再生支援機構に委ねられるが、破綻処理という位置づけは変わらない。

ところが、その破綻処理がまたも迷走を重ねていく。

お子様大臣の立ち往生

一九五一年の操業開始から自民党政権時代にかけ、JALが、永田町と霞が関の利権構造のなかで生き延びてきたのは、繰り返すまでもない。典型的な政官業のもたれ合い構造といえる。

そんな自民、国交省、JALというトライアングルの柱のうち、まず自民が倒れた。しかし、支え合っている柱の一本が折れたからといって、すぐさま利権構造が崩壊するか、と言えばそうではない。ＪＡＬの拠って立つその構造基盤は思ったより根が深く複雑だ。なによりそれがすぐに崩れたら、関係者たちには都合が悪い。一挙にもたれ合いの構図が崩れ、破綻処理が進むわけではなかった。そうして経営破綻が現実になったとき、できるかぎり現状のＪＡＬを温存しようとする力が働くようになる。

それは運輸族議員ほど強力ではないが、新たなＪＡＬ応援団といえばいいのか。あるいはみずからの責任逃れを優先する自己防衛作用とでもいうべきか。おまけにそこへ、改めて親方日の丸体質の航空事業の甘い蜜にありつこうとしている動きも垣間見えるようになる。ＪＡＬの破綻処理をめぐり、さまざまな思惑が見え隠れし、問題をややこしくしていく。

ＪＡＬの破綻処理をめぐっては、法的整理か、私的整理か、という二者選択でもめてきた。

私的整理にしろ、法的整理にしろ、経営破綻の事後処理であることに変わりはない。たとえばＰＨＳ事業のウィルコムなどは、いったん事業再生ＡＤＲ（裁判外紛争解決手続き）という私的整理の破綻処理を選択したが、のちにＪＡＬと同じく企業再生支援機構入りし、改めて会社更生法を申請した。

法的、私的の違いは裁判所の管理下に入るかどうか、という点だ。通常の感覚なら、裁判所のもとでおこなう透明性の高い法的整理のほうがスッキリする。これに対して私的整理派は、法的整理だとつなぎの公的資金が一気に膨らむ、と反対してきた。債務の穴埋めをするため、税金でつなぎ融資しなければならない金額が膨らむからよくない、という。

しかし、民間企業の破綻処理で、なぜ税金を投じなければならないのか。ここには、その根源的な疑問や問題に関する議論がなされていない。税金投入の是非を議論しないまま、反対だという。イメージが先行したＪＡＬへの税金投入には、明らかな論点のすり替えがあった。

ＪＡＬが法的整理に踏み切った場合、困る関係者は少なくない。莫大な不良債権が発生し、借金の棒引きを迫られる銀行も、そのひとつだ。とりわけ、興銀時代から為替取引や海外の不動産開発の後押しをしてきたみずほコーポレート銀行などは、その最たるものだろう。できれば、私的整理で融資責任を曖昧にしたほうが、都合がよかったのではないか。同じ銀行でも政府・自民党の手前、融資を断れなかったところもあった。

自民党議員は、もはやＪＡＬに手が出せない。そこで頼りになる存在として、真っ先に名前が挙がったのが、連立与党に加わっている国民新党代表の亀井静香である。みずからのファミリー企業もＪＡＬと取引している。ＪＡＬにとっては、その付き合いが濃ければ濃いほど、頼りになる。そのうえ亀井は現役の郵政、金融担当大臣であった。

「ＪＡＬが倒産したら会社（ファミリー企業のこと）が困りませんか。法的整理に反対するよう、銀行に圧力をかけているのでは？」

インタビューしたとき本人にそうぶつけてみた。すると、余裕の表情で否定する。

「もし、そんなことをおれの立場で銀行に働きかけたら、それこそ大変な問題になる。そんな馬鹿じゃないよ、おれは」

その強引なやり方については人後に落ちない政治家だが、さすがにそんな露骨なことはしていないらしい。

ＪＡＬの破綻処理は、どうもスッキリしない。むしろ、この金融担当大臣よりわかりづらいのが、ＪＡＬ担当大臣の前原誠司だ。就任早々、「有識者会議を白紙に戻す」と威勢のよかった新国交大臣は、一夜にして態度を変えてしまう。

「（ＪＡＬに）破綻ということがあってはならない」

記者団を前にし、そう言うのだ。政府関係者のあいだでは、もはやJALの破綻状態は明らかだ。そのなかでの発言だけに、みな目を丸くした。おかげで当初は、株式市場などの影響を考慮し、あえて事実を取り違えてそう話したのか、という好意的な見方もあったほどだ。

だが、株式市場はこれでむしろ混乱した。大臣によるこの手のJAL擁護発言があるたびに、逆に株価は下がるいっぽうになる。にもかかわらず前原は、まるで言葉遊びのような発言をつづけた。

「飛行機が飛ばなくなる事態は、避けなければならない。だからJALは破綻させない」

すでに公的資金を要請し、誰の目から見ても〝責任能力〟のない会社に対し、

「自立再建を期待する」

と嘯く。そう言ったかと思えば、国会で法的整理の可能性について聞かれると、否定もしない。

「私は法的整理をしないとは言っていない。破綻させないと言っただけ」

国際路線の縮小が話題になったときに是非を聞かれると、記者団にこう答えた。

「二社体制を維持していかなければならない」

それでいて、しばらくすると前言をひるがえす。

「日本でメガキャリアが二社いるかということを含め、注視をしていかなくてはならない」

いったい、JALをどのように導きたいのか、その方向性が定まっているのかいないのか。担当大臣の言葉からは、さっぱり伝わってこないのだ。

そもそも、JAL再生の切り札のように報じられたチーム前原「JAL再生タスクフォース」にしても、その位置づけが、非常に曖昧だった。実は、チーム前原には、法的な資格はない。中核メンバーの五人中四人が産業再生機構OBとはいえ、民間の企業コンサルタントにすぎない。大臣がそこに、企業調査を依頼したというにすぎないのだ。

そのチーム前原は「JAL再建素案」という私的整理案を作成する。骨子は政府系の日本政策投資銀行をはじめとする銀行団による債権放棄だ。DES（融資債権の株式化）を含む三〇〇〇億円の融資債権の放棄と四五〇〇億円規模の追加融資を要請。だがこれは、法的整理もしないのに、単に銀行だけに泣け、というようなものだ。銀行団にとっては、借金を棒引きしたうえでの追い貸しになる。そんな都合のいい計画に乗れるわけもなく、あっさり退けられた。

「やり方が強引すぎる」

あげくJALから国交省にそうクレームをつけられ、チーム前原は退場することになる。そうして、タスクフォースの計画は公表されないまま、チーム前原は解散し、代わって官民出資の「企業再生支援機構」が、改めてJALの財務・資産の査定からやり直すことになったのだ。つまるところ、前原がJALの破綻処理について、タスクフォースから支援機構に乗り換えたにすぎないのだが、JALの処理は、またも振り出しに戻ってしまう。

「この一カ月は何だったのか。無駄に時間だけが過ぎた」

JAL問題に携わってきた政府のある官僚はそう冷ややかに見る。

「要するにチーム前原は、コンサルタントとしてJALに入り込もうとしていただけではないか。法的整理をすれば、裁判所の手が入って自分たちの思いどおりにやりづらい。そのまま執行役員として残り、会社を牛耳ろうとしたのでしょう。それで、私的整理を選ぼうとして失敗したのではないか」

チーム前原では、リーダーの高木新二郎とサブリーダーの冨山和彦が、JALの執行役員CRO(チーフ・リストラクチャリング・オフィサー)に就任し、再建を手掛けようと計画していた。が、その願いも叶わなかった。タスクフォースが連れてきた会計士たちの給料はＪＡＬ負担。当初、人件費は一年で一〇億円かかると言われた。実働期間は一カ月で済んだため、一億円足らずにおさまっているが、関係者の不満は残る。そうして政府のなかで前原の評価が定まっていく。

「ああ言ったり、こう言ったり、なんでも他人の言うことに逆らう。かと思えば、聞きかじりを信じ切ってしまい、あとさき考えずに〝破綻させない〟なんて言う。それで次第に政府内でも、『ああ、お子ちゃま大臣の悪い癖がまたはじまった』なんて陰口をたたかれるようになってしまいました」（前出政府関係者）

稲盛和夫の困惑

「もし飛行機が飛ばなくなったら大変ですから」

〇九年十一月、鳩山由紀夫のこの後押しを受け、政府は企業再生支援機構入りと同時に、ＪＡＬに対する公的資金の投入を決めた。日本政策投資銀行などによる政府保証付きの二〇〇〇億円のつなぎ融資と債務超過の穴埋めに応じた税金の投入だ。企業再生支援機構は旧産業再生支援機構の中小企業版として、設立されたばかりだった。

そこを受け皿にした税金投入ありきの手法。信用不安を避けようとしたつもりだろうが、いかにも安直ではないか。税金を投じなければＪＡＬ機が飛ばなくなるのか。

あるいは飛ばなくなれば、誰が困るのか。そこはまったく議論されないまま、血税の投入だけが決まった。

その税は、毎週のように航空機で出張するエリートビジネスマンから、一生に一度も飛行機に乗ったことがない人にいたるまで、等しく負担することになる。年に一度しか利用しない人も少なくないだろうし、一〇年に一度しか航空機を使わないという国民もいるに違いない。

税の投入は、国民でJALの面倒をみるということだ。JALの公的資金投入には、飛行機に乗らない人も負担する、という視点が欠けているのではないだろうか。社会インフラとして必要なら、堂々と血税で飛行機を飛ばす。離島や僻地の便が必要だというなら、その選択もあっていい。しかし、なぜJALの債務を税金で肩代わりしなければならないのか、それを検証するのが先決だろう。つなぎ資金とはいえ、計画がうまくいかなければ、投じた税は無駄になってしまうのである。

JALは〇九年十一月末に一八〇〇億円の資金ショートが懸念されてきた。つなぎ融資は、まさに破綻した会社に対する駆け込み対策だ。だが、カネだけ出して、JALの根本的な経営問題やその後の再生計画には、なにも踏み込んでいない。あれほど話題になった年金問題も、この時点では解決の目途《めど》すら立っていなかった。

そして、新たなJAL破綻処理の受け皿になった企業再生支援機構は、ついに会社更生法適用の道を選択した。史上最大の倒産手続きに入ったJALは、世間では大胆なリストラ案を断行すると受け止められているかもしれない。しかし、関係者の目は冷たかった。

ここにJALが会社更生法の適用を申請したときの再建計画に対する分析資料がある。〈「再生の方向性」に対する意見〉と書かれ、国交省航空局をはじめ政府の関係部局も目をとおしている資料だ。そこでは従来の発表と異なる数字が並び、このときの更生計画を〈実現不可能な2次破綻「当確」計画〉だと切って捨てる。

「これは政府担当部局が、密かに別のエアラインに依頼して検討させた分析ですが、結果はまさに悲惨です」

そう解説するのは、JAL問題にたずさわる政府関係者の一人だ。

「つまり、これは今までのJALの再生中期プランと同様の内容で、JALが作成した策を追認しただけ。実際、計画にはかなり問題があります。たとえば昨年度五九・三%だった国内線の有償搭乗率を六五・六%に引き上げるという。だが、数年前に史上最高益を出したANAでも、六五%超えはこの一〇年で一度しかない。JALが毎年こんな数字を出せるわけがありません」

年間一兆四〇〇〇億円の売上しか見込めないＪＡＬが、来年には三七〇〇億円の営業コストカットを計画したり、デフレの中で中国路線の運賃単価の引き上げを予定していたり。細かい計画の欠陥を挙げればきりがないほど、ひどい計画なのだという。政府関係者がこうつづける。

「二〇〇九年十二月二十六日には、関係閣僚でＪＡＬの国際線撤退と国際線を残す場合で再建策を検討しました。結果は、国際線撤退時の公的資金は七六〇〇億円で、残す場合は一兆円。結局政府は後者を選び、今回の計画になっています」

計画はこれまでどおりＪＡＬが作成している。従って甘くなっているという。

そして、想定される一兆円という途方もない公的資金のうち、六〇〇〇億円のつなぎ融資枠が用意された。その計画をもとに、年明け、東京地裁へ会社更生法の適用を申請する。その更生会社へ会長として招いたのが、京セラの創業者である稲盛和夫である。

御巣鷹山後の処理のときと同じく、ＪＡＬの会長選びは難航した。はじめに候補として名前が挙がったのはＪＲ東日本会長だった松田昌士だ。それから同じ鉄道のＪＲ東海会長、葛西敬之やりそなホールディングス会長の細谷英二、伊藤忠商事会長の丹羽宇一郎などにも、白羽の矢が立ったとされるが、いずれも火中の栗を拾う気はなかった。最後に京セラの稲盛が残ったのは、小沢一郎の後押しがあったからだとされる。

「稲盛さんがJALの会長を引き受けたのは、京セラが出資し経営破綻したPHS事業のウィルコムの処理問題との交換条件だったのではないか、といわれています。ウィルコムを支援機構に引き取らせ、公的資金を投入してもらう代わり、JALの会長就任を承諾したのではないか、と」

JAL社内ではそうした評判も立った。

「このような法的整理の道を選んだため、これまで築きあげてきたJALのブランドイメージが大幅に低下するのではないか、社員のモラルが低下し、航空機の運航にも支障が生じるのではないか、と危惧する声も多々ありました。しかし、おかげさまでJALグループの運航には何の混乱もなく、従来どおり多くのお客さまにご搭乗いただいています」

二〇一〇年二月一日、会長に就任した稲盛は、記者会見でそうブチあげる。そして、こう饒舌に語った。

「先週から一週間かけて一生懸命勉強しているところですが、ようやくおぼろげながら全体像が分かってきたようなくらいです。しかし、企業再生支援機構とJALの方々が一緒になって策定された事業再生計画について説明を受け、また私なりに分析もしましたが、私は長く経営に携わった者として、この再生計画を確実に実行に移していきさえすれば、再建は十分可能だと思っています。この再生計画を着実に、またできるだけ早く達成し、ＪＡＬを早急に再生させたい、そうしなければならないと改めて決意している次第です」

国際線の大幅撤退を問われると、それも否定した。

「ＪＡＬのイメージというものを考えたとき、おそらくどんな方でも『国際線のないＪＡＬ』のイメージはわかないだろうと思います。ＪＡＬの国際便をなくすと、ＪＡＬのイメージが崩れると思っています。私は国内線も国際線もともに発展していくような運営をしていきたいと考えています」

京セラの稲盛和夫は、稲盛教の教祖とよばれるほどのカリスマ経営者として知られる。その経営手法として有名なのが、アメーバ経営だ。文字どおり、組織を小集団に分け、それぞれに独立採算制をとらせる手法であり、京セラやＫＤＤＩに導入し、成功をおさめた。

ワンマンで知られる鐘紡の伊藤淳二とよく似ているタイプの経営者だ。伊藤はＪＡＬに乗り込んだ際、部門別に収支目標を立てさせたが、稲盛はさらにもっと細かいかもしれない。

「再生計画を実行さえすれば、再建できる」

記者会見で胸を張ったその稲盛の考えは、甘いと言わざるをえない。

更生計画で発表した人員削減策を時系列に見ていくと、計画そのものの危うさが透けて見える。〇九年八月、有識者会議に提出する際、ＪＡＬが作成した最初の削減計画が六八〇〇人。そこから九〇〇〇人、一万三〇〇〇人と徐々に積みあがってきた。

そうして年明けの二〇一〇年一月、会社更生法を申請した段階で、一万五七〇〇人と三分の一の大リストラになる。しかし、どうやってリストラするのか、肝心の方法がなにも決まっていない。大リストラを謳いながら、その実、労働組合をどう説得するのか。そのあたりも怪しい。まるでいつもの中期経営計画の数合わせのようなのである。

京セラの稲盛和夫が2010年2月、会長に就任

そのうえ、前述したように、一万五七〇〇人という数字には、カラクリがある。

ＪＡＬでは、それまで削減対象者をグループ四万八〇〇〇人と公表してきた。それが、会社更生法の申請時には、いつの間にか五万二〇〇〇人と増えているのだが、増えた四〇〇〇人は嘱託やパートを加えただけ。それで削減数を上乗せできているのである。

おまけに、「従来どおり多くのお客さまにご搭乗いただいている」どころか、客足は遠のくばかりだった。昨秋以来、赤字幅は月額二〇〇億円。年が明けると、さらにそれが広がり、ひどい時期には、一日あたり二〇億円の赤字を垂れ流す始末だったのである。

そんないい加減な更生計画について、最初に稲盛が気づくのは、会長就任から一週間ほど経ったあとだ。

「いまのＪＡＬには、融資などできません」

メガバンク三行のトップへ会長就任のあいさつをしたその席上、口をそろえて銀行側からそう指摘されたのである。当の本人が愕然としたのは、言うまでもない。

税金を使ったダンピング商戦

〈日本航空の再建問題は、報道等で既にご承知の通り法的整理も視野に入れた検討が現在進められています。旅行業界にとっても、その内容によっては甚大な影響が及ぶ事が想定されます。（中略）会員各社に於いても日本航空との契約及び営業取引契約全般に係わる債権の保全等について、適切に留意する必要があると考えます〉

〇九年一月八日夕刻、いきなり「日本旅行業協会」（ＪＡＴＡ）の電子メール〈ＪＡＴＡ速報〉が、会員企業各社に届いた。政府がＪＡＬの法的整理を決めた当日のことである。表向きは、取引業界としての警告メールだ。

これから一一日後、ＪＡＬは正式に会社更生法の申請をする。なぜか新聞やテレビでは倒産という表現を避けているが、事実上の倒産なのは疑いようがない。負債総額二兆三〇〇〇億円を超える事業会社史上最大の倒産だけに、さすがに各方面に波紋が広がった。

ＪＡＬの倒産では、企業再生支援機構が、更生法申請の前にあらかじめ債権者と話し合いをする「プリパッケージ（事前調整）型」を採用している。航空機が突然飛ばなくなるのを防ぐため、一定の取引先の保護手続きをするというのが、その建前だ。あらかじめ、債権者との話を進めたうえで、法的整理に入ったことになっている。

具体的には、金融機関に三五〇〇億円の債権放棄を要請。そのうえで、企業再生支援機構による三〇〇〇億円の出資を含めた一兆円規模の税金を投入するという。それらを使って八六〇〇億円を超えるＪＡＬの債務超過を穴埋めするという枠組みだ。つまり、ある程度、再生の道筋をつけた法的整理が、プリパッケージ型会社更生法の適用であるはずだった。しかし、その後の迷走ぶりをみると、看板倒れというほかない。

ＪＡＬは、ことここにいたっても生来の場あたり的な経営手法が温存され、さらなる混乱を招いている。その象徴的な出来事が、ＪＡＬと旅行会社との異様なキックバック（ＫＢ）制度である。

「ＪＡＴＡの通告は、航空チケットに関するＫＢ（キックバック）制度に対する注意です。客離れが激しいＪＡＬは、リーマン・ショック以降、チケットのたたき売りと無茶なＫＢをしてきた。旅行会社はその恩恵に浴してきたのですが、法的整理されれば、ＫＢを取りはぐれる恐れがある。それで注意しよう、と、急遽業界向けに警告を発したわけです」

旅行業協会の会員企業幹部が、先のＪＡＴＡメールについてこう解説する。だが、メールは、単なる取引先としての注意喚起ではない。

ここに「日本航空の販売施策の現状」と題されたＡ４判の資料がある。そこで、まさしくＪＡＬが経営危機に直面した〇九年下半期、異様な航空チケットの安売り販売をしていたことに触れている。たとえば〈⑵メディア系旅行会社〉という項目には、新聞広告などのパックツアーについて、路線ごとの一覧表を記載している。

〈「メディア系」旅行会社とは、新聞広告などで（ＰＲして）「安い、団体型、添乗員付き」の旅行旅客を大量送客するモデルの旅行会社のこと。日本航空の施策の内容が

〈「最も深い」旅行会社である〉

として、次のように書く。〈東京～道東〉の〈適用運賃〉が九九〇〇円、〈KB額〉八一〇〇円、〈実質収入〉一八〇〇円。

〈東京～道東〉とは、羽田と釧路や帯広などを結ぶ東北海道路線のことで、〈適用運賃〉はエアラインの旅行会社に対する片道チケットの卸値を指す。つまり、JALは旅行会社に卸売りしている九九〇〇円の東北海道路線片道チケットにつき、業者に八一〇〇円もキックバックしているため、自分たちは一八〇〇円の実入りしかないというのだ。おまけに、このチケットは空弁（注＝空港で売られる弁当）付きで、弁当代を差し引くと、実質八〇〇円程度の北海道行チケットというわけである。

社長の西松遙みずから空港で声をかけ、会社のイメージアップをはかる——。最近のJAL関連のニュースでは、そんなけなげな光景がしばしばテレビや新聞に映し出されてきた。だが、その裏で、こんな法外なKBセールスを展開していたのである。なぜこんな無謀なキックバックをしているのだろうか。

「航空チケットの代理店営業は、大きく二とおりあります。一つは卸値の七％コミッションを支払う通常営業。もう一つがKBです。とくにKBは、JALがはじめた日本固有のチケット販売促進制度です。ANAもやっていますが、大量に航空チケットを売ってくれる旅行代理店に対し、ＫＢを新聞広告料などに充当してもらう。その趣旨ではじまった制度です」

代理店と折衝してきたＪＡＬグループの元幹部社員は、ＫＢ制度についてこう説明してくれた。「ハワイ二泊三日五万円」「北海道オホーツクツアー三万円」といった宣伝文句が躍るたぐいのパッケージ旅行が、キックバックの対象チケットだ。航空会社は、閑散期の空席をできるだけ埋めようと、代理店を通してダンピングチケットを販売する。それでも足りないから、キックバックを約束して売ってもらうわけだ。

これも一種の販売促進方法には違いない。本来のＫＢは、販売チケットについて一〇〇〇枚、二〇〇〇枚と、旅行会社にノルマを課し、達成したら支払うものだ。だが、昨秋来のＪＡＬでは、そのノルマさえなし崩しになり、営業代理店にＫＢを約束しているという。販売促進といっても、程度の問題である。あと払いだけに、なんとなく胡散臭《うさんくさ》さもつきまとう。

先の〇九年下半期の一覧表によれば、函館や札幌便など南北海道便は、卸値一万一〇〇〇円に対し、キックバックは七一〇〇円。ＫＢ率六五％だ。しかもこれまた空弁付きだから、ＪＡＬの実入りは、二九〇〇円ほどしかない。資料はこうつづく。

〈このように、日本航空のメディア系の旅行会社に対するＫＢは50％超えは通常で、

路線によっては、適用運賃の実に82％がKBされている例もある〉

これではとてもまともな営業とは呼ばない。しかし、これは単なる出血大サービスではないのである。先のJALグループ元幹部が指摘する。

「長年の商慣習から、KBは正式な契約書を交わすのではなく、たいていは口約束です。半期ごとにそれを決済し、あと払いする。リーマン・ショック後、JALは客の頭数を増やそうと必死になった。その結果、〇九年四月から九月の上半期決算で、KB率が三〇％ほどにまであがり、ずい分KB額が膨らんだと聞いています」（前出JAL元幹部）

「口約束」自体がいかにも怪しい。そのうえ、KBは文字どおりのあと払いなので、決算期の三カ月から半年遅れで支払われる。その金額がまた尋常ではない。

JALの〇九年度上半期の国内線売上が三一〇〇億円。ざっと、その半分が代理店営業と仮定し、三〇％のKB率で単純計算すると、半年で四六五億円のKBになるのだ。先のJAL元幹部が付け加える。

「むろんキックバックは国際線にもある。だからJALでは、この十二月までに清算しなければならなかった〇九年中間決算期のKBが、四〇〇億〜五〇〇億円にのぼったらしい。JALは年末までに政府系の政策投資銀行から融資を受けられなければ、資金ショートするといわれてきました。実際六〇〇億円近い融資が実行されました。実はこの融資が、KBに消えたのではないか。そう見る関係者は少なくありません」

販売促進と銘打っても、正式な契約もなく、利益すら度外視する。まるで飛行機に客が乗っているように体裁を整えているだけに見える。まさに自転車操業ではないか。先述した実質八〇〇円の北海道航空チケットは、その究極の姿ではないだろうか。

JALでは「そんな過度のKBはない」(広報部)と例によって否定する。むしろ、KBは個別の口約束が基本なので、実態はわかりづらい。だが、事実JALには、この手の不透明な経営手法がまかり通ってきた。

「私が現役のころのKBは、せいぜい一〇%くらいでした。それもきちんと旅行会社が売ってくれた金額に対し、相当分を払っていた。たとえば目標売上を一億円と設定し、クリアしたら一〇〇〇万円払いますとか。その程度ならまだしも、これでは赤字でしょう」

ジャルトラベル北海道元社長の瀧内洋(前出)はそう嘆く。JAL入社は西松と同期で、〇七年の早期退職制度で退職した。営業畑一筋の瀧内は、あいつぐリストラのせいでJAL本体の営業の足腰が弱まっていると話すが、それも極端なKB営業の遠因かもしれない。

ＪＡＬは〇九年四月～十二月の決算で、九カ月間で一八〇〇億円という途方もない赤字を発表した。その出血は止まるどころか、ますます傷口が大きく深くなっていた。ところが、ＪＡＬ社員や関係者たちにさほどの悲愴感はなかった。それは税金の投入があるからではないだろうか。

ＪＡＬには、六〇〇〇億円の公的資金投入枠が設定され、一〇年三月末の段階で、すでに三〇〇〇億円の税金が泡と消えている。表向き、その税金は借金返済のためとなっているが、この時期の資金需要には、ＫＢの支払いも含まれている。

税金で割引商戦を展開しているのではないか。ＪＡＬがそう見られる理由はここにある。だが、税金を使ったダンピングは、キックバックだけではない。

〈ＪＡＬマイレージプロジェクト２０１０〉

このキャンペーンを展開したのは、税金投入が決まってからだ。これが大反響を呼んでいる。とくに騒いでいるのが、マイラーと呼ばれる飛行機旅行マニアたちで、たとえば、国際線航空運賃サイト「エアタリフ」には、

「大盤振る舞い」

と題したこんな投稿もあった。

〈大阪からニューヨークをダイナミックセイバーで往復すると、52000マイルくらい貰えます。これはご利用クーポンだと約78000円相当ですが、運賃はサーチャージ込みで約9000円（タイプFの場合）なので、実質12000円（もしくは8000マイル）でニューヨークに行けてしまいます〉

実質一万二〇〇〇円でニューヨーク往復ができるキャンペーンをしているという。いったいどういうことか。

JALのマイルキャンペーンといえば、バースデー割引も話題になった。誕生日を挟んだ前後の二週間は最大七四%引きという。

「法的整理された会社なのにやり過ぎではないか」

さすがにバースデー割引は前原誠司国交相からそうお叱りを食らったとされる。が、これはそれどころではない。あるベテランのマイラーは、こう眼を丸くする。

「間違いなくJALのキャンペーンは、世界のマイルキャンペーン史上かつてない大盤振る舞いといえます。マイラーの中には、これを利用して米国ゼロ泊弾丸ツアーなどに飛び立ち、せっせとマイルをためている人も出てきています。ここまで来ると、ありがたいというより、異常と言うほかありません」

まるでタダ同然の出血大サービスなのだという。マイルは、家電量販店やデパートなどと同じ類のオマケポイントだ。だが、もはや、喜んでばかりもいられない。先のマイラーによると、投稿は正確にいえば、次のようなあんばいだという。

「投稿にあるダイナミックセイバーとは安売りエコノミーチケットで、値段は往復九万円ほど。安売りだから、本来マイルは通常の七〇％しかもらえない。が、まずダブルマイルと家族プログラムで、それが三倍の二一〇％になる。次にサファイア会員というＪＡＬの上級会員だと、ここにプラス二〇〇％のボーナスマイルが加算される。この料金をカードで支払うと、五万七〇〇〇マイルがたまるわけです。そして、マイルをＪＡＬのＩＣクーポンとは、ホテル利用や商品を買えるの一・五倍の金額になります」

ＩＣクーポンとは、ホテル利用や商品を買える一種の金券だ。マイルポントを交換する電子マネーと同じく、電子クーポンと呼ばれる。

マイルは一万ポイント単位の交換なので、五万マイルで七万五〇〇〇円になる。そのクーポン分を差し引くと、ニューヨーク往復チケットが実質一万五〇〇〇円で買えるわけだ。交換しない残った端数マイルも含めると、実に八万五五〇〇円相当にもなる。九万円のニューヨーク往復便が、五〇〇〇円もしない計算だ。

サファイア会員は、年間五〇回飛行機を利用するか、五万ポイントためれば、その資格が与えられていた。前代未聞の大出血サービスは、〝上客〟囲い込み作戦のつもりかもしれない。が、これでは儲けにならない。

「サファイア会員は二週に一度、飛行機で国内出張するような人なら、すぐになれます。だから特別な会員ではなく、マイル目当てで大阪伊丹・羽田間をよく乗る単身赴任のサラリーマン、または格安チケットで回数を乗るマイラーなども結構います」

と、ベテランのマイラーが補足説明する。

「しかも、マイルをそのまま航空券に換えたらもっと得です。ニューヨーク割引運賃五万七〇〇〇マイルで、上海往復三人分がついてくる。仮にニューヨーク二回分の二万四〇〇〇マイルをため、そこへ六〇〇〇マイルを足せば、ファーストクラスで欧州を往復できます。欧州ファーストクラスは普通、二〇〇万円かかる航空券ですから、狙い目です」

要するに、一八万円の割引航空券を買えば、二〇〇万円相当の欧州ファーストクラスチケットがついて来るイメージだ。

しかも、大盤振る舞いは上級会員に限った話ではない。マイラーがつづける。

「一般会員の安売り券でも、マイルは通常の二一〇%になる。同じく北米便で二万八〇〇〇マイルたまるので、ソウルや北海道なら二人分の往復券がついてくる」

なるほど騒ぎになるのは、無理もない。凄まじいばかりの航空券の叩き売りなのである。

ここまでの安売りではないにしろ、ＡＮＡにもマイルを使った顧客サービスはある。「ダブル［ス］マイルキャンペーン」や「ＡＮＡカードファミリーマイル」がそれだ。だが、問題は会社の置かれている立場である。

経営破綻したＪＡＬは、会社更生法申請により、政府保証付きなどの融資が一〇〇〇億円も焦げ付き、すでにパーになった。企業再生支援機構や政投銀による六〇〇〇億円の公的つなぎ資金枠の設定は、そこからさらに上乗せした血税なのだ。

「六〇〇〇億円のうち、これまでに三〇〇〇億円が使われているが、支援機構はこのあいだの決算会見で、三月決算案までに六〇〇〇億円を使い切る事態は避けられそうだ、などと呑気なことを言っている。まるで、まだ三〇〇〇億円の余裕があるから大丈夫といわんばかりです。その脳天気ぶりには呆れます」

ＪＡＬの元役員は、こう憤る。

「社内からは『法的整理されたといっても、いままでと変わってないじゃん』という声がしきりに聞こえます。つなぎ資金があるので安心し、弛緩《しかん》した雰囲気が漂っている」

安売り競争で経営の根本問題が解決できるはずもない。結果、ますます税金が割引原資に回される可能性が高くなる。

「たとえば乗客がマイルを電子クーポンに交換すれば、決済処理しなければならない。即、会社からキャッシュが出ていくのです。あげくその分を税金で穴埋めする羽目になりかねない。なぜこれで世間が騒がないのでしょうか。欧米ではこうした法的整理の対象企業には、厳格な安売り規制がかかる。税金で安売りをしたら、有利に決まっているし、ライバル会社が追随したら、共倒れの危険性だってあるからです」

（政府関係者）

これだけサービスすれば、目先のキャッシュが手に入り、国際路線の搭乗率もあがるだろう。そんな安易な営業姿勢が目に浮かぶ。

しかしマイルは結局、利用者に還元しなければならない。これもまた、その場しのぎの〝隠れ負債〟につながりかねないのである。

〇九年十二月までの決算で、月額二〇〇億円という驚異的な赤字を出してきたＪＡＬ。その赤字垂れ流し体質は経営破綻してなお、いっこうに改善されていなかった。それどころか、税金を投入されたあとも一日あたり二〇億円の赤字を垂れ流していた時期があるという。これでは何のために法的整理をしたのか。二次破綻の危機が囁かれた。

計画では、六月末までに東京地裁へ更生計画を提出し、そこから本格的な手続きに入る予定だった。ところが、この杜撰《ずさん》な計画や経営姿勢に銀行が待ったをかけ、それすら難しくなっていく。

「プリパッケージ型の事前調整型更生計画なんてのは名ばかり。もともと一月の会社更生法申請時、六〇〇〇億円のつなぎ資金について、更生決定後に民間のメガ三行でリファイナンス（借り換え）するという条項を加えようとした。それを断られた経緯があるのです。しかし、裁判所の更生決定を受けるには、民間銀行からの支援が条件になる。融資を取り付けられるかどうか。それが命綱です。もし駄目なら、その時点で破産手続きに入りかねません」（同前・政府関係者）

こうして六月に予定されていた会社更生計画の提出期限が延長された。それだけでも、極めてめずらしい事態だ。なにより、事前調整型整理という建前はどこへ消えたのか。考えてみると、経営破綻が確実になってはや一年近く経とうとしている。なのに、関係者は何をしてきたのか。

つまるところ、更生計画の提出延期は、民主党得意の先延ばし政策以外のなにものでもない。この間、会社は赤字を垂れ流しつづけ、税金がどんどん消えていった。だが、今度もまた誰も責任をとろうとしない。そして、三顧の礼をもって迎えたはずのＪＡＬ会長の立場がなくなっていく。

前原との決別

「損益ベースに考える人があまりにも少なく、いまの考え方では八百屋の経営も難しい」

天王洲にあるＪＡＬ本社の会見場で、稲盛和夫は思わずそう口にした。三月十七日午後からはじまった定例会見での出来事である。会長に就任して一カ月半、当初「これでＪＡＬは再生できる」と会見したときの笑みは、苦悩に変わっていた。

「中堅以下の人たちは、苦しい環境で非常にがんばっており、私が励まされる。しかし、役員や幹部たちは……。責任体制が明確になっていない。起業家精神を持ち、商売人感覚のある人があまりにも少ない。企業文化を大きく変えなくてはなりません。この間、（ＪＡＬの）再建は容易ならぬことだと厳しい見方に変わりました」

八百屋も経営できないとは、町の商店に失礼だとも皮肉られた。だが、これが稲盛の本音だったに違いない。

「国際線の撤退や大幅縮小は考えていない」

就任早々、そう発言した稲盛は、ＪＡＬの現実を目の当《ま》たりにした。結果、一種のジレンマに陥っていった。幹部たちの経営感覚をなじっておきながら、国際線については、これまでの方針を変えない。

「あらゆる手だてで、国際線の黒字は十分達成できます。国際線は残したままで、必ずＪＡＬを再建してみせる」

会見でもそう頑なだった。かねてより更生計画に不可欠だとされてきたＪＡＬの国際線大幅撤退は、会社更生法適用の申請後、国交省もそちらに傾いていった。当初、国際線メガキャリアの二社体制を堅持する、と主張していた前原が、

「本当に二社必要かどうか検討する必要がある」

と発言を撤回したのも、そうした流れが影響している。

この前原に対し、「話が違う」と反発したのが、会長の稲盛だった。

テロやインフルエンザなど、国際情勢の変化で収益が左右され、現に多くの赤字を出してきた国際線から撤退し、安定した国内線に集約して出直す。ＪＡＬの再起はそれしかないという見方がある。反面、それでは企業価値が損なわれるという意見もある。競争が厳しい昨今、いったん国際線のネットワークを手放せば、ジリ貧に陥る、という考え方だ。そのどちらも正しいといえる。

ただし、これもＪＡＬの立場を無視した議論だ。出血を税金で補っているＪＡＬのおかれた現状を踏まえると、仮に企業価値がいったん損なわれても、赤字の最大の要

因である国際線から撤退するほかない。それで、ジリ貧になるようなら、仕方ない。国交省の中でもそんな意見があった。

しかし稲盛は、ＪＡＬ経営陣の不甲斐なさに呆れながらも、その一方で従来のＪＡＬが主張してきた国際線ネットワークを死守しようとした。そこまで手厚く守る必要があったのだろうか。

稲盛は「八百屋発言」の記者会見後、その夜に首相の鳩山由紀夫や副総理兼財務大臣の菅直人と会食する。名目は、日航会長就任にともない、行政刷新会議の民間議員を辞任した慰労会だ。そこで、懐石料理に箸をつけながら、稲盛が口にしたのは、行政刷新会議の話ではなかった。

「あれで役員なのか。そう思える人間ばかりです」

稲盛の愚痴めいたあまりの剣幕に、鳩山や菅は面食らったという。慌てた官邸スタッフが国交省対策に走った。ＪＡＬ破綻処理に携わった当事者の一人が打ち明けた。

「すぐに問い合わせがありました。『どうなっているのでしょうか、ＪＡＬは？　このままでは稲盛さんの立場がない。大西（賢新社長）さんを更迭すればいいのでしょうか』と切羽詰った様子で話すのです。問題はそこではない。むしろ、国際線にこだわる稲盛さんが問題なのでは、と答えました」

折しもこの五日前には、ＪＡＬと同じくＰＨＳ事業者「ウィルコム」の支援機構入りが決まったばかりだ。稲盛にとってウィルコムは、みずから取締役最高顧問をつとめたところで、「生みの親」ともいわれる。ＪＡＬの会長を引き受ける交換条件が、これだったのではないか、とも囁かれていただけに、本人の立場も微妙になっていった。

そうして国際線の大幅撤退を主張しはじめた前原との対立が、露見する。その対立のきっかけは、国交省が用意した新たな更生計画だ。黒字確実な路線の確保やＡＮＡとの競合路線の撤退など四項目を記した路線の縮小である。これが実現すれば、国際線五七路線のうち、三六路線の廃止となる。計画を手渡された稲盛は激怒した。

「それなら、前原君が社長をやればいいじゃないか」

そう国交省の官僚に怒りをあらわにしたという。そして、会社更生計画の申請期限を前に、会長退任観測まで飛び出す。

会社更生法の正式計画を東京地裁に提出する期限は六月末だ。それを前に、ＪＡＬは早くも二次破綻の懸念が囁かれはじめた。と同時に飛び出した稲盛退任説は、名経営者の晩節を汚《けが》さないよう、民主党ならびに小沢一郎たちが慮《おもんぱか》って考えた善後策だったのではないか、といったまことしやかな噂となり、広まっていく。

〈更生計画案の提出期限を次のとおり定める。
⑴管財人が更生計画案を提出すべき期間
平成22年6月30日〉
東京地裁が指定した会社更生計画の提出期限がこれである。この期限に向け、支援機構・JALと銀行団とのあいだで、またも駆け引きがおこなわれてきた。当初計画では、内外二三九路線のうち国際線一四路線、国内線一七路線の三一路線を廃止し、更生計画期間中の三年で一万五七〇〇人の従業員を減らすとした。その当初の更生計画に、銀行団が反発する。
〈日航、人員削減2年前倒し　1万6400人減を1年で〉（四月七日付日経新聞電子版）
こう報道にあるように、政投銀をはじめとする銀行側が内外トータルの撤退便を三一から四七に上積みするよう迫った。結果、三年で二万人、うち年度内に一万六四〇〇人の従業員を減らすというところに落ちついた。撤退は四五路線だ。
つまるところ、JALの更生計画が裁判所に認可されるかどうか、そんな初歩的な問題でつまずいていたのである。仮に、六月末の計画提出後、裁判所の認可が下りなければ、ＪＡＬは破産手続きに入らざるを得ない。それを防ぐための必要条件が、日本政策投資銀行をはじめとする銀行団による支援なのだが、そこで銀行団の要請に応じて計画を変更したのである。

ＪＡＬでは過去の路線縮小により、すでにパイロットと客室乗務員で一〇〇〇人以上の余剰人員が生まれてきた。この先の路線縮小により、運航乗務員だけで、数千人単位が職にあぶれることになる。整備や地上職を加えると、人員削減は万単位の数になる。つまりこのときのリストラ計画は必然ともいえるのだが、それがこの段階でようやく出てきたのである。

ＪＡＬを残す必要があるかどうか。誰も口にしないが、本当は、そこが問われているのである。

米国の航空支配からの脱却を目指し、設立されたナショナル・フラッグ・キャリアは、たしかに日本人の海外進出を支えてきた。国策会社である。そして、国策として民営化された。が、民営化は失敗に終わる。時代が移り変わり、新しい国際感覚をもった企業や経営者が次々と登場するなか、ＪＡＬだけには古い利権構造や隠蔽体質が温存されてきた。

利権構造の渦中にいる関係者はむろん、かつてのジャパン・フラッグを懐かしむオールドファンも、そこは見て見ぬふりをしてきた。

「国際線のないＪＡＬのイメージがわかない」

会長就任早々、そう口にした稲盛和夫もその一人ではないだろうか。

考えてみると、これまでＪＡＬで真剣に会社を思い、社会的な意義を見出して、経営の舵を握った社長がいただろうか。少なくとも政治家や官僚の悪癖や利権構造の壁を打破しようとした経営者は、見当たらない。なにより、ここまで企業を腐らせてきた責任は誰がとったのか。気の遠くなるような隠れ債務を残しながら、いまだかつて、ＪＡＬの経営者は誰ひとり責めを負っていないのである。

ＪＡＬの経営破綻が明確になった直後の二〇〇九年九月、西松遙を登板させた四人組クーデターの中核人物たちに改めて取材した。そのうちのひとりは、まさに有識者会議に向けたリストラ計画を作成した経営企画室長であり、西松体制の下で抜擢されていた高橋哲夫だ。しかし、このころになると、本人は微妙な時期なので答えられないという。そこで、管理職の中心人物に聞いた。

「あの節はお世話になりました。いまは再建計画を立てている経営企画室でいっしょなんですね。また大変なことになりましたが、どうでしょうか、会社の雰囲気は？倒産の危機とも囁かれますが」

そうやんわりと水を向けてみた。ところが、返ってきたのは意外な言葉だった。

「有識者会議に向け、会社は一丸となって再建計画を立てています。国交省もわれわれを見放さないと言っています。まず、そんな（破産という）ことはないでしょう。ただ大丈夫ですよ」

勝手を言うようですが、今回は取材にはお答えしづらい。ただ大丈夫ですよ」

四年前の危機感はどこへ行ったのか。拍子抜けした。

エピローグ

「いっそのこと、もう会社をなくしてしまえばいいのに。国交省も、なぜそうしないのかしら」

二〇一〇年五月末付けの早期退職制度を使って退社した客室乗務員は、そうつぶやいた。旧ＪＡＳ出身の客室乗務員だ。

「国際線のフライトを終えると、決まって上級職のＳＵ（スーパー・バイザー）から呼び出され、ミーティングと称して小言をいわれる。『ＪＡＬは、ＪＡＳを背負わされたせいで倒産したのよ。本当はあなたたちの顔なんて見たくもないの。それを自覚してちょうだいね』とそう言う。なぜ、そこまで言われなければならないのでしょうか。もう懲《こ》り懲《ご》り。やめてせいせいしました」

ＪＡＬの経営破綻について、赤字だったＪＡＳの国内ローカル路線を引き受けたことが原因だ、と指摘する声をときおり聞く。実際は、ＪＡＳとの統合などが破綻理由ではない。

むしろ経営不振の原因はＪＡＬの国際線だ。過去ＪＡＬが飛ばしてきた国際線の赤字が、大きく経営の足を引っ張ってきた。そのため法的整理後、国交大臣の前原誠司をはじめとした関係者が、JALに国際線の大幅撤退を要求してきたのである。

その国際線の縮小問題は、前原と稲盛和夫とのあいだの亀裂を生んだ。三顧の礼をもってJALに迎えられ、会長就任早々「これでJALは再生できる」と気勢をあげた京セラの名経営者は、JALブランドに幻想を抱いていたひとりといえる。しかし、いざ経営の現場に立つと、JALの不振は、想像以上だった。そこへ国際線の撤退を迫られ、どうすればいいのか判断がつかなかったのではないだろうか。

「JALは八百屋の経営もできない」

そう愚痴をこぼす一方、

「前原君が社長をやればいい」

と、周囲に口走った。それも、本人の焦りのあらわれに違いない。国際線の撤退問題は、JALの新会長を四面楚歌にした。

JALの再生に欠かせないのが、銀行団による支援である。しかし倒産してなお、大出血をつづけている会社だ。銀行は何の保証もなく融資などできない。だからこそ、前原大臣や国交省がここへ来て、方向転換した。政投銀をはじめ、メガバンク各行が、国交省とともに赤字の原因である国際線の大幅縮小を求めてきたのである。将来、黒字転換して運営できる見込みがあるかどうか。銀行としては、支援できるかどうかの判断をしなければならない。そのため、まずは四月末までに、財務関係書類の開示を求めてきた。銀行が要求したのは、二〇一〇年一月以後の新たな「貸借対照表（ＢＳ）」「損益計算書（ＰＬ）」「キャッシュフロー計算書（ＣＳ）」だ。通称、財務三表と呼ばれる企業財務の基礎データである。

この財務三表をもとに、これからも取引を継続できるかどうか、審査する必要があった。だが、ＪＡＬはそれすら用意できなかったのである。いつまで経っても、財務の分析資料が手元に届かない銀行団は、改めてＪＡＬの企業体質に嫌気がさしていく。

経営の舵を握った稲盛は、なぜか国際線の撤退を拒んだ。そのうえ、財務諸表も出さないというのでは、銀行団の支援など取り付けられるわけがない。一月十九日に東京地裁に会社更生法の申請手続きをして以降、稲盛率いるＪＡＬは、さしたる進展なく立ち往生してきたといえる。

そうこうしているうちに、裁判所に対する会社更生計画の提出期限の六月末が迫ってきた。といっても銀行支援のない会社更生計画では、裁判所が認めない。そうなると、会社更生法の提出期日をもって、事実上、ＪＡＬの更生計画を断念せざるをえない。つまり、会社の解散手続きに移ることになるのだ。懸念されていた二次破綻、すなわち会社の清算が早くも現実問題として迫ってきたのである。

航空行政の総本山である国交大臣と倒産企業の最高経営責任者との対立。さらに頼みの銀行団から三行半《みくだりはん》を突きつけられそうになっていた。ＪＡＬは、そんな逼迫《ひっぱく》した事態に陥っていた。そこで、関係者たちは窮余の一手を打ち出す。それが会社更生計画の先延ばしだ。

ＪＡＬ破綻処理の受け皿になっている企業再生支援機構は、四月十六日、まず地裁へ次のような趣旨の報告書を提出する。

〈国際線の業績向上とコスト削減効果による収益力の向上〉

〈中核運航会社「ＪＡＬインターナショナル」の三月黒字見込み〉

元来、航空会社にとって、三月は最も稼ぎどきであり、この時期に赤字となれば絶望的ともいえる。が、ＪＡＬ側はわざわざそれを裁判所へ伝えた。一月から三月までの財務三表もできていないのに、三月の黒字だけを強調するという奇妙な報告だ。加えて、一月の再生計画素案からリストラ計画を修正する。具体的には、一月の会社更生法申請時に打ち出した一万五七〇〇人の人員削減から一万六四〇〇人にリストラ計画を上積みし、三一しかなかった撤退路線を四五にまで増やすという。だが、これもまたある種の取り繕いにすぎない。

赤字の垂れ流し状態のまま、いたずらに計画を先延ばししたとなれば、税負担がますます膨らむ。そこで、三月の黒字を無理やり表に出し、あたかも経営が回復している、と裁判所や世間に印象付けたかったに違いない。そのうえで大胆なリストラをアピールし、計画を先延ばしにしても大丈夫だ、とあらかじめ予防線をめぐらしたのだろう。まさに、窮余の策というほかない。こうしてJALと支援機構は、なんとか東京地裁へ更生計画提出期限の延期を要請したのである。

しかし、現実のJALは、とても楽観視できる状態ではない。仮に更生計画の提出を延期できなければ、会社消滅の道を選択する以外になかった。銀行団もそれをわかっており、みずからそのトリガーを引きたくはない。関係者にとって、このときはそんなギリギリの状況だったのである。

こんな状況でなお、CEOの稲盛が国際路線を死守しようとしたのは、なぜだろうか。新たな計画でも国際線の撤退は一五路線。従来の一四路線から、わずか一路線を追加しただけだ。

そこまでJALが国際線にこだわる理由は、単にナショナル・フラッグ・キャリアというメンツの問題だけではない。オープンスカイ時代に突入し、競争が激化している航空界にあって、国際線のネットワークがなくなれば、企業価値を大きく損なう。いまの危機を乗り切っても、早晩ジリ貧に陥る危険性が高い。JAL首脳陣はそう考え、国内路線の大幅撤退でなんとか急場をしのごうとしているのである。

先の客室乗務員の言うように、旧JASを悪玉にし、経営失敗の原因をJASとの統合のせいにしているのも、国際線死守への深謀遠慮が働いているのかもしれない。

だが、ここで矛盾が生じている。景気が戻り、仮に一時的に出血が止まったとしても、あいかわらず経営は海外の不安定要因に大きく左右される。過去、米の九・一一テロや鳥インフルエンザ、リーマン・ショックなどが起きるたび、大幅赤字に陥り、国をあげた支援により生き延びてきたのと同じだ。

つまり、現状の国際路線を維持、運営していけば、この先、いつ何どきさらなる経営危機に見舞われるかわからない。JALにはそんな不安がつきまとうのだ。取引銀行の幹部が、JALの置かれている状況を解説した。

「つまるところ、すでにJALは、そのビジネスモデルが崩れているのです。昨今、航空業界ではローコストキャリア（LCC）が台頭し、業界地図ががらりと変わってきました。かつてのナショナル・フラッグやメガキャリアは、倒産や再編を繰り返しながら、経営効率を高め、生き残りをかけた競争を繰り返しています。ＬＣＣに客を奪われているせいで、エアラインが淘汰《とうた》されているわけです」

航空界の環境は、ちょうど日本の流通業界における百貨店とスーパーやディスカウントストアの関係に似ているという。経営環境の厳しいデパートでも生き残るところはあるが、そんなには多くない。

「世界のメガキャリアの国際競争のなかで、この先未来永劫ＪＡＬとＡＮＡが両方生き残るのは難しい。さらなる再編、淘汰があるのは間違いないでしょう」

国際線を残しても、とても海外キャリアに太刀打ちできない。ならば、ＪＡＬが格安航空会社に生まれ変わればいい、という意見もあった。

すでに銀行界は、ＪＡＬのおかれた環境を踏まえ、それらを見透かしていた。

「本音を言えば、すぐにでも取引をやめてしまいたいところでしたが、失業者や政治的な問題もある。だから、とりあえず銀行としても、計画の先延ばしに応じ、様子を見ようといったところに落ち着いていた。黒字が出れば、あえて銀行が悪者になる必要もない。だから少し様子を見ようとしていたのです」

ＪＡＬの経営陣に対し、もはや銀行は期待していなかった。

救世主のように見られてきた稲盛和夫は、会長に就任して以来、みずからを信奉する若手経営者の会「盛和塾」にJALを使うよう、動員をかけてきた。

「五五〇〇人といわれる盛和塾の会員がJALカードの新規入会者を一〇〇人ずつ紹介すれば、五五万人の新たなJAL利用者が生まれる、とはっぱをかけてきました。カード会社の収入も飛躍的に伸びるという皮算用です」

そう打ち明けるのは、先の客室乗務員だ。それで経営が上向くのなら苦労はない。

「それより盛和塾の塾生（会員）が乗ってくると、気を使って大変です。塾生は、名刺大の専用カードを持っていて、JAL機に乗ったという証拠として、カードを乗員に渡すことになっています。塾生にとっては、『JALを使っている』という稲盛さんへの忠誠ですが、カードにはメッセージがついているので、上司たちは自分の評価を気にして大変です」

おまけに、この〝盛和塾営業〟が問題になった。JALでは、盛和塾の会員が国外のツアーを予約した場合、通常価格の八％引きを実施した。また会員が紹介した乗客が国内線に乗ると、普段のマイレージに三〇〇マイルがプラスされ、国際線では二倍のマイルがたまる制度を導入した。これを知り、「税金で面倒みてもらいながら、けしからん」と怒ったのが、国交大臣の前原誠司だ。

「公平性を欠くダンピング競争は厳に慎んでいただきたい」

そう記者発表し、事実関係の調査を命じた。あげく、ますますふたりの確執が鮮明になっていったのである。


あの御巣鷹山の惨劇から、今年（二〇一〇年）で、二五年の歳月が経過した。五二〇人が犠牲になった航空史上最大の事故から四半世紀という長い年月を重ねてきたことになる。


「恐い　恐い　恐い　助けて　気もちも悪い　死にたくない」

二六歳のＪＡＬ社員、白井まり子が時刻表の余白に残した恐怖が羽田空港の安全啓発センターで公開されたのは、事故から二一年目にあたる〇六年七月だ。


「パパは本当に残念だ」

「本当に今迄は幸せな人生だったと感謝している」

揺れる機体のなかで、五二歳の河口博次が七頁にわたって社員手帳に書きつづった家族への惜別は、映画や小説でも紹介された。

「津慶しっかりた（の）んだぞ」

と息子に書き残した父親の言葉は、激しく胸を打つ。

この間、毎年八月になると、ＪＡＬの歴代トップが御巣鷹山に登り、犠牲者の霊を弔ってきた。それが、宿命を背負った経営者としての務めでもあった。

あの日から二五年……。私も現場を訪ねた。

語り継ぎます御巣鷹山の事故

事故現場に建立された「昇魂之碑」の広場には、毎年、登山者がつづったメッセージが吊るされている。群馬県南部の上野村。事故現場は、ＪＡＬ123便が墜落した標高一六三九メートルの御巣鷹山南側の稜線に広がる尾根である。すぐ隣が長野という山岳地帯は、事故が起きるまで、かなりの山好きでも立ち入ることのない未開の地だったと聞く。もとは無名の地だったが、事故当時、上野村の村長、黒澤丈夫によって「御巣鷹の尾根」と命名された。〇九年八月に整備された登山道は、いまも冬になると雪に閉ざされ、閉鎖される。

裏返しになった機体が激突し、胴体後部が折れて谷底に滑り落ちたという御巣鷹の尾根。雪が解け、五月ごろになると慰霊登山がはじまる。

清流の音を耳にしながら、沢伝いに坂を登った。その急こう配のいたるところに手作りの墓標が点在している。墓があるのは、バラバラになった機体とともに投げ出されたそれぞれの遺体が発見された場所だ。数十の墓標が寄り添うように並んでいるケースもあれば、ひとつだけひっそりと建っている場合もある。多くは木製の墓だが、古くなって文字がかすれているもの、新しく作り直されたもの、なかには立派な御影石の墓碑もある。五二〇人の御霊が眠るそれぞれの墓碑から、二五年前の惨劇が蘇ってくる。

そして、御巣鷹の尾根の頂上から少し下ったところにある「昇魂之碑」でひと息つく。そこに寄せられたメッセージには、心を揺さぶられる。

「お久しぶりです。僕も大人になりました。嫁の彩葉も一緒に来ました　真志」

「はじめまして家族の一員になりました。見守っていて下さい」

ＪＡＬ１２３便には、家族や兄弟が隣同士に座って搭乗していたケースも少なくない。

「三人仲良くしていますか？　とみ子かあさん　御守り下さい」

そう書かれたメッセージもあった。羽田空港発―大阪伊丹空港行きだっただけに、犠牲者は大阪在住の乗客が多かった。遠方ゆえ、なかなか毎年は登山できない。

「今年は三年ぶりに来ました。道がきれいになっていました。来年も来れるといいです」

二五年の歳月はあまりにも長い。遺族も年齢を重ねてきた。

「尊久　めぐみさん三年ぶりに登山しました。今年最後になるか　わかりません　ごめんね」

そのメッセージの一字一句からは、JALに対する恨みは感じられない。まさに、二度とこのような惨事を起こしてほしくない、という切なる願いである。だが尾根には、そんな遺族の純粋な思いとは異なる空気も漂っている。

「昇魂之碑」からさらに上を目指した。頂上付近が飛行機の激突した場所だ。その途中、黒ずんだ物体が目にとまり、思わず立ち止まった。炭化した巨木である。飛行機の炎上とともに焼け焦げたのだろう。それが二五年のときを経てなお、急こう配にしっかりと立っている。

真っ黒になった木は、まるでいまも炎のなかでもがき苦しんでいるかのように、その巨体をねじっている。五二〇人の怨念を一手に引き受け、その苦しみを伝えようとしているのか――。よく見ると、身体をねじりながらこちらを睨みつけているようにも思えた。鳥肌が立つような迫力である。

JALは、いったい事故から何を学んできたのだろうか。旧運輸省が設置した航空事故調査委員会では、事故の前にあったしりもち着陸後の米ボーイング社の修理不備による圧力隔壁の疲労亀裂を事故原因と決定づけた。が、遺族の再調査要請には応えないまま、いまだ事故解明への不満がくすぶっている。

ＪＡＬは問題が起きるたび、その原因解明をなおざりにしてきた。似たような不祥事や経営問題を起こすのは、そのせいに違いない。繰り返し起きた運航トラブルや絵に描いたリストラ計画の頓挫、あげく何度も経営破綻の危機を迎えた。デジャビュ（既視感）という言葉が最も当てはまる会社ではないだろうか。

経営破綻の責任を負うべき十代目社長の西松遙は、社長退任後、ＪＡＬ本社ビルにある日航財団の理事長におさまった。国内外の学生が交流するスカラシッププログラムや国際交流の各種講演会などを主催する財団法人のトップだ。真偽は定かではないが、ＪＡＬ社員の噂によれば、通勤・送り迎えの専用車がないと不満を漏らしている、とも聞いた。

もちろん会社が蛇行をつづけてきたのは、ＪＡＬだけのせいではない。経営内容もろくに見ずに融資をしてきた銀行。マスメディアが、接待や懐柔策に乗せられＪＡＬの監視を怠ってきた面も否めない。政府・国交省や自民党族議員の罪はもはや繰り返すまでもないだろう。それらは凭れ合いという日本の社会システムに組み込まれてきた企業環境でもあった。そして、それを悪用してきたのがＪＡＬなのである。

●参考文献

『日本の黒い霧』（松本清張　文春文庫）／『沈まぬ太陽』（山崎豊子　新潮文庫）／『日本航空』（吉原公一郎　人間の科学叢書）／『日本航空「会長室」』（吉原公一郎　ダイヤモンド社）／『日本航空の正体』（佐高信・本所次郎　金曜日）／『激動！　JAL vs ANA』（杉浦一機　中央書院）／『労使交渉と会計情報』（醍醐聰　白桃書房）／『空港経営』（添田慎二　運輸政策研究機構）／『航空産業入門』（ANA総合研究所　東洋経済新報社）／『日本の空を問う』（伊藤元重・下井直毅　日本経済新聞出版社）／『ケンカ哲学』（糸山英太郎　河出書房新社）／『数字でみる航空』（国土交通省航空局監修　航空振興財団）／『エアライン敗戦』（杉浦一機　中公新書ラクレ）／『航空機は誰が飛ばしているのか』（轟木一博　日経プレミアシリーズ）／『JAL崩壊』（日本航空・グループ2010　文春新書）／『レッドスカイ』（ジョセフ・リー、青木創＝訳　幻冬舎文庫）

「朝日」「毎日」「読売」「日本経済」「産経」「東京」各新聞
「時事」「共同」「ロイター」各通信社配信
「週刊ダイヤモンド」「週刊東洋経済」「日経ビジネス」各経済情報誌
「文藝春秋」「週刊文春」「週刊新潮」「週刊現代」「週刊ポスト」「フライデー」「フラッシュ」「アエラ」「週刊朝日」各総合雑誌
日本航空、全日本空輸、金融機関、民間研究機関、政府および外郭団体の各関係資料など

文庫版あとがき

更生計画づくりで大揉めに揉めた二〇〇九年夏から一〇年にかけ、JALは多くの倒産企業がたどる道とおなじように、存亡の危機にあった。一〇年二月に株式が上場廃止となって紙くずになり、再生を頼まれた銀行団も追加融資に二の足を踏んだ。

ところが、そこからJALは一二年九月に再び上場を果たす。むろんその要因は、リストラなど自らの努力だけではない。公的資金の投入や銀行の借金棒引き、法人税の免除など、恵まれた他力本願的な要素があってこそである。JALの再上場は二年七カ月というスピード記録だ。それどころか、この間、JALは破綻前にも達成できなかった史上最高益を叩きだしている。

それほど特別な更生策だったわけだ。その優遇ぶりに、ライバルのANAが不公平だ、と自民党や国交省に働きかけたことも話題になった。

しかし、そのANAも経営が傾いたわけではない。むしろ順調そのもので、JALを抜き、長年悲願だったトップカンパニーの座を射止めた。つまるところ、航空業界全体にフォローの風が吹いてきたのである。

有り体にいえば、航空業界の好景気は、リーマンショック後の金融緩和や中国経済の台頭、さらに原油安に支えられている。要するに外部要因であり、過去、ＪＡＬがテロや鳥インフルエンザに翻弄されたときの裏返しともいえる。ＪＡＬは手厚い破綻処理に加え、国際優良路線を温存できたため、世界的な航空環境の恩恵に浴してきたのである。

もっともそんな日本の航空業界には昨今、大きな転機が訪れている。格安航空会社（ＬＣＣ）の台頭や羽田空港の国際化、空港の民営化である。欧米で誕生したＬＣＣが近年、東南アジアに一挙に広がり、日本でもピーチ・アビエーションをはじめ多くのＬＣＣが登場した。日本全国津々浦々に九七もある空港のなかでも、とりわけ閑散としている地方空港はＬＣＣを救いの神と見立て、就航の誘致合戦を展開中だ。いまや世界のＬＣＣにとって日本は草刈り場の様相を呈している。

また赤字空港の運営を民間企業に任せようとする空港民営化の幕も開けた。オリックス連合が二兆円超も投じる関空・伊丹や東急グループの仙台空港が、さしずめトップバッターだ。そして、日本の基幹空港である羽田が、本格国際化に乗り出した。ドル箱路線である羽田の国際線発着枠を巡り、政府を巻き込んだ分捕り合戦が展開され、これまで日本の玄関と位置付けられてきた成田空港の立場が微妙になっている。

紛れもなく日本の空は大きく変貌しつつある。ＬＣＣの台頭により、新規参入組のスカイマークが経営破綻し、その処理を巡って揉めた。すでにＪＡＬは、そんな激しい競争の世界に放り込まれている。激変する航空業界で、この先、生き残っていけるか。あるいは、日本に二つのメガキャリアが必要なのか。ＪＡＬが倒産した六年前の議論が、再び燃えあがる日も、そう遠くない気がしてならない。

本書は、日本航空という文字どおり国を代表する大企業の経営者たちの実像を描いたつもりである。企業の浮沈はある意味必然でもある。そのときどう対処すべきか。航空業界に限らず、多くのビジネスマンの参考になれば幸いである。

本作品は、二〇一〇年六月に幻冬舎より刊行された『腐った翼　ＪＡＬ消滅への60年』を、文庫化にあたり改題し、加筆・修正したものです。

森 功―1961年、福岡県生まれ。出版社勤務などを経て、ノンフィクション作家に。2008年、2009年と2年連続で「編集者が選ぶ雑誌ジャーナリズム賞作品賞」受賞。主な著書に『大阪府警暴力団担当刑事 捜査秘録を開封する』『許永中 日本の闇を背負い続けた男』『同和と銀行 三菱東京UFJ "汚れ役" の黒い回顧録』(以上、講談社+α文庫)、『黒い看護婦 福岡四人組保険金連続殺人』(新潮文庫) などがある。

講談社+α文庫 腐《くさ》った翼《つばさ》
――JAL65年の浮沈
森《もり》 功《いさお》

2016年4月20日第1刷発行

発行者――鈴木 哲
発行所――株式会社 講談社
東京都文京区音羽2-12-21 〒112-8001
電話 編集(03)5395-3522
販売(03)5395-4415
業務(03)5395-3615
デザイン――鈴木成一デザイン室
カバー印刷――凸版印刷株式会社
印刷――慶昌堂印刷株式会社
製本――株式会社国宝社
本文データ制作――講談社デジタル製作部

落丁本·乱丁本は購入書店名を明記のうえ、小社業務あてにお送りください。
送料は小社負担にてお取り替えします。
なお、この本の内容についてのお問い合わせは
第一事業局企画部「+α文庫」あてにお願いいたします。
Printed in Japan ISBN978-4-06-281671-7
定価はカバーに表示してあります。